ビジネスモデル・イノベーション

未来志向の経営革新戦略

玉木欽也 [著]

Business Model Innovation:
Future-oriented Management Innovation Strategy

中央経済社

はじめに

本書の命名の趣旨

　本書を，全社戦略から，経営環境分析，競争戦略，ビジネスモデルまでを俯瞰する意図で『ビジネスモデル・イノベーション──未来志向の経営革新戦略』と命名した。経営トップマネージャーあるいはミドルマネージャーが未来志向の視点から，本書を読破していただき，自社の経営革新を目指したいと決意する契機となることの願いを込めている。そのためには，全社戦略からはじめて，外部経営環境分析および内部経営環境分析，それらに基づいた競争戦略または事業戦略，それらの集大成としてのビジネスモデル開発までを，「俯瞰したアプローチとなる経営革新戦略」をとることが望ましいと筆者は考えている（**図表参照**）。

　なぜなら，従来のマーケットインによる顧客満足を追求した顧客価値の向上や，競争相手に対して競争優位を達成しただけでは，2020年の東京五輪後に日本が遭遇する，今まで経験したことのない困難な社会問題とそれによる厳しい経営環境を克服できる「未来志向の経営革新戦略」を達成できないと思われるからである。例えば，将来の社会問題としては，少子高齢化や人口減少の問題，地方過疎化の進展，日本市場の縮小，産業の国際競争力の低下や，海外で起こりつつあるソーシャル・イノベーションの動向などが考えられる。

　そこで本書の趣旨を強調すると，リード顧客と企業との深い対話や創発から生まれる価値共創の探求や，さらに将来に想定される社会問題を先取りした予測をもち，それらの課題解決に向けた社会価値さらには地球持続可能な世界観をもった上で，未来志向から経営革新を目指していただきたいことである。冒頭で述べたように今，全社戦略または競争戦略からはじめて最終章で示した「ビジネスモデル・イノベーション」までを各社で挑戦してほしいという，読者への願いを込めている。

本書の読者対象イメージ

　本章の読者層としては，まず，前述のように自社の戦略やパートナーとの協調戦略を含めて，俯瞰アプローチによる体系的な経営革新を目指したいと願っている経営トップマネージャーやミドルマネージャー，あるいは将来そうなりたいと願っている若手社員などである。次に，今まで断片的に経営戦略や競争戦略およびビジネスモデルなどの様々な文献・資料を読んできたが，実際の経営活動プロセスとの対応づけが曖昧であったと気づいた，社会科学系の大学院生やビジネススクール生向けとして，研究活動の一環として活用していただきたい。最後に，経営学部・経済学部などにおける経営戦略・競争戦略・事業戦略・ビジネスモデルなどの専門科目の中で，特にアドバンス版のテキストとして活用していただくことを想定している。

本書における4つの工夫

1．経営革新戦略を俯瞰するアプローチとして，全社戦略からビジネスモデル・イノベーションまでの各章を論述したそれぞれのストーリーを個別に示すだけでなく，経営革新プロセスの流れに沿って，各章の内容を相互に関連づけながら学べるように心がけた。
2．各章のストーリーに関連した，著名な基礎理論や技法，かつ現在および未来の経営に役立つと思われる，多岐にわたる応用理論と技法をできる限り網羅して，体系化して紹介する工夫をした。
3．各章のストーリーの論点や学びのポイントをイメージ化しやすいように，多岐にわたる企業事例研究とColumnを，理論や技法と対応づけて掲載している。なお，それらの事例やColumnは，製造業の事例に偏らないように配慮し，多彩な業界・業種の事例も取り上げるようにした。また，先進事例もできるかぎり取り上げた。例えば，製品戦略と技術戦略，ICT（情報通信技術）の活用や，人工知能（AI），IoT（モノのインターネット化），スマート製品とプラットフォームサービス，社会価値および地球持続可能な開発目標（SDGs）などの実践事例や学びのポイントも示した。

はじめに

図表　本書『ビジネスモデル・イノベーション』の体系：全社戦略から，経営環境分析，競争戦略，ビジネスモデルまでの俯瞰アプローチ

第1章　全社戦略	・事業の定義ならびにドメインの定義 ・成長戦略 ・多角化戦略 ・事業ポートフォリオ ・バリューチェーンと機能別戦略 ・アライアンス戦略とM&A戦略

⬇

第2章　外部経営環境分析	第3章　内部経営環境分析
・顧客分析 ・競合分析 ・市場分析 ・環境分析	・製品分析 ・経営資源分析 ・業績分析ならびに企業価値分析 ・ビジネスパートナー分析

⬇

第4章　競争戦略	・市場収益性に関連する業界構造分析 ・同一業界内における戦略グループおよび参入障壁と移動障壁 ・差別化戦略を焦点とした競争戦略 ・競争ポジションに配慮した競争戦略の定石 ・市場のライフサイクルに対応した競争戦略 ・技術戦略を基軸にした競争戦略 ・製品戦略を基軸にした競争戦略

⬇

・顧客価値 ・企業価値 ・価値共創 ・社会価値 ・地球持続可能な開発目標(SDGs)	第5章　ビジネスモデル・イノベーション ・ビジネスモデルの定義と各種モデルのポイント ・新規事業開発に向けた事業コンセプトの設計 ・ビジネスプロセスモデルの開発要件と企業事例研究 ・収益モデルにおける経済性の原理と各種タイプ ・ICTビジネス革新に向けたビジネスモデルの各種タイプ

4．特に，最終章の「ビジネスモデル・イノベーション」では，ビジネスモデルに関連する多くの専門書から，経営革新のヒントとして役立つ収益モデル，ICTビジネス革新，サービスモデルなどのエッセンスを抽出した。さらに，企業事例研究を交えて，ビジネスモデルの各種タイプの中から選択してそれぞれを組み合わせて総合的な「ビジネスモデル・イノベーション」を創生する方法を解説した。さらにビジネスモデルを評価する方法も示した。

本章の構成

「第1章　全社戦略」では，事業とドメインの定義，成長戦略，多角化戦略におけるシナジー効果，事業ポートフォリオにおける製品ポートフォリオ・マネジメント，バリューチェーンと機能別戦略，アライアンス戦略とM&A戦略について解説している。

経営環境分析として，「第2章　外部経営環境分析」ならびに「第3章　内部経営環境分析」について述べている。前者の「外部経営環境分析」については，顧客分析ではターゲット顧客の探究や，競合分析の中では協調戦略，市場分析では市場の魅力度，環境分析などを取り扱っている。一方，後者の「内部経営環境分析」では，製品分析と製品戦略，経営資源分析における資源ベース理論と知識創造，業績分析と企業価値分析，ビジネスパートナー分析について述べている。特に，後者の業績分析と企業価値分析については，企業業績の財務分析として代表的な評価指標を提示した後に，企業価値の評価基準を示し，さらに非財務的視点としての企業業績評価法の1つとして「バランス・スコアカード」について紹介している。

「第4章　競争戦略」において，まず，業界構造分析では3つのアプローチをとった。すなわち，自社の業界を取り巻く外部プレーヤーズから受ける影響分析と，自社の業界内部における戦略グループと移動障壁について取り上げた。次に，顧客志向およびマーケティング志向の競争戦略として，差別化戦略，競争ポジション，市場のライフサイクルに対応した競争戦略について述べている。最後に，良い意味でのプロダクトアウト志向として，製品戦略や技術戦略を基

軸とした競争戦略について提示している。

　最後に，今まで取り上げてきた各章の集大成として，「第5章　ビジネスモデル・イノベーション」では，新たな製品やサービスあるいは新規事業の企画に向けた事業構想としての「事業コンセプト」と，「ビジネスプロセスモデル」および「収益モデル」から構成している。特に，経営トップマネージャーにとってはアートといわれている「ビジネスプロセスモデル」を，未来志向で新たに生み出すことは非常に難しいことから，「ビジネスプロセスモデル」で何を決めたらよいのかの開発要件を具体的に提示した。そして，ビジネスプロセスモデルを図と表の双方で表現する手順と方法を具体化して示した。さらにその後で，企業事例研究を通してそれらの図や表を制作していく流れをイメージ化できるように工夫した。

　最後の「収益モデル」では，13タイプの収益モデルや，最新のICTやプラットフォームサービスを活用した革新的なモデルを紹介した。特に各種のタイプを紹介して終わるのではなく，企業事例研究を通して様々なモデルの組合せ方や，それらの複数のモデルを融合するイメージをつかめるよう工夫した。

《謝辞》

　著者は青山学院大学経営学部において担当している「事業創造戦略」および「顧客創造戦略」の授業を長年にわたり進めてきた。本書は，特に前者の「事業創造戦略」に関連しており，その授業やゼミナールの準備として，多くの著書や，専門資料，企業事例を通じた研究・教育活動を続けてきた中で生まれた。それらの研究・教育活動と同時に，様々な産学連携事業を実践してきた実証研究のプロセスを通して，本書の執筆内容がリファインされ醸成されてきた。

　これらの教育・研究活動の中で，多くの方々から新たな情報や示唆をいただいたことに感謝したい。特に，当学部に奉職して以来，公私にわたりご指導いただいた名誉教授　寺東寛治先生と林伸二先生には紙面を借りて心からのお礼を申し上げたい。

　さらに，本書を出版する機会をいただいた，株式会社中央経済社代表取締役

社長の山本継氏，経営企画・編集を担当していただいた酒井隆氏に深く感謝したい。

　最後に，本書は青山学院大学青山経営学会から出版助成を受けた。さらに，本書の中で特に製品戦略・技術戦略・ICT戦略に関連した執筆内容は，「科学研究費助成事業（研究基盤B：研究代表者　玉木欽也）『メカ・エレキ・ソフト統合化製品開発に向けたPLMシステム協働情報基盤環境の開発（課題番号26282088)』の産学連携事業に基づいた研究活動の一環として推進することができた。ここに謝意を表したい。

2018年3月

玉木欽也

目　次

第1章　全社戦略　………………………………………………………1

1　全社戦略のフレームワーク／1
　1.1　全社戦略／2
　1.2　事業戦略（または競争戦略）／3
　1.3　機能別戦略／4

2　事業の定義ならびにドメインの定義／5
　2.1　事業の定義／5
　【企業事例研究：資生堂と花王の「事業の定義」】／7
　2.2　ドメインの定義と将来の方向性／7
　【企業事例研究：富士フイルムのドメインの再定義】／10

3　成長戦略／11
　3.1　製品・市場・垂直統合から捉えた成長戦略の各種の方向性／11
　【企業事例研究：スターバックスにみる成長戦略】／12
　3.2　垂直統合戦略／14

4　多角化戦略／15
　4.1　多角化戦略の類型と概念／15
　4.2　関連多角化における垂直的多角化ならびに水平的多角化と企業事例／16
　【企業事例研究：衣料品業界のSPA】／17
　4.3　複数事業間での関連多角化による共通化とシナジー効果／18

I

5　事業ポートフォリオ／20
　5.1　製品ポートフォリオ・マネジメント／20
　5.2　ビジネス・スクリーン（戦略的事業計画グリッド）／27

6　バリューチェーン（価値連鎖）と機能別戦略／29
　6.1　バリューチェーン（価値連鎖）／29
　6.2　機能別戦略／31

7　アライアンス（戦略的提携）戦略とM&A戦略／33
　7.1　アライアンス戦略とM&A戦略の概念および戦略選択／34
　7.2　アライアンスによる期待効果と企業価値創造／37
　7.3　M&Aのタイプ／38

第2章　外部経営環境分析 ……………………………… 41

1　経営環境分析のフレームワーク／41
2　顧客分析／43
　2.1　市場セグメントとターゲット顧客の把握／43
　2.2　顧客のニーズの多様性と顧客の種類／46
　【企業事例研究：ソニーとアップルの創造型マーケティング】／48
3　競合分析／53
　3.1　競争相手分析（Competitor Analysis）／53
　3.2　同一業界内における「良い競争相手」の選び方と適切な業界構造／57
4　市場分析／60

4.1　現在および潜在的な市場の魅力度の分析／61

　　4.2　業界環境の違いに着眼したタイプ別競争戦略／63

　5　**環境分析**／73

　　Column　AI（人工知能）による社会変革の展望／76

第3章　内部経営環境分析 …………………………… 81

　1　**製品分析**／81

　　1.1　製品戦略／81

　　1.2　製品アーキテクチャとビジネスアーキテクチャ／87

　　Column　デジタル家電のコモディティ化による顧客価値獲得の失敗／90

　2　**経営資源分析**／91

　　2.1　経営資源の種類と特性／91

　　2.2　資源ベース理論（経営資源分析）／93

　　Column　経営資源を評価するVRIO分析／97

　　2.3　知識創造／98

　3　**業績分析ならびに企業価値分析**／99

　　3.1　企業会計における財務会計と管理会計／99

　　3.2　財務会計における財務諸表分析／101

　　3.3　代表的な企業業績および企業価値の評価基準／109

　4　**ビジネスパートナー分析**／114

　　4.1　ステークホルダー分析／114

　　4.2　補完財生産者との協調関係の構築／116

【企業事例研究：アップル　iPod事業におけるレコード会社との協調関係】／117

4.3　協調戦略／118

4.4　イノベーションと企業間関係／119

Column 系列システム／121

Column オープン・ソースウェアのビジネスモデル／124

第4章　競争戦略 ……………………………………… 127

1　競争戦略のフレームワーク／127

2　市場収益性に関連する業界構造分析／130

2.1　市場収益性に関連する業界構造分析「5つの要因分析」（5フォース）／130

2.2　6プレーヤーズ・モデルとパワー関係の変革に向けた競争戦略／133

3　同一業界内における戦略グループおよび参入障壁と移動障壁／136

3.1　競争構造としての戦略グループ／136

3.2　移動障壁の構成要素／138

Column 参入障壁／139

4　差別化戦略を焦点とした競争戦略／139

4.1　製品およびサービスの差別化／141

4.2　価格の差別化と価格設定／144

Column ポーターの3つの「基本戦略」：コスト・リーダーシップ戦略，差別化戦略，集中戦略／150

5 競争ポジションに対応した競争戦略の定石／151

  5.1 競争ポジションの4類型に対応した競争戦略の定石の相互比較／151

  5.2 リーダーの競争戦略の定石／153

  5.3 チャレンジャーの競争戦略の定石／155

  5.4 ニッチャーの競争戦略の定石／156

  5.5 フォロワーの競争戦略の定石／158

  [Column] P.F.ドラッカー　創造的模倣戦略／160

6 市場のライフサイクルに対応した競争戦略／162

  6.1 製品ライフサイクルの各段階の特徴と顧客のタイプ／162

  6.2 市場のライフサイクルの変化に対応した知識体系と競争戦略／164

7 製品戦略の3つのタイプ／169

8 技術戦略を基軸にした競争戦略／171

  8.1 「外」に注目した戦略：ポジショニング・アプローチ／172

  8.2 「内」に注目した戦略：経営資源アプローチ／173

  [Column] IoTによるビジネスモデル革新／174

  8.3 「外」に力点を置いた相互作用：ゲーム論的アプローチ／176

  8.4 「内」に力点を置いた相互作用：学習アプローチ／177

第5章 ビジネスモデル・イノベーション　179

1 ビジネスモデル・イノベーションのフレームワーク／179

2 ビジネスモデルの定義と各種モデルのポイント／184

2.1　ビジネスモデルの諸説と定義／184

　　2.2　本書が提唱する3タイプのビジネスモデルの開発要件のポイント
　　　　／190

3　新規事業開発に向けた事業コンセプトの設計／193

　　3.1　事業コンセプト設計の進め方／193

　　3.2　事業コンセプト設計の企業事例研究　アスクル／202

4　ビジネスプロセスモデルの開発要件と企業事例研究／206

　　4.1　ビジネスプロセスモデル開発に向けた開発要件と表現方法／206

　　4.2　ビジネスプロセスモデル開発の企業事例研究　ぴあ／210

　　4.3　ビジネスモデルキャンバスを用いたビジネスプロセスモデル表記
　　　　法と企業事例研究　アップル／213

　　Column　ビジネスモデルキャンバス／214

5　収益モデルにおける経済性の原理および各種ビジネスモデルのタイプ／217

　　5.1　「収益モデル」の概念と「儲ける仕掛け」／217

　　5.2　経済性の原理／218

　　5.3　収益モデルに関するビジネスモデルの各種タイプ／226

6　ICTビジネス革新に向けたビジネスモデルの各種タイプ／231

　　【企業事例研究：BM-MapとBM-Treeを活用したアップル「iPodシリーズ」
　　のビジネスモデル】／239

　　【企業事例研究：BM-DBとバランス・スコアカードを活用したサウスウエス
　　ト航空のビジネスモデルの評価】／242

　　Column　事業創生モデルの提言／244

索引／249

第1章
全社戦略

1　全社戦略のフレームワーク

　「経営戦略」は，全社戦略，事業戦略（競争戦略），機能別戦略という階層別の違いならびにそれぞれ取り扱う領域の広さの違いによって議論することができる。本章では，最初に企業全体としての経営理念やビジョンに基づいて基本方針を決める全社戦略を取り上げ，次に示した6つの課題について議論を進めていきたい（**図表1-1**参照）。

- 事業の定義ならびにドメインの定義
- 成長戦略：市場浸透，市場開発，製品開発，多角化
- 多角化戦略：関連多角化，非関連多角化
- 事業ポートフォリオ：製品ポートフォリオ・マネジメント（PPM），ビジネス・スクリーン
- バリューチェーン（価値連鎖）と機能別戦略
- アライアンス（戦略的提携）戦略とM&A（統合，買収）戦略

　単一の事業単位で経営活動を行っている企業では，全社戦略は意味がなく，事業戦略に専念をすればよいことになる。全社戦略が関係するのは多角化戦略をとる企業である。そのような企業の複数の戦略事業単位（SBU）の経営活動に対して，各種の技術や市場の異質性に配慮したそれぞれの事業戦略（および

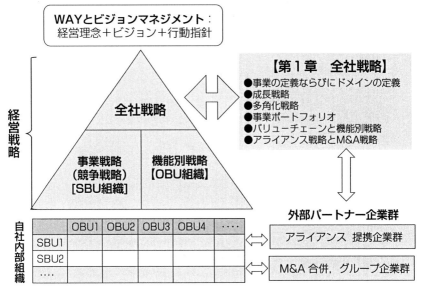

図表1-1 経営戦略における全社戦略，事業戦略，機能別戦略の関係性

SBU：Strategic Business Unit【戦略事業単位】
OBU：Operational Business Unit【機能別事業単位】
出所：著者作成

競争戦略）が必要になる。その際，複数の事業間の主活動と支援活動に相互の関係性や共通性（シナジー効果と呼ぶ）を見出して，それぞれの事業戦略と機能別戦略との整合性をとり，内部組織構造をつくりあげていくことになる。

なお，バリューチェーン（価値連鎖）が広域にわたる各種の活動や，多角化により多岐にわたる製品ラインを，一企業ですべてカバーできないことから，協調戦略として外部パートナー企業群との協働組織体制をつくりあげていく。

1.1 全社戦略

「全社戦略（Corporate Strategy）」は「企業戦略」とも称され，企業全体としての活動領域の決定にかかわる基本方針を策定する。新規事業への進出や既存事業からの撤退に代表されるような，企業全体として「どこで競争するの

か」，どの事業を自社の「事業構成」に組み込むかに関する決定は，トップマネージャーが判断すべき事項といえる。

　全社戦略で扱われるトピックスは，ドメインの定義，成長戦略，多角化戦略，そして事業ポートフォリオにおける全社的な経営資源や投資の配分問題である。

　さらに成長戦略の中の1つの施策である多角化戦略とは，これまで手がけていなかった新しい市場へ進出することを意味している。多角化は厳密には事業分野の拡大を意味するが，撤退や事業売却などによる事業分野の縮小までを含めた「ドメインの定義」にも関係してくる。そして，複数の事業分野を有する多角化企業は，事業間での資源配分の仕方を工夫することによって，企業全体として長期的な成長性・収益性を高めるチャンスが得られる。こうした点について，「製品ポートフォリオ・マネジメント」と呼ばれる技法が戦略上の示唆を提供してくれる。

　自社組織内の経営資源のみでは，前述の戦略の実現はほぼ不可能であるから，広域なバリューチェーン（価値連鎖）に内包された各種の活動の中で，自社のコア技術や能力を活かせる活動に対して「選択と集中」の意思決定をする。バリューチェーン・プロセス内における「垂直統合」とは，それぞれの製品分野において，最終顧客に製品やサービスを提供する価値を創造する活動として，自社では何を手がけ，何は手がけないのかの判断をする。例えば，メーカー側でどの種類の主要部品までを内製するのか，その他の素材や部品について外注または購買をどの業者に委託するのかを意思決定する（「内外製区分の決定」という）。

　最後のトピックスとして，ドメインやバリューチェーン内で自社のみではカバーできない諸活動に対しては，外部の経営資源や能力を活用する観点から，アライアンス戦略またはM&A戦略によって外部パートナーとの協働体制を強化していく。

1.2　事業戦略（または競争戦略）

　「事業戦略（Business Strategy）」は，「競争戦略（Competitive Strategy）」

とも呼ばれることがあり，多角化した企業においては個々の事業部レベルでの問題になる。

競争戦略で扱われる主なトピックスは，「競争優位」の源泉の探究ならびにその維持である。「競争優位」とは，競合企業との競争に対する優位性であり，競争を自社に有利に展開できる状況をつくりあげることである。競争優位の源泉には，比較的長期にわたって有効なものと，短期で有効性を失いやすいものがある。

事業戦略に関連したトピックスでは，全社戦略で「ドメインの定義」をした後に，それぞれの戦略事業単位（SBU）の「事業の定義」を取り上げる。「事業戦略」は各事業部門が担当し，配分された経営資源を基に，戦略事業単位における適切な打ち手は何か（機能別戦略や戦術）ということに力点が置かれる。

ここで全社戦略と事業戦略の双方の戦略の関連性について述べる。まず，全社戦略としては，事業と経営資源の「選択と集中」の視点から，戦略のどの既存事業を継続し，成長性や収益性のどの既存事業をやめるのか（売却・清算など），あるいは新規事業開発をするために投資するのかを考えることになる。それに続いて，再投資された各事業を，成長および改良するという事業戦略が組み込まれることになる。このように，全社戦略と，各種の事業戦略をうまく連携させていくことで，企業として最大の利益を上げていく。

1.3 機能別戦略

経営戦略の第3レベルとして，各機能部門における「機能別戦略（Functional Strategy）」がある。機能別戦略の中で使われている「機能」とは，企業が行っている様々な活動を種類ごとに分類したもののことで，「職能」とも呼ばれる。

本章では，バリューチェーン・プロセスを構成する主活動と支援活動に対して，それぞれどのような機能別戦略が必要になるのかを考える。前者の「主活動」に関連した機能別戦略として，研究開発，マーケティング，製品戦略と製品開発，経営組織，人的資源，財務と会計，情報システム，知的財産などを取り上げる。一方，後者の「支援活動」に関連した機能別戦略として，資材調達，

物流，販売促進，販売後の保守サービスなどを取り扱う。

2 事業の定義ならびにドメインの定義

本節では，経営戦略の第一歩として行うべき，全社戦略レベルの「ドメインの定義」と，次に事業戦略（競争戦略）レベルの「事業の定義」について取り組む。「事業の定義」とは，事業戦略の観点から，自社が手がける事業の内容やその事業領域を決めることである。一方，多角化している企業の場合に，全社戦略の視点から，企業全体として活動領域や生存領域を定めることを「ドメインの定義」と呼ぶ。

2.1 事業の定義

エーベル［1984］は「事業の定義」をする際に，顧客層（顧客グループ），顧客機能（顧客ニーズ），技術（代替技術）の3次元で表現する方法を提案した（図表1-2参照）。

① 顧客層（顧客グループ）［Who］

BtoC（「企業」対「消費者」）取引の場合に対象とするのはどのようなターゲット顧客か。例えば，マーケティングでいう市場セグメンテーションや，ライフスタイル分析またはペルソナ分析が参考になる。あるいは自社がBtoB（「企業」対「企業」）取引をしている場合には，取引対象とするのはどのような企業グループなのかを決定する。

② 顧客機能（顧客ニーズ）［What］

ターゲット顧客を満足させるニーズの種類のことで，企業側からみるとそのニーズを充足すべきサービスのことである。例えば，外食産業におけるチェーン店舗への入店顧客の場合には，昼食時のランチメニューを早めに食事したい人，食後に休息したい人，友だち同士で食事と会話を兼ねたい人，勤務後や週末に仲間と飲食・会話を楽しみたい人などと様々なニーズがある。

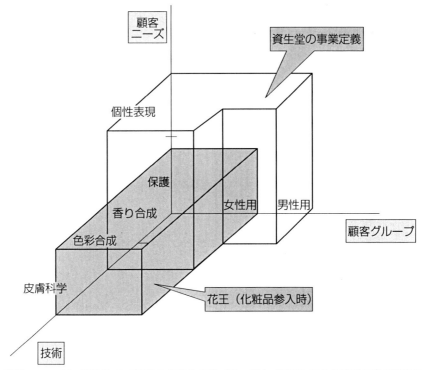

図表1-2 資生堂の化粧品事業領域に花王が参入した時の「事業の定義」

出所：エーベル［1984］の「事業の定義」に基づき，沼上［2000］による両社の事例研究の成果を，網倉・新宅［2011］が一部改訂，図9.5，p.304

③ 技術（独自技術，代替技術）［How］

　自社が提供するサービスを実現するために必要となる独自技術（コア技術）のことである。あえて代替技術というのは，そのニーズを実現するためには様々な代替的なタイプの技術の選択肢を考える必要があるからである。前述の外食産業におけるチェーン店舗への入店者のタイプごとに，それらの顧客ニーズがあった時はどのような状況（コンテキスト）であったのか，その時のニーズを充足するサービスとはどのようなものか，そのサービスの実現に向けてどのような技術や方策を適切に選ぶべきかという含意が込められている。

> **【企業事例研究：資生堂と花王の「事業の定義」】**
>
> 　沼上［2000］は，日本の化粧品業界でトップにポジショニングしていた資生堂の事業領域に対して，1982年に花王が基礎化粧品シリーズ「花王ソフィーナ」ブランドで化粧品市場に新規参入した時の事業領域を比較研究している。当時，化粧品業界としては市場ではまだ認知されていなかった花王は，顧客グループとして女性用のターゲット顧客に的を絞った。顧客ニーズとしては，資生堂の主要事業としてのメイクアップ化粧品（口紅，アイシャドウなど）に対して真っ向勝負をするのを避けて，洗顔料・化粧水・乳液などの基礎化粧品シリーズとした。技術としては，香り合成，色彩合成の他に，当時資生堂にはなかった，花王のコア技術としての皮膚科学（界面化学，油脂化学，高分子科学，生物科学，応用物理）を軸に加えた。
>
> 　以上のように，花王が化粧品業界に新規参入した時の「事業の定義」としては，女性（顧客グループ）に向けて，基礎化粧品による肌のベースの保護ならびに油脂性メイクを水で洗い流せる便利さ（顧客ニーズ）を，石鹸メーカーとして世界中の人々の肌を研究してきた技術蓄積のある皮膚科学（代替技術）を用いて実現することであった。

2.2　ドメインの定義と将来の方向性

(1)　「ドメインの定義」の意義と役割

　全社戦略の視点からの「ドメインの定義」とは，企業全体としての活動領域と生存領域の範囲を決定することと，現在から将来に向けて事業を展開していきたい領域の方向性を指し示すことである。多角化企業にとって，「ドメインの定義」をすることは非常に重要な意義をもっており，前述した事業戦略として行った事業領域を単純に組み合わせたものがドメインの決定ではないことは銘記しておきたい。すなわち，「ドメインの定義」の意義は次の2つといえる。

① 競争ドメイン

　外部環境が激しく変化することに対して相互作用をしながら，多角化の事業間によるシナジー効果を引き出して，どのように競合相手と戦うのかの活動領域の「境界」を決める（自社が所属する業界，事業や製品サービスの内容・範囲を限定する）。

② 企業ドメイン

　経営理念やビジョンを基にした企業としての「自社のアイデンティティ（基本的性格）」を社内外に表明するために，生存領域の境界を決める。多くの企業は，将来に向けた企業スローガン，ビジョン，社会的使命（ミッション）や，実現したい顧客価値を提示して，自分たちはどういう会社なのか，そして将来どのような企業になろうとしているのかを社内外にむけてアピールしている。

　以上のように自社の活動領域を明確にした「ドメイン」の意義は，企業全体として，現在のコア事業内容ならびに将来の成長戦略を決定づける「戦略的な事業空間」を決定することである。次に，「自社のアイデンティティ（基本的性格）を表明する生存領域」を特定することにより，自社組織メンバーは共通目標をもつことができ，明確化されたビジョンの実現にむけて総力を結集できる効果が期待できる。

　一方，対外的には魅力的なコーポレート・ブランドとして発信できることにつながる。さらにいえば，ドメインの定義とは，現在さらに将来に向けて企業がどのように社会的使命や顧客価値共創を実現して進化しようとしているのかのイメージを，社内外に視覚的に表明できる有効な手段なのである。これらのことは以下のアライアンス（戦略的提携）で示す「ドメイン・コンセンサス」にも関連している。

(2) 「ドメインの定義」の留意点と再定義

　沼上［2000］および榊原［1992］は，「ドメインの定義」として表現する際に次のようなチェックポイントを示唆している。

① 機能的表現と物理的表現
② 時間的な広がり
③ 意味の広がり
④ 資源配分の焦点
⑤ ドメイン・コンセンサス

①の機能的表現とは、製造しているモノに注目した表現ではなく（物理的表現）、そのモノが生み出すサービスに即してドメインを表現したものである。

②の時間的な広がりとは、ドメインが単に現状の事業構成を示すだけのものであるのか（静的）、ダイナミックな時の流れに沿って将来の事業の展開方向性を描くようなものであるのか（動的）ということである。

③の意味の広がりとは、ドメインがその企業の代表をしている一時期の経営者に固有のものか（特殊的）、社会的に共有されるような普遍性をもっているか（一般的）ということである。すなわち、普遍性の高い顧客価値共創や社会倫理の豊かなドメインは、意味の広がりの大きなドメインであるといえる。

④の資源配分の焦点とは、多角化企業において、各事業のポジショニングや相互関係、経営資源の配分のメリハリが明確なことである。

特に⑤のドメイン・コンセンサスとは、ドメインに関する企業内外の関係者（ステークホルダー）が合意することである。企業を取り巻く多様なステークホルダーにドメイン・コンセンサスを形成してもらうためには、コーポレート・スローガンなどの短いフレーズの表現のみでは難しく、「WAYとビジョンマネジメント」へと展開していくことが求められる。

さらに、「ドメインの定義」は一度定義して終わるのではなく、再定義する必要性があることについて述べたい。ドメイン・コンセンサスの考え方を基にすると、外部ならびに内部の経営環境の変化に応じて、ドメインも変化しなければならないことがわかる。すなわち、ドメインの定義は一度行えば済むものではなく、企業内外の環境変化との相互作用に応じて、ダイナミックに進化・改革していくものだととらえるべきである。

【企業事例研究：富士フイルムのドメインの再定義】

　富士フイルム株式会社（当時は富士写真フイルム株式会社）は，1984年に創業50周年を迎え，この年を「第二創業元年」と定めて，ドメインの再定義が行われて，従来のフォトグラフィを中心としたものから「I&I（イメージング＆インフォメーション）」へ事業を拡大していくことを社内外に明確に打ち出した。その背景にあるのは，「映像と情報の文化」を創造し続けるという経営理念であり，顧客に提供する機能的な表現である。

　その後，富士フイルム株式会社は，富士写真フイルム株式会社の事業を継承し，社名変更して新たに2006年10月2日に設立した。

　富士フイルムは，新たなコーポレート・スローガンを，「Value from Innovation」と定めている。経営理念を，「先進・独自の技術をもって，最高品質の商品やサービスを提供する事により，社会の文化・科学・技術・産業の発展，健康増進，環境保持に貢献し，人々の生活の質のさらなる向上に寄与する」として改正している。また，新たなビジョンを，「オープン，フェア，クリアな企業風土と先進・独自の技術の下，勇気ある挑戦により，新たな商品を開発し，新たな価値を創造するリーディングカンパニーであり続ける」として掲げている。

　そこで，「ドメインの再定義」として，従来のイメージングソリューション，インフォメーションソリューションに対して，ドキュメントソリューションを加えて3つを柱に事業を展開している。なお，第3のドキュメントソリューションは，富士フイルムグループとして新たに加わった富士ゼロックスによる事業領域としている。なお，第1および第2の事業内容については，それぞれ以下のように進化している。

　1934年に写真フイルム，印画紙，乾板など写真感光材料の製造会社として創業した歴史と技術が，第1のイメージングソリューションへと継承され，さらにカラーフィルム，デジタルカメラ，光学デバイスなどの新規事業へと展開されている。

> 　第2のインフォメーションソリューションでは，メディカルシステム機材，ライフサイエンス製品，医薬品，グラフィックシステム機材，フラットパネルディスプレイ材料，記録メディア，電子材料）へと進化している。特に，医薬品事業の一環として，フィルム製造の際に培った加工プロセス技術と各種薬剤の応用技術を活用して，化粧品（アスタリフト・ルナメア）とサプリメントの新プロダクト・ブランドを立ち上げ，ドメインを拡張し続けている。
> 　　　　　　　　　　　　　　　　　　　　　（参考　同社ホームページ）

3　成長戦略

　本節では，既存事業の枠を超えて，複数の事業を立ち上げていく時に指針となる「成長戦略」の施策に各種の方向性があり，その方向性をどのように選択すればよいかについて解説する。次に，複数の事業間でいかに自社の経営資源や投資を配分すべきかを検討する手法として，「事業ポートフォリオ」について示す。

3.1　製品・市場・垂直統合から捉えた成長戦略の各種の方向性

　事業戦略では，単一の事業でいかに高収益を確保し向上させるかに焦点をあてているが，企業は将来の成長に向けて，既存の製品（事業）および既存の市場の拡充または開発をするなどの新規事業計画を立案するとともに，収益性の見込めない古い事業に対して廃止または統合することを考えていかなければならない。

　アンゾフ［2010］は，成長戦略の指針を考える際に有効な「成長ベクトル」を提唱した。この「成長ベクトル」のフレームワークは，企業が経営する事業の範囲を，「製品（既存製品か，または新規製品か）」と「市場（既存市場か，または新規市場か）」というそれぞれ2つの要素に分解し，成長戦略の方向性を次の4種類で表現するものである。

① **市場浸透戦略**（既存の製品市場における成長）

　企業が現在展開している既存市場で，しかも既存の製品群を変えることなく，市場シェアを伸ばせるかを考える（製品の使用頻度や使用量を伸ばす，あるいは競合企業から顧客を奪う）。

② **市場開発戦略**（既存製品を使用した市場拡大）

　既存の製品群を投入する新しい市場を発見し，開拓できるかを検討する（新たなエリアへの進出，新たな市場セグメントの発掘）。

③ **製品開発・製品拡張戦略**

　現在展開している市場に対して，新製品を投入して成長する（既存製品に新たな機能を追加する，色や大きさを変えた新しい製品ラインを追加する，新技術を開発して革新的な製品を市場に投入する）。

④ **多角化戦略**

　新たな製品を開発して，かつ新たな市場に投入する。多角化戦略には，大きくは関連多角化と非関連多角化の2種類がある。なお，多角化戦略については次節で述べる。

　アーカー［2002］は，アンゾフが示したこの「成長ベクトル」の4つの方向性に加えて，**図表1-3**に示したように「垂直統合」という方向性を加えた成長戦略を提案している。なお，「垂直統合」とは，既存事業の取引活動を基軸として，バリューチェーン上の前後に事業を拡大することをいう。垂直統合戦略については後述する。

【企業事例研究：スターバックスにみる成長戦略】

　スターバックスは，多彩な成長戦略の手法を用いて発展している企業である［コトラー＆ケラー，2014］。2000年までスターバックスのCEOであったハワード・シュルツは，1982年に入社した当時に，グルメコーヒーを顧客に直接提供するカフェという未開拓なニッチ市場があることに気がついた。これがスターバックスの「市場浸透戦略」となり，同社がシアト

ルにロイヤル顧客基盤を獲得するのに役立った。

　次に同社の成長段階で使われたのが「市場開拓戦略」である。同社はシアトルでの躍進をもたらした成功方法を，まず西海岸の北西部の都市に適用し，次に北米全土に，さらに全世界に展開していった。

　世界数千都市でブランドを確立すると，今度は「製品開発戦略」として，店内で販売する商品サービスを開発し，既存顧客の購買数の増大を図った。例えば，コンピレーションCD，利用するたびにポイントがたまって同社の商品購入に使えるVISAカード機能付きのスターバックス・カード「デュエット」，Tモバイルとの提携による数千店舗の「ホットスポット」で提供する高速無線インターネットアクセスの整備などもその一

図表1-3 「成長ベクトル」に「垂直統合」を加えた成長戦略の選択肢

	既存製品	新製品
既存市場	Ⅰ. 既存製品市場での成長 ・市場シェアの増加 ・使用量の増加 　－使用頻度の増加 　－1回当たり使用量の増加 　－既存ユーザーのための新たな用途開発	Ⅱ. 製品開発 ・製品特性の追加，製品改良 ・新世代製品の開発 ・既存市場に向けた新製品開発
新市場	Ⅲ. 市場開拓 ・地理的拡大 ・新たなセグメントのターゲティング	Ⅴ. 新製品・新市場への多角化 ・関連 ・非関連
垂直統合		Ⅳ. 垂直統合戦略 ・前方統合 ・後方統合

出所：アーカー［2002］，図表12-1，p.292

環である。
　外部の経営資源を活用したアライアンスおよびM&Aを積極的に行い，最終的に「多角化戦略」に乗り出した。例えば，紅茶の小売業者タゾティーを買収し，食料品店における棚販売商品として，フラペチーノ飲料やスターバックスブランドのアイスクリームなどの市場へ進出した。

3.2　垂直統合戦略

　前述したように「垂直統合」とは，既存事業の取引活動を基軸として，バリューチェーン・プロセスの前後に事業を拡大することである。例えば，製造業の場合には，原材料調達から最終消費者への販売に至るまでの一連のバリューチェーンを垂直的な川の流れに見立て，最終組立の段階を基軸とすると，最終組立に対して原材料調達の方向のことを「川上」，一方，最終組立に対して顧客への販売の方向のことを「川下」と呼んでいる。

　例えば，従来は主に製造を活動としていたアパレルメーカーが，繊維素材の加工へと事業領域を広げていくことを「川上統合（または後方統合）」という。その反対に，自ら最終顧客に対して直接的な販売活動へと事業領域を広げていくことを「川下統合（または前方統合）」という。

　垂直統合戦略をとると，次のようなメリットを引き出せる可能性がある。
・原材料や部品の供給あるいは需要への対応がしやすくなる。
・製品あるいは品質やサービスのコントロールがしやすくなる。
・川下統合により収益性の高い事業領域へと拡大できる。

　一方，最近では以下に示したような垂直統合に対するデメリットもある。
・まったく異なった事業を経営するとリスクが生じる（シナジー効果を活かせない可能性がある。例えば，非関連多角化により新規事業へ進出する場合）。
・市場が悪化してきた場合に戦略的な柔軟性の減少や，撤退障壁となる可能性がでてくる。

しかし，上記のデメリットの指摘に対して，バリューチェーンの中でも特に自社の強みが活かせる業務に集中して，その他は外部の経営資源を活用する方策として，後述するアライアンス戦略やM&A戦略をとる企業がでてきている。

4 多角化戦略

前述した成長戦略において示したように，本節のテーマである「多角化戦略」は，市場浸透，市場開拓，そして製品開発の他の戦略と比べて，別次元で特有の難しさがある戦略といえる。つまり，後述する「製品戦略」の観点からこれまでつくったことのない新しい「製品ライン」を開発することと，今まで経験したことのない市場に参入するという「市場ミッション」を同時に果たすという高度な目標を掲げているからである。それに加えて，企業全体を長期的にいかに成長させていくべきかという見地から「多角化戦略」に取り組まなければならないのである。つまり，「多角化戦略」とは，現在の製品ラインと市場ミッションから同時に離れることと，従来の事業領域を超越して新たな事業領域へと拡大していく挑戦的な戦略といえる。

4.1 多角化戦略の類型と概念

「多角化戦略」には，大きくは関連多角化と非関連多角化の分類がある。アンゾフ［2010］は，特に前者の関連多角化を，さらには2つの種類の戦略に区別している。
① 関連多角化における垂直的多角化
② 関連多角化における水平的多角化
③ 非関連多角化

(1) 関連多角化とシナジー効果

「関連多角化」では，ある「戦略事業単位（SBU）」によって生み出された技術，知識，ノウハウ，その他，蓄積された経営資源やその能力を，関連性のあ

る違う分野のSBUと共有することにより，「シナジー効果」を引き出すことを狙いとしている。なお，「シナジー（Synergy）」とは，企業の経営資源について，その部分的なものの総和に対して，一種の結合をすることによってより大きな利益を生み出す効果といえる。つまり多角化でいえば，異なる企業で別々に事業活動を行っている成果を単純にたし合わせる以上に，同一企業が関連性の深い複数の事業同士で経営資源やノウハウなどをお互い共用することによって，総合的により大きな効果や効率を上げられることを意味している。

(2) 非関連多角化

「非関連多角化」とは，関連多角化が目指す複数事業間の共有性やシナジー効果の機会を得ようとするのではなく，既存のSBUにおける成功要因とは異なる成功要因をもつ製品市場への多角化である。つまり，この非関連多角化の目的は，今後成長が見込める新たな事業領域へ参入して，将来の収益を確保することを狙いにして，企業規模の拡大を図ることである。非関連多角化を実現する方策として，後述するアライアンス戦略ならびにM&A戦略がとられることが多い。

一方，非関連多角化にはリスクが伴うことも示唆されている。なぜなら，複数事業間でシナジー効果を活用できる可能性が希薄であるからである。多くの有識者は，すべての多角化の成功は共有の市場，技術あるいは生産工程のような共通のコアないし同一性を必要とすると述べている。つまり，財務や経営管理のノウハウの結びつきだけで非関連多角化を行うと，失敗しかねない場合がある。失敗した場合には本来のコア事業にダメージを与えかねないともいわれている。

4.2 関連多角化における垂直的多角化ならびに水平的多角化と企業事例

(1) 関連多角化における垂直的多角化

「垂直的多角化」とは，ある企業が取り扱っている製品ラインのバリューチェーン内に含まれる自社の事業領域の範囲に対して，その垂直統合度をより

拡大しようとすることを意味している。綱倉・新宅［2011］は，この垂直的多角化のことを，垂直統合（Vertical Integration）」を含む「広義の多角化」と呼び，この多角化には前述した川上統合と川下統合の2タイプがあると説明している。

> 【企業事例研究：衣料品業界のSPA】
>
> 　例えば，衣料品業界では，「SPA（Specialty store retailer of Private label Apparel)」と呼ばれるファーストリテイリング（ユニクロ）などの企業は，マーケティング・商品企画・デザイン・調達・製造・販売・広報などを一貫して手がけている。つまり，最終製品としての衣料品を製造するだけでなく，川上統合ならびに川下統合を含めたバリューチェーン全体を事業領域としている。
>
> 　それに加えて，製品戦略の観点から考えると，「単一の製品ライン」の衣料品だけを企画・製造・販売しているだけでなく，老若男女に対する幅広い年代層をカバーして，さらに下着や靴下から多岐にわたるアパレル製品までの豊富な品揃えを実現する豊富な「製品ラインアップ」の体制をつくりあげている。つまり，多品種の製品ラインと広範な市場ミッションを同時にカバーしていることがわかる。

(2)　関連多角化における水平的多角化

「水平的多角化」とは，既存の製品ラインを手がけてきたことにより獲得できた技術，知識，ノウハウの蓄積に基づいて，新たな市場ミッションに向け，既存の製品ラインをまったく異なる製品分野へ新製品やサービスを導入することである（綱倉・新宅［2011］は，「狭義の多角化」と呼んでいる）。「範囲の経済」の観点から売上を上げ，さらにコストダウンを図っている事例が多い。

　ある製品の製造活動を行っている時に生成される副産物を廃棄せずに，その副産物を別製品の製造プロセスに活用することがある。副産物を他製品に対しても共用する事例は，加工プロセス産業に多くみられる。例えば，醤油製造・

販売では，醤油製造から派生したもろみの製造や，さらに味噌製造・販売を同時に手がけている企業がある。牛乳製造から派生した各種の加工乳製品の製造・販売や，石油精製から派生した各種のエネルギー事業への展開，さらに化学繊維を用いた共同製品開発など異業種への事業展開も行われている（例えば，ヒートテック・アンダーウエアや，自動車や飛行機への化学繊維部品などがある）。

あるいは，複数の事業間で共用資源を有効活用することも，水平的多角化の事例として行われている。例えば，自動車業界において複数の製品ライン間を俯瞰したプラットフォームの共用化や，それらの製品ラインを構成する多品種の製品間で原材料や部品の共通化が行われ，コストダウンが図られている。総合電機業界や精密機械業界では，家電・AV機器・モバイルデバイスや，プリンター・コピー機・デジタルカメラなどが，製品アーキテクチャの内部構造の類似性が高いので，複数製品・品種を手がけることで，共通部品に関して「範囲の経済」と「規模の経済」を同時に実現できる場合がある。

以上のような場合には，製品分野を拡大して，水平的多角化を進展することにより売上向上やコストダウンを図るインセンティブが働きやすい。

4.3　複数事業間での関連多角化による共通化とシナジー効果

関連多角化では，新規事業に向けた新製品と新市場を開拓する際に，既存事業で蓄積した経営資源やその能力の共通性を活かすことを狙っている。関連多角化での共通性として次のようなものがある。

・研究開発力，新製品開発力
・生産技術力，製造力
・マーケティング・スキル
・流通力，販売力，サービス力
・ブランド

以上のような共通性を複数事業間で活用する際に，シナジー効果（相乗効果）を引き出せるように配慮が必要になる。

(1) シナジー効果の留意点と特性

関連多角化に関連した「シナジー効果」を引き出すためには，既存の事業と新しい事業の間に深い関連性があることと，次の点に留意する必要がある。
① 企業を構成するそれぞれのSBUの関連性とまとまりのよさ（Coherence）
② 経営資源の共有性があること（Sharing）
③ 経営資源の相互の補完性があること（Complementary）

なお，シナジー効果は対照的に生じるといわれている。
① **既存事業が新規事業へ貢献する**
自社の能力を活用できるような新製品市場に参入する場合に，既存事業が新規事業のシナジー効果として貢献する。
② **新規事業が既存企業に貢献する**
現在の既存事業に欠けている能力を補うような新市場に参入することで，既存企業の競争的地位を高めることができる。

(2) 「シナジー効果」の種類

関連多角化における事業活動の中で以下のような「シナジー効果」が期待できる。
① **販売シナジー**
・新製品と旧製品とが販売面ないしマーケティングにおいて共通性をもつ
・販売管理，販売促進，倉庫管理，広告，評判など
② **生産シナジー**
・製造間接部門や生産施設の共通利用による間接費の分散
・原材料の一括大量購入による価格割引などから，生産上の経費を節約
③ **投資シナジー**
・工場や機械・工具の共通利用による追加投資の節約
・共通部品の利用による在庫投資の節約
・類似製品の共通プラットフォーム化，共通部品化による設計開発費の節約

④ 経営管理シナジー（後述する非関連多角化に関係する）
・企業全体の経営管理上の問題：旧製品の市場分野で通用した経営管理上の問題解決の方法が，新しい製品市場分野に活かせる場合

　「非関連多角化」の成功事例として，例えば，電鉄系業界における大手鉄道会社では，鉄道事業をコアとして，その「沿線価値」を広げる様々な事業展開をして，シナジー効果を上げている。例えば，駅近くのデパートならびにストアー，バス，都市開発，不動産開発ならびに宅地造成・住宅販売，公共施設の誘致（地方自治体施設，病院，学校機関など），サービス事業（流通，通信，ホテル，飲食サービスなど），リゾート地域開発やレジャー施設などを充実させるとともに，その結果，鉄道事業の発展を誘発している。

5　事業ポートフォリオ

　多角化した企業における「ドメインの定義」に際しては，自社の限りある経営資源全体を有効に活用するために適切な「事業ポートフォリオ」を考えなければならない。そのためには，現状の各事業活動の成果の競争優位性や将来性を評価した上で，全社戦略として経営資源や投資を「現在の事業」や「将来の潜在的な事業」に有効に配分しなければならない。本節では，この経営資源や投資の有効な配分を検討する「事業ポートフォリオ」の手法として，「製品ポートフォリオ・マネジメント」と，「ビジネス・スクリーン（戦略的事業計画グリッド）」を紹介する。

5.1　製品ポートフォリオ・マネジメント

　1970年代にボストン・コンサルティング・グループ（BCG）が，「製品ポートフォリオ・マネジメント（PPM: Product Portfolio Management）」の技法を提唱した。図表1-4に示したように，この技法の中で活用する「製品ポートフォリオ・マトリックス」は，市場成長率と相対市場シェアの2次元で表現

第1章 全社戦略

図表1-4 PPM手法による製品ポートフォリオ・マトリックスと戦略ミッション

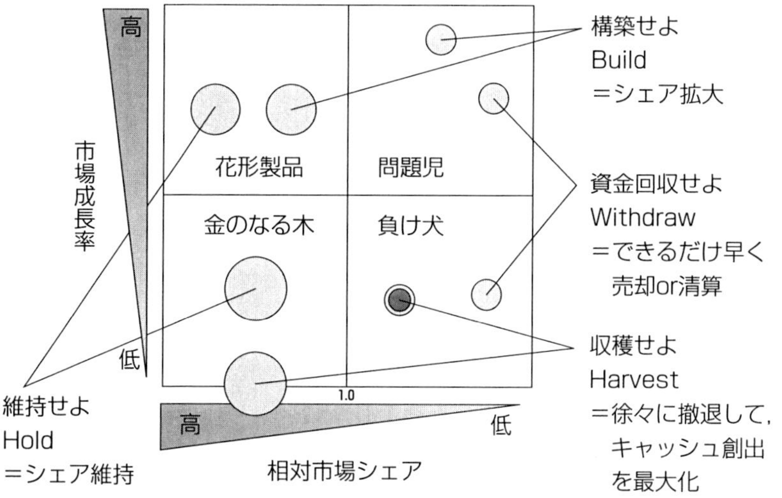

（縦軸：市場成長率　高→低、横軸：相対市場シェア　高→低、1.0を境界とする4象限マトリックス）

- 花形製品（高成長率・高シェア）
- 問題児（高成長率・低シェア）
- 金のなる木（低成長率・高シェア）
- 負け犬（低成長率・低シェア）

戦略ミッション：
- 構築せよ Build ＝シェア拡大
- 資金回収せよ Withdraw ＝できるだけ早く売却or清算
- 収穫せよ Harvest ＝徐々に撤退して、キャッシュ創出を最大化
- 維持せよ Hold ＝シェア維持

出所：沼上［2000］，図6-8，p.205

した4つの象限内に，個々の事業単位（あるいはその事業単位が取り扱う製品ライン，製品グループ）の売上高を位置づけている。企業内のすべての事業単位のキャッシュ（カネ）を生み出す可能性を予測することで，多角化した企業の経営資源や予算の配分を検討する際に，PPMの定石的な指針（BCGは「戦略ミッション」と呼んでいる）を参考にすることができる。

(1) 製品ポートフォリオ・マトリックスの作成方法

縦軸の「市場成長率」については，対象としている事業単位がどのような製品ライフサイクル（導入期，成長期，成熟期，衰退期）に存在しているのかによって影響を受ける。ライフスタイルの早い段階では，研究開発，マーケティング，製品化や事業化，そして販売促進などに多額の投資が必要になる。特に，その対象とした事業単位を取り巻く市場の成長率が高い場合には，競合他社に対して市場シェアを維持するだけでも多額の投資が必要になる。

横軸の「相対市場シェア」は，「自社シェア÷自社を除く最大競争相手の

シェア」で求めるため、「1.0」という数字が特別の意味をもっている（つまり、自社と最大競争相手は同率首位の座にあることを示す）。

なお、縦軸は通常の目盛りだが、横軸は対数目盛りで表示することと、また横軸の目盛りが通常とは逆転していて、左側が大きくなっている点に注意しなければならない。したがって、マトリックスの左側に位置する事業単位は、すなわち相対市場シェアが1.0より大きい場合は、自社が単独で業界リーダーのポジションにあり、相対市場シェアが大きくなるほど、追随する競争相手に対するリードの幅が大きいことを意味する。

各事業単位の売上高（事業規模）は、各事業単位がマトリックス内に位置づけられるところを基点として、それぞれ円の面積の大きさに比例して表示する。

(2) 製品ポートフォリオ・マトリックスの4つのセルの特徴

図表1-5に、製品ポートフォリオ・マトリックス内の4つのセルについて、キャッシュフローの観点からそれぞれの特徴について述べる。次に、その4つのセル内に位置づけられた事業単位に対して、全社レベルの経営資源や投資をどのように配分すべきなのかの留意点を示す。その前に、キャッシュフローについて今一度、説明を加えたい。

「キャッシュフロー」とは、現金の流れのことである。経営活動を行う際に、投資をする必要がでてくる。製品開発や設備投資、原材料や部品の調達などの投資に伴って、キャッシュが企業外部に流出することがあり、この流出を「キャッシュ・アウトフロー」と呼ぶ。その後、売上代金の回収入金としてキャッシュが流入することがあり、この流入を「キャッシュ・インフロー」と呼び、投資への見返り（リターン）になる。キャッシュ・アウトフロー［Co］とキャッシュ・インフロー［Ci］を相殺して、キャッシュの流れを捉えるのがキャッシュフロー［Cf］である。なお、この「キャッシュ」には、現金の他に現金同等物が含まれる（普通預金・当座預金などの要求支払金、満期が近い［一般に3ヵ月以内］の定期預金などの短期投資など）。

第1章 全社戦略

図表1-5 製品ポートフォリオ・マトリックスの4つのセルの特徴

セル名称と市場地位	特徴とキャッシュフロー	経営資源・投資の配分に関する留意点
花形（Star） 成長市場のリーダー	市場成長率　　　High 相対市場シェア　High Ci：＋＋＋＋ Co：－－－－ Cf：＋または－	・高い市場成長率により多額投資が必要 ・高い市場シェアにより資金流入が多い ・流出入を相殺すると多額のCfにならない ■将来，製品ライフサイクルの段階が進み，市場成長率が鈍化した場合に，次の「金のなる木」になる準備が必要。または，次の「花形」を育成する資金源の蓄積が必要
金のなる木（Cash Cows） 成熟期・衰退期市場のリーダー	市場成長率　　　Low 相対市場シェア　High Ci：＋＋＋＋ Co：－ Cf：＋＋＋	・低い市場成長率であり，市場シェア維持をするにあたって追加投資は少なくてすむ ・高い市場シェアにより資金流入が多い ・Cfとして余剰資金を蓄積できる ■今後，さらなるシェア拡大を図る。あるいは，有望な問題児や他の事業単位への追加投資の資金源として備える
問題児（Problem Children） 導入期・成長期にあるチャレンジャー，フォロアー	市場成長率　　　High 相対市場シェア　Low Ci：＋ Co：－－－－ Cf：－－－	・市場成長率の高い導入期・成長期にあるため，現状の市場シェアの維持だけでも多額の投資が必要になる ・しかし，市場シェアが低いため，Cfはマイナスとなる ■現在の問題児にある各事業単位の将来性や有望度を評価し，今後，花形候補として育成するのか，負け犬として撤退するのかを選別する
負け犬（Dogs） 成熟期・衰退期市場のフォ	市場成長率　　　Low 相対市場シェア　Low Ci：＋ Co：－ Cf：＋または－	・成熟期・衰退期にあるため，低い市場成長率の市場で，再投資の必要はなく，資金流出は少ない ・少ない市場シェアしか確保できていないため，期待される資金流入も少ない

ロアー		■撤退・売却するか，投資を抑えて少額ながらキャッシュフロー創出を継続して延命するかを判断する

出所：石井他［1996］，沼上［2000］，網倉・新宅［2011］を参考にして著者作成

(3) 4つのセル内にある事業単位ごとの戦略方針

　製品ポートフォリオ・マネジメントの役割は，製品ポートフォリオ・マトリックス内の4つのセルの中に位置づけられたそれぞれの事業単位が，今後どのような戦略方針をとるべきか示唆することである（**図表1-6参照**）。BCGは次のような4つの「戦略ミッション」を提示している。

① **構築せよ（build）**＝シェア拡大

　有望な事業単位に集中的に投資をしてシェアを拡大させる。例えば，問題児の中から有望な事業単位を選別して，次の花形の育成を目指す。

② **維持せよ（hold）**＝シェア維持

　安定した市場地位を維持するための追加投資を行いながら，現状のシェアを維持する。例えば，大きな資金流入をもたらす期待が大きい，金のなる木に対して適切である。

③ **収穫せよ（harvest）**＝徐々に撤退して，キャッシュ創出を最大化

　現状の設備のままで，できるだけ追加投資を抑えて，できるだけ多くのキャッシュフローを絞り出す。例えば，金のなる木や，負け犬の中でも比較的市場地位の高い事業単位に適用できる。

④ **資金回収せよ（withdraw）**＝できるだけ早く売却または清算

　市場地位が非常に低くて，赤字が続く事業単位は，できるだけ早く売却あるいは清算して，その事業単位には運転資金を回さないようにする。そして，売却あるいは清算した資金流入を，他の有望な事業単位に使う。例えば，将来，追加投資をしないと決めた負け犬や，問題児の事業単位に対して適用する。

図表1-6 4セルに位置づけられた事業単位ごとの事業目的と戦略ミッション

4セル	事業目的	全社キャッシュフローの役割	戦略ミッション
花形	市場シェア拡大	・さらなる成長と，次の花形の資金蓄積準備 ・市場成長率の鈍化：金のなる木の準備	・構築せよ ・維持せよ
金のなる木	市場シェア維持 or 撤退	・シェア維持（または拡大）と，余剰資金の蓄積 ・蓄積資金を，有望な事業単位へ移転	・維持せよ ・収穫せよ
問題児	利益創出	・成長：次世代スターの育成（健全な赤字） ・撤退：有望な事業単位へ資金移転	・構築せよ ・収穫せよ
負け犬	撤退 or 延命	・撤退・売却：有望な事業単位へ資金移転 ・延命：低額でも安定的売上・利益の確保	・資金回収せよ ・収穫せよ

出所：石井他［1996］，沼上［2000］，網倉・新宅［2011］を参考にして著者作成

(4) 製品ポートフォリオ・マネジメント手法の留意点と，メリット，限界

① PPMの留意点

・製品ポートフォリオ・マトリックス内に，現状の各事業単位（BU）の売上高を位置づけて円を描くことがある。しかし，将来に向けて，関連したBU間のシナジー効果を考慮した上で全社戦略を立てられるように，個々の事業単位を意味のある集合へとまとめた「戦略事業単位（SBU: Strategic Business Unit）」へと分類し直してから，それぞれのSBUの合計売上高をマッピングするほうが望ましい。

② PPMのメリット

・全社レベルの経営資源や投資の配分問題に際して，「選択と集中」を考える時に，有望なSBUを特定できるので，投資すべきSBUの選択を示唆してくれる。その反対に，切り捨てるべきSBUや事業単位はどの分野であるか

も示唆してくれる。
- 長期的な成長のためには,「問題児」の中で有望な事業単位に対しては,「健全な赤字」事業が必要になることを示唆してくれる。つまり, 他の事業から得られた余剰資金の蓄積を, この「問題児」の中で特に有望なSBUを選んで, そのSBUへ追加投資をする意思決定ができる。
- 多角化した企業の中で散見される傾向が多い,「収益率」の指標のみに偏重した事業評価の弊害を回避することができる。PPMの戦略ミッションに基づくと,「構築」のミッションを与えられた事業では, 利益ではなく,「市場シェア」の成長に基づいて評価されるべきである。また,「収穫」のミッションを与えられた事業は,「キャッシュ創出額の大きさ」を基準にしなければならない。なお,「資金回収」事業では損失や他事業への影響を小さくして, いかに「きれいに」撤退するかを基準に評価されるべきである。

③ PPMの限界
- PPMが基本的に考えている経営資源はキャッシュのみである。例えば, 技術開発, 人材育成, 外部資源を活かしたアライアンスということを考慮に入れてSBUを評価したい場合には, あるべき事業ポートフォリオが違ってくる。
- 異なるSBUではそれぞれ違う市場で活動が行われている場合が多く, 複数のSBU間で市場全体をどのように定義するのかが明確でない。
- 市場シェアの単位として, 金額ベースで測定するのか, 数量ベースで測定するのかによっても, 各SBUの市場シェアは異なってくる。それ以外の市場シェアの問題として, 市場シェアは上記の市場全体をどのように定義するのかに依存するので, 競争ポジションを表現する指標として市場シェアは不十分である。
- 市場成長率は, 産業全体の魅力度を測る指標としては不十分である。
- 各SBU同士のシナジー効果への考慮が欠如しており, お互いの戦略的な事業部門間の補完関係を表現できない。

つまり，PPMは，すべての事業に対して事業ポートフォリオの戦略上の方針を示してくれる万能な分析技法ではなく，2つの指標を活用してマトリックス表現をした簡便法であることは再認識しなければならない。簡便法であるために，前述したような限界点をもつことはいたしかたがない。したがって，前述した限界点があることに留意して，自社事情に応じてPPM手法を次のようにカスタマイズして適用していくべきである。

・時系列的な分析が必要
・机上分析のみが先行しないよう注意が必要
・PPM手法を自社に合った形態にして適用する

5.2 ビジネス・スクリーン（戦略的事業計画グリッド）

ゼネラル・エレクトロニクス（GE）社は，マッキンゼー社と共同で，9つのセルからなる「ビジネス・スクリーン（戦略的事業計画グリッド）」という手法を開発した。ビジネス・スクリーンは**図表1-7**に示すように，「市場の魅力度（産業魅力度）」と「自社の強さ・弱さ（事業強度）」の2つの次元で大分類されて表現されている。その2つの次元は，共通の項目として，市場，競合，収益性，技術，その他として中分類されている。そして小分類の指標として，例えば前者の「市場の魅力度（産業魅力度）」における1番目の中分類「市場」には，市場の規模，成長性，価格動向，細分化度，安定度，構造変化などが含まれている。

実際に，ビジネス・スクリーンを活用する時には，中分類ごとに含まれる小分類の指標を自社に適するように適宜選び出すことになる。全体として，大分類の「市場の魅力度」と「自社の強さ・弱さ」のそれぞれに対して，自社にとって相応しい十数個の小分類の指標を取り出す。その後に，取り出したすべての指標に異なるウェイトづけをした後に，解析対象とした各事業単位（BU）に対して2つの大分類のそれぞれの総合評価値を求めることにする。

その結果，算出された各BUの総合評価値に対応して，マトリックスの縦軸の「市場の魅力度（産業魅力度）」は高・中・低，一方，横軸の「自社の強

図表1-7 市場魅力度と自社の強さ・弱さを基軸としたビジネス・スクリーン

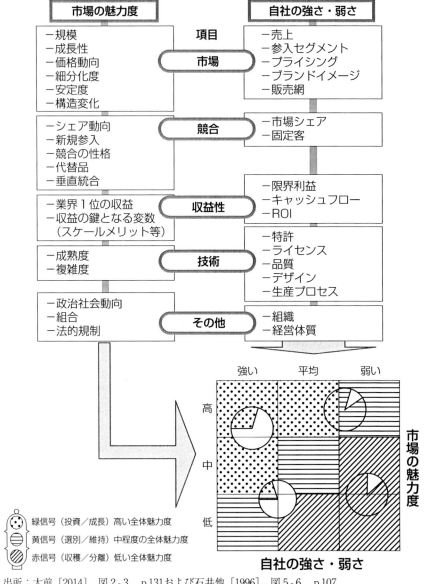

出所:大前[2014],図2-3,p.131および石井他[1996],図5-6,p.107

さ・弱さ（事業強度）」は強い・平均・弱い，という9つのセルにポジショニングされる。

すべてのBUが，マトリックス内の9セル内にポジショニングされた後に，特定のBU同士のシナジー効果を考慮して，関係性の深いBUをまとめて1つの戦略事業単位（SBU）とする。先の**図表1-7**には，それらのSBUが相当するセル内にマッピングされたイメージが示されている。個々のSBUの円の大きさは産業規模を示し，円の白の部分はそのSBUの市場シェアを示している。以上の結果を基にして，全社レベルとして将来に向けた事業ポートフォリオの代替案を作成し検討していく。

6　バリューチェーン（価値連鎖）と機能別戦略

本節では，企業は付加価値を生み出すための活動システムとして，様々な活動を連鎖的に関連づけて，顧客に向けて製品やサービスを提供する「バリューチェーン（価値連鎖）」を取り上げる。そのバリューチェーンは，主活動と支援活動に分類され，それらの活動は多岐にわたる「機能別戦略」で構成されている。

6.1　バリューチェーン（価値連鎖）

ポーター［1995］は，企業が付加価値を生み出す活動を，主活動と支援活動に分類し，それらを相互に連携した「バリューチェーン（Value Chain, 価値連鎖）」として提唱している（**図表1-8**参照）。

(1)　価値連鎖における主活動と支援活動による活動システム

「主活動」は，製造業でいえば**図表1-8**の下段に相当する購買物流，製造，出荷物流，販売・マーケティング，サービスなどである。その主活動を間接的に支える「支援活動」は，全般管理（インフラストラクチャ），人事・労務管理（人的資源管理），技術開発（要素技術，製品企画，製品設計，生産技術な

図表1-8 バリューチェーンの基本形によるある複写機メーカーの記述事例

人事・労務管理	全般管理				
	募集,訓練	募集,訓練	募集,訓練	募集,訓練	
技術開発	オートメーション・システムの設計	コンポーネント設計 アセンブリー・ライン設計 機械設計 テスト法 エネルギー管理	情報システム開発	市場調査 セールス助成物とテクニカル文献	サービス・マニュアルと手順
調達活動		原材料 エネルギー 電気／電子部品 他の部品 電力・ガス	コンピュータ・サービス 輸送サービス	媒体代理店サービス 支給物 旅費と食費	スペア部品 旅費と食費
	原材料仕入業務 品質検査 部品の選択と納入	コンポーネントの製造 アセンブリー 機器調整とテスト メンテナンス 設備稼働	受注処理 出荷	広告 販売促進 セールス部隊	サービス代理店 スペア部品配給システム
	購買物流	製造	出荷物流	販売・マーケティング	サービス

（マージン）

出所：ポーター［1995］, 図表2.4, p.59

ど），調達活動（企業の価値連鎖中の各段階で必要となる購入物やサービスなど，この調達に対しても技術や情報システムが使用される）である。

主活動と支援活動のそれぞれに，以下の3つの活動タイプの役割が必要になる。

① **直接的活動**

買い手のための価値創造に直接関与する活動である。例えば，製品設計，製品組立，部品加工，営業担当者の動員，広告・広報などがある。

② **間接的活動**

直接的活動が継続して行われるように横から支える活動である。例えば，製品開発管理，生産管理，設備の稼働とメンテナンス，営業担当者の管理，販売促進管理などがある。

③ **活動の質保証**

他の活動の質を高め，さらに質を保証する活動である。例えば，管理のサイクルを回す（PDCAサイクル：Plan⇒Do⇒Check⇒Act⇒再Planフィードバッ

ク），調整，やり直し，監視，試験，検査，点検など。

(2) **競争優位性のある価値連鎖の連結関係**（コア技術・管理技術＋価値連鎖・活動システムの結合関係［自社＋外部パートナー＋顧客］＋組織構造）

　企業が，パートナー企業ならびに顧客との協調戦略をとって「価値共創」を実現するために，競争優位性のある価値連鎖プロセスとして次の視点からつくりあげることができる。

① 価値連鎖プロセスの中で，自社の得意とするコア技術および管理技術の強化。

② 価値連鎖プロセスの中で次の連結関係の強化：自社内部の連結関係，自社と外部パートナー間との垂直連結（例えば，部品や設備のサプライヤー，流通チャネル），買い手との価値連携（例えば，BtoB取引における相手企業，BtoC取引におけるエンドユーザー，公的取引における公的機関など）。

③ 価値連鎖プロセスを実現する組織構造の設計：例えば，後述する機能別戦略に関連する自社の事業部門，ならびに外部パートナーのカバーする分野や役割を，価値連鎖プロセス内にマッピングする。

　ある企業の競争優位性を診断する際に，付加価値よりも価値連鎖のほうに力点を置いた分析が重要になる。例えば付加価値（販売価格から主活動・支援活動・マージンを差し引いた額）の分析として行われることがある。しかし，その企業が所属する業界で競争優位を獲得するためには，自社とパートナー企業との協調戦略をとって，理想的な価値連鎖モデルを構想する必要がある。特に，自社の得意なコア技術や管理技術は何であるかを決定して，価値連鎖のどこにそれらの技術を適用することで，競争優位の源泉を見出すのかを明確にすべきである。

6.2 機能別戦略

　図表 1-9に，価値連鎖の主活動ならびに支援活動に関連した「機能別戦略」の概要を示した。それぞれの機能別戦略の詳しい説明は，他の専門書に譲りたい。

図表1-9 主活動と支援活動を支援する機能別戦略

機能別戦略の名称		内容
■主活動に関連した機能別戦略		
研究開発		基礎研究，応用研究（製品化），技術開発，管理技術開発，サービス開発，イノベーションマネジメント
マーケティング		アメリカ・マーケティング協会の定義：マーケティングとは，顧客に向けて価値を創造，伝達，提供し，自社組織および外部組織を取り巻くステークホルダーに有益となるよう顧客との関係性をマネジメントする組織の機能および一連のプロセスである
製品戦略と製品開発	製品戦略	製品ラインアップ，製品・技術プラットフォーム，製品ライン，前述した事項の共用化とライフサイクル管理
	製品開発	製品サービス企画，製品アーキテクチャ（メカニズム，制御，ソフトウェア），製品開発管理（後述の製品設計，生産技術と連携させる）
経営組織		経営資源展開，組織間関係，組織設計，組織開発，組織行動，組織文化
人的資源		人的資源戦略，人材戦略，人事システム：採用・活用・配置・育成・評価・報酬，労務管理
財務と会計		財務会計，管理会計，企業価値評価・事業価値評価
情報システム		主活動ならびに支援活動のほぼすべての機能別戦略に対応した各情報システムがサポートされていることが望ましい
知的財産		研究・開発・製品化・事業化・産業化の各段階に応じた知財戦略，ならびに知財マネジメント
■支援活動に関連した機能別戦略		
資材調達		後述の資材管理に含まれる
生産戦略	製品設計	製品設計（概念設計，基本設計，詳細設計），生産設計，試作・実験，前述事項の各設計段階でデザインレビュー（設計審査）
	生産技術	工程設計，工程計画，治工具管理，生産準備

	生産管理	広義の生産管理：工程管理（生産計画，生産統制），品質管理，原価管理，資材管理（購買管理，外注管理，在庫管理），設備管理，作業管理
物流		マーケティング・チャネル（製品・所有権・支払・情報・プロモーションの流れ）の中で，生産活動と消費者の間を結ぶ機能が物流（先の製品・所有権の流れに特化）である。物流の構成体は，企業（製造業，流通業），運輸業，社会資本（空港，港湾，道路），物流制度，物流行政である。物流の活動は，輸送（配送），荷役，在庫管理，保管（倉庫），包装，流通加工，物流情報処理である
販売促進	広告・広報	マス広告，メディア・ミックス，パブリシティ
	販売促進	消費者向けプロモーション：サンプル，クーポン，保証等 流通業者向けプロモーション：マージン，無料試用品提供等 セールスフォース向けプロモーション：イベント，展示会等
	営業戦略	ダイレクト・マーケティング，イベントデザイン，人的販売，CRM（Customer Relationship Management），顧客維持
販売後の保守・サービス		販売後の据付け工事，顧客仕様へのカスタマイズ，アフターサービス保証，診断・修理，メンテナンス，保守サービス部品の在庫管理，整備技術者訓練，カスタマーセンター運営等

出所：著者作成

7 アライアンス（戦略的提携）戦略とM&A戦略

　全社戦略の経済価値は，2以上の事業をまたがって「範囲の経済」および「シナジー効果」を活かせるかにかかっている。そのための成長戦略の1つとして，前述した「多角化戦略」があった。一方，自らの経営資源だけでは対応

できない状況が生じた時に，外部や他社の保有する経営資源を活用する「企業間連結」をした成長戦略として，「アライアンス（戦略的提携）戦略」と「M&A（統合・買収）戦略」がある。

7.1　アライアンス戦略とM&A戦略の概念および戦略選択

アライアンス（戦略的提携）とM&Aとの共通点は，「外部および他社の保有する経営資源」を利用することである。一方，相違点は，M&Aは対象とする外部企業の経営権を取得することで，今までその外部企業が保有していた事業とその経営資源をセットで，自らが所有すなわち支配することになる。これに対してアライアンスが対象とするのは，アライアンス期間（有限で提携が終了することがあることを意味している）に限定して，パートナー企業の中で有効と思われる個々の経営資源を活用するもので，しかも，パートナー企業側は自らの経営資源を保有し続けることである。さらに，企業同士が重要な戦略分野で合意された事業目標がある場合には，それぞれの経営資源を融合して協働的な事業運営を行い，それによって得られた成果を分け合うことがある。

図表1-10に示すように企業間結合の中で，アライアンス（契約的アライアンス，資本的アライアンス）ならびにM&Aを位置づけるとともに，それぞれにどのようなタイプの形態があるかを整理する。

(1)　アライアンス戦略

「アライアンス（戦略的提携）」とは，2つもしくはそれ以上の独立した組織や企業が，製品およびサービスに関する開発，製造，販売など，いずれかで協力することである。

なお，図表1-10に示した「契約的アライアンス」とは，長期的かつ戦略的な取組みを，両社または複数企業が共同で行うために契約を締結して，【業務提携】することである。

「資本移転」とは，ある企業の資本（株式）を他社から取得することにより，その企業と結びつく取引に基づいて，【業務・資本提携】を行うことである。

図表1-10 企業間結合におけるアライアンスとM&Aに包含される形態

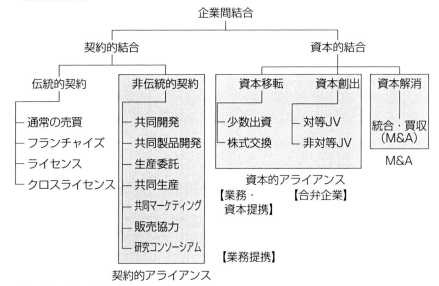

出所：安田［2016］，図表15-5，p.259

パートナー企業が保有している株式を購入することが「少数出資」である。なお，取得する株式が半数を超えると買収とみなされるので，契約的アライアンスの場合は少数出資に限定される。また，自社の株式をパートナー企業への対価とすることは株式交換である。

　なお，自社とパートナー企業との契約が裏切られる脅威を解決し，その契約に対するコントロール力を強化する手段として，「株式持ち合い」ということが行われることがある。それは，後述する敵対的企業買収に対する防御策とも考えられる。なお，日本では，持ち合いは取引先の企業と金融機関などとの間でもみられる。取引先の企業と金融機関との持ち合いについては，取引関係の安定および取引を継続する目的と，相互の株保有によってお互いの企業にとってメリットがあると認められてきた。

　「資本創出」は，新たな資本を提供し合って，共通の事業目的を達成するために【合弁企業（JV: Joint Venture）】を設立する取引である。JVでは，協力

する提携パートナー企業が共同で投資を行い，新たに法的に独立した企業を設立し，その企業から得られる利益もパートナー企業間で共有する。

(2)　M&A（統合・買収）戦略

「M&A（Merger and Acquisitions：統合・買収）」とは，企業の外部に存在する事業やその経営資源に対する支配権を取得することといわれている。

企業の統合（合併を含む）や買収は，国内または国外における競争力の強化や，海外進出を容易にするためなど国際的なマーケット拡大に伴う生存競争と事業拡大のために行われ，それらの規模は拡大傾向にある。日本国内では，大企業における新規事業の拡大や，選択と集中による不採算部門の事業再編，その他，中小企業の後継者問題による事業譲渡などで，M&Aが行われることが増えてきた。

(3)　アライアンス戦略とM&A戦略の戦略的選択

企業の外にある経営資源を必要とする時，アライアンスと，M&Aのそれぞれのメリットとデメリットを熟慮した上で，どちらの戦略を選択すべきか，さらにどの形態を用いるべきかを適切に経営判断しなければならない。

そのためには「事業ポートフォリオ分析」を行い，企業が複数の事業運営をしている中で，コア事業があればその事業は重要であり，そこに使われる経営資源の支配度が高くなければならない。重要な事業に用いる経営資源が，アライアンスとしてパートナー企業との調整が必要になり，その使用が制限されることがあってはならない。そのようなコア事業に対しては，M&A（買収）を選択すべきである。

しかし，他社の経営資源を支配するということは，それだけビジネスリスクが大きくなる。さらに，M&Aは見直しができない，資金負担が大きいなど，ビジネスリスクが大きな取引となる。

一方，アライアンス戦略の選択や，戦略を推進していくことについて，その

留意点をあげる［安田，2016］。第1に，アライアンスはパートナー企業との間で行う経営資源の交換であり，パートナーから手に入れる経営資源があるのと同時に，こちらの経営資源もパートナーに提供しなければならないことがある。第2に，アライアンスは必ず終結を迎えることから，目的とする経営資源の活用を期間内にどのように進め，どのように完了させるかを明確にする必要がある。第3に，あるアライアンスを行うことが，社内の他の事業にどのような影響を及ぼすかについても注意を払う必要がある。

7.2　アライアンスによる期待効果と企業価値創造

戦略的提携を企業が行うのには，次のような効果があるからである［松崎，2006］。

① リスクの分散

資源的にも規模的にも対等な企業と提携することで，パートナー間でコストを配分することにより，失敗の際のリスクを分散することができる。

② 規模の経済性

企業が個別に事業運営していては実現できない規模の経済によるコスト優位を，提携することによって実現しようとするものである。

③ 資源へのアクセス

戦略的提携によって，新たな業界もしくは業界内の新セグメントへ進出することが可能になる。例えば，現在，自社のもつ資源では，ある業界に進出することが困難な場合，戦略的提携を利用することで，多大なコストをかけず，その業界の進出に必要な資源を獲得することが可能になる。

④ ネットワーク競争への対応

戦略的提携によって，自社に優位な競争環境をつくりだせるということである。例えば，ハイテク分野の規格間競争で，自社の開発した技術を市場の標準（デファクト・スタンダード）にするためには，他の競合メーカーと提携しなければならない場合がある。

⑤ 競争からの学習

戦略的提携は，競争企業から重要なスキルや能力を学習する機会につながる。しかも，パートナーから学習できたスキルや能力は，その提携だけでなく，企業全体の競争力も向上させることにつながっていく。

⑥ 戦略的提携とインタンジブル資源（無形の資産）

技術，マネジメント，ノウハウ，ブランドなど，長期的な事業展開を通じて蓄積していくことができる企業独自の経営資源である。

⑦ 組織ネットワークの構築

各事業部の横の連携が調整されると同時に，提携を通じて獲得した知識が事業部間の壁を越えて共有化できる。

7.3 M&Aのタイプ

M&Aの取引には統合と買収の2つがあるが，取引対象についても，個々の事業か，事業の集合体としての企業かという2つがある。なお，M&Aの取引として「統合」と「買収」の手法には，以下に示すように様々なタイプがある。

① 統合
- 合併：2社以上の会社が統合して1つの会社になる「企業統合」である。
  - ・吸収合併
  - ・新設合併

② 買収

一方の企業が他社の株式または資産の支配権を獲得するのが「企業買収」である。50％以上の株式取得を意味する「株式買収」と，事業または固定資産の取得を意味する「資本買収」がある。

- 株式の取得（株式買収）
  - ・発行済株式の譲受け
  - ・新株の引受け
  - ・公開買付け：公開会社の場合には証券取引所などのマーケットにおいて対象企業の株式を取得することができる。

・その他
　■事業譲受け（資本買収）
　　・営業譲渡
　　・資産譲渡
③　会社分割
　　・吸収分割
　　・新設分割

　なお，買収には，友好的買収と敵対的買収がある。後者の敵対的買収（Hostile Takeover）とは，通常は買収対象会社の取締役会による同意が得られていない買収をいう。

　もともと日本では企業間での前述した「株式持ち合い」という慣習により，企業買収は困難な状況であった。経営陣が買収提案に同意しない場合には買収防衛策の導入が図られたり，株主に対し会社経営陣として買収提案に応じないよう働きかけが行われたりすることから，買収の成否をめぐって買収提案者と会社経営陣などを中心に激しい闘争がなされることもある。

【引用・参考文献】

D. F. エーベル著，石井淳蔵訳［1984］『事業の定義』千倉書房（Abell, D. F.［1980］, *Defining the Business: The Starting Point of Strategic Planning*, Prentice-Hall）。
沼上幹［2000］『わかりやすいマーケティング戦略』有斐閣。
網倉久永，新宅純二郎［2011］『経営戦略入門』日本経済新聞出版社。
榊原清則［1992］『企業ドメインの戦略論』中公新書。
富士フイルム・ホームページ：http://fujifilm.jp/index.html（最終閲覧日　2017年5月5日）。
H. I. アンゾフ著［2010］「多角化戦略の本質」DAIAMONDハーバード・ビジネス・レビュー編集部編・翻訳，『戦略論（1957-1993）』，ダイヤモンド社。
D. A. アーカー著，今枝昌宏訳［2002］『戦略立案ハンドブック』東洋経済新報社。
P. コトラー＆K. L. ケラー著，恩蔵直人監修，月谷真紀訳［2014］『コトラー＆ケラーのマーケティング・マネジメント（第12版）』丸善出版（Kotler, Philip and Keller, Kevin Lane［2006］, *Marketing Management*（12th ed.）, Pearson Education, Inc.）。

石井淳蔵, 奥村昭博, 加護野忠男, 野中郁次郎 [1996] 『経営戦略論（新版)』有斐閣。

大前研一 [2014] 『マッキンゼー　現代の経営戦略　2014年新装版』Next Publishing。

M.E.ポーター著, 土岐坤・中辻萬治・小野寺武夫訳 [1995] 『競争優位の戦略』ダイヤモンド社 (Michel E. Porter [1985], *COMPETITIVE ADVANTAGE*, The Free Press, A Division of Macmillan Publishing Co., Inc.)。

安田洋史 [2016] 『新版　アライアンス戦略論』NTT出版。

松崎和久編著 [2006] 『戦略提携（アライアンス）　グループ経営と連携戦略』学文社。

J.B.バーニー著, 岡田正大訳 [2003] 『企業戦略論 [下]　全社戦略編』ダイヤモンド社。

G.ハメル&I.L.ドーズ著, 志太勤一・柳孝一監訳, 和田正春訳 [2001] 『競争優位のアライアンス戦略』ダイヤモンド社。

林伸二 [1993] 『日本企業のM&A戦略』同文舘出版。

手塚貞治監修, 経営戦略研究会著 [2008] 『経営戦略の基本』日本実業出版社。

奥村昭博監修, 小林康一・柳在相著 [2010] 『ビジネス・キャリア検定試験標準テキスト　経営戦略　2級』中央職業能力開発協会。

第2章
外部経営環境分析

1 経営環境分析のフレームワーク

　図表2-1に，全社戦略ならびに事業戦略などの立案へのインプット情報となる，外部経営環境分析と内部経営環境分析を示した。「外部経営環境分析」とは，自社に対して外側となる市場環境ならびに経営環境に向けて分析をすることで，それらは顧客分析，競合分析，市場分析，環境分析という4つが構成要素となる。一方，「内部経営環境分析」とは，自社の内部およびパートナー企業に関する分析であり，製品分析，経営資源分析，業績分析，ビジネスパートナー分析などが構成要素になる。双方の分析やそれぞれの構成要素の分析は，相互に関連づけながら行われる。

　なお，**図表2-1**に提示した各種分析の構成要素は，一般的な分析項目を示したものではなく，著者が，本書において外部経営環境分析（本第2章）と，内部経営環境分析（第3章）で取り上げた内容を中心に記述していることに留意していただきたい。

　戦略の立案・検討は，論理的には外部経営環境分析，すなわち戦略に影響する可能性をもつ事業の外部要因の分析から始まる。外部経営環境分析では，機会，脅威，トレンド，そして将来の不確実性などについて調査研究をすることにより，後の戦略立案に何が影響するのかを見極める。つまり，外部経営環境

図表2-1 市場環境および経営環境に関する外部経営環境分析と内部経営環境分析

外部経営環境分析	内部経営環境分析
①顧客分析 "Who" ・市場セグメントとターゲット顧客の把握 ・顧客のニーズの多様性と顧客の種類 ②競合分析 "Why" ・業界における戦略グループ ・競争相手分析 ・良い競争相手の選択と業界構造 ③市場分析 ・現在／潜在的な市場の魅力度の分析 ・業界環境におけるタイプ別競争戦略 【多数乱戦業界，先端業界，成熟業界，衰退業界，グローバル業界】 ④環境分析 ・PEST分析 【政治，経済，社会，技術のマクロ環境】	①製品分析 "What" ・製品戦略 ・製品アーキテクチャ ②経営資源分析 "How" ・経営資源の種類（有形資産と無形資産） ・人的経営資源 ・情報的経営資源 ・知識創造 ③業績分析と企業価値評価 ・財務指標からみた業績評価 ・企業価値の評価 ・インタンジブルズ（無形資産）評価 ④ビジネスパートナー分析 ・取引コストアプローチと取引形態 ・ステークホルダー分析 ・イノベーションと企業間関係

出所：著者作成

　分析の最終的な目的は，戦略的選択の誘導，つまりどのターゲット顧客や市場に向けて，どのように競合他社に対して優位性のある競争をするのかについて，意思決定を下せるようにすることである。

　しかし，外部経営環境分析は，必要のないところまで調査報告書にまとめるという限りないプロセスに陥る危険性があるため，調査目的を明確にし，調査の方向性を定めた上で取りかかることが望ましい。この外部経営環境分析の調査の単位は，一般的には戦略事業単位（SBU）である。

　本章で取り扱う「外部経営環境分析」の中で，最初に始めるべきものが顧客分析である。次に，競合他社との優位性や差別化を検討するために，競合分析へと続く。そして，顧客と競合他社に影響を与える市場分析へと進む。最後に，

過去・現在・将来の外部環境のトレンド，規制，技術変革を把握するために，環境分析を行うことがある。

2 顧客分析

経営環境分析全体の中で，最初に行うのが「顧客分析」であり，顧客分析の結果はその他の分析の前提条件として影響を与える可能性があり，非常に重要な分析といえる。本節では，次の2つの課題について顧客分析の方法を示す。
① **市場セグメントとターゲット顧客の把握**
② **顧客のニーズの多様性と顧客の種類**

2.1 市場セグメントとターゲット顧客の把握

まずマス市場では，人間には一人ひとりその人の個性があり，好みがあるので，顧客のニーズは皆同じではない。このように市場を構成する人々あるいは企業を，何らかの共通点に着目して，同じようなニーズをもつ市場部分に分類することを，「セグメンテーション（市場細分化）」という。

「市場セグメント」は，他の顧客グループとは異なる反応をして，共通の特徴（例えば，顧客の欲求，購買力，地理的所在地，購買態度，購買習慣など）をもつ顧客グループからなる。そして，自社が主として狙う市場セグメントの中から，特定の顧客に絞り込むことを「ターゲティング」といい，その顧客のことを「ターゲット顧客」と呼ぶ。ある市場セグメントを標的として絞り込むことは，その反対にその他の市場セグメントは捨てることになる。なぜ絞り込みが必要なのかというと，現代は競合製品やサービスが豊富にある時代なので，総花的にすべての顧客を対象とすると，今後の戦略や製品企画が中途半端になり，結局支持されないことになるからである。

(1) 市場セグメンテーション（市場細分化）の基準

市場セグメント間ではできるだけ異質な反応をして，同一の市場セグメント

内ではできるだけ同質的な反応をする分類基準として，**図表2-2**に示したように5つの特性があり，それぞれの特性に様々な要素が考えられている。

図表2-2　市場セグメントの分類基準となる5つの特性と様々な要素

特性名	要素	事例
■地理的特性		
	地域，郡，都市，地元エリア，人口や人口密度，気候	
■デモグラフィック（人口統計的）特性		
	・宗教，人種，国籍	
	・年齢，性別，家族数，家族のライフスタイル，世代	世代：団塊の世代，ゆとり教育世代
	・所得，職業，学歴，教育水準	下級階層の下位，下級階層の上位，中流階級の下位，……，上流階級の上位
■サイコグラフィック（心理的）特性		
	・ライフスタイル，価値観	
	・性格	社交的，内向的，野心的，保守的，権威主義的
■行動特性		
	・ユーザーの状態	非ユーザー，旧ユーザー，潜在ユーザー，初回ユーザー，定期的ユーザー
	・購買機会	定期的な機会，特別な機会
	・追求便益	経済性，品質，サービス，便利，ステイタス
	・使用頻度	ライト・ユーザー，ミドル・ユーザー，ヘビー・ユーザー
	・ロイヤルティ	なし，中程度，強い，絶対的
	・購買準備段階	認知せず，認知あり，情報あり，関心あり，購入希望あり，購買意図あり
	・製品に対する態度	熱狂的，肯定的，無関心，敵対的

| ・マーケティング要因感受性 | 品質,価格,サービス,広告,セールス・プロモーション |

■ディフュージョン（流行）モデル
| 革新者,初期採用者,前期多数者,後期多数者,遅延者 |

出所：コトラー＆ケラー［2014］および沼上［2000］を基に著者が編集・加筆

(2) 市場セグメントの明確化と評価

　なお，前述の市場セグメントの特性や要素は一般的に使われているものを提示したが，他社のマーケッターも同じセグメンテーションの方法に気づいていることになる。つまり，差別化を行うためには，他社のマーケッターが気づかないようなユニークな特性や要素を考案しなければならない。

　さらに，セグメンテーションの明確化として，通常1つの特性や要素で行うものではなく，いくつかを組み合わせて，未来のターゲット顧客や，潜在するターゲット市場がみえてくるのである。例えば，どの地域（Where）にいる，誰の（for Whom），どのようなニーズ（to meet What）を相互に満たすのかを考えてはじめて特定の市場セグメントを規定したことになる。

　規定したいくつかの市場セグメントを評価する際，その潜在的な市場セグメントが，自社の事業目的ならびにその事業に必要になる経営資源からみて，投資する意味があるかないかを評価しなければならない。例えば，評価項目として，市場規模，収益性，成長性，低リスクなどといった観点から，その市場セグメントに全体的な魅力があるかを判断する。

　セグメンテーション戦略は，認識されたセグメントと，それらのセグメントに対して競争力のある製品やサービスを提供するプログラムとを結びつけることに目的がある。したがって，セグメンテーション戦略の成功のためには，競争力の高い製品やサービスのコンセプトの構築，開発およびその評価が同時に必要となる。

2.2 顧客のニーズの多様性と顧客の種類

(1) 顧客ニーズの多様性と相互作用

　伊丹［2012］は，「顧客ニーズ」には多様性があり，それを「ニーズの束」と呼び，その他にも「ニーズの訴求ポイント」，「顧客ポートフォリオ（顧客ミックス）」の概念を提唱している。

　顧客を誰にするのかは企業にとって最重要な選択の問題である。そのためにはターゲット顧客を絞り込み，その顧客のニーズを探求する必要がある。顧客がある製品やサービスを買おうとするのは，その製品やサービスに何らかの価値を認めているからである。その価値への欲求のことを「ニーズ」と呼べば，顧客のニーズは1つではなく多面的，多次元で，「ニーズの束」になる。この「ニーズの束」は，「マーケティング・ミックス（4P）」の要因に対応づけて分類できる。

① 製品そのもの（性能，品質，デザイン，付帯ソフトなど）
② 価格デザイン
③ 補足的サービス（アフターサービス，支払条件，購入のしやすさなど）
④ ブランド（製品や企業のイメージ，社会的評判など）

　さらに，この顧客の「ニーズの束」の多くの要因のうち，企業としてどのように対応していくべきかのポイントとして次の3つがあげられる。

① ニーズの束の多くの構成要因の中で，顧客に対して具体的な訴求ポイントを「ニーズの核」として明確にする。
② 次に，「ニーズの核」に集中するとともに，その他の構成要因間の相互関係についてもバランスに配慮する。その際，それぞれの構成要因が，顧客の最低許容限度を下回らないようにすること。また，各構成要因に相対的なそれぞれの重要度をつけて，構成要因の中でも特に力点を置く比重配分を考えること。
③ ニーズの「ネック（障害）」に適切な手を打ち解消すること。例えば，想

定しているターゲット顧客にとっては「価格」が高くてまだ買えない状況にある，あるいは，新製品やサービスの使い方や価値が「わからない」ので買わないなどの障害を取り除く努力をしていく。

なお，前述した「ニーズの束」の構成要因の内容は，時間とともに変化していく。そのニーズの変化への対応策として次の3つが示されている。
① ある程度予測可能な変化に対しては，それを見越した戦略展開をする新製品やサービスをシリーズ化した製品企画案をあらかじめ策定しておく（例えば，一定期間ごとに製品・サービス・付帯ソフトをグレードアップへと誘導する）。
② ニーズの変化を察知してそれに対応しやすい仕掛けをもつこと（例えば，市場細分化戦略や，流通の直販化，カスタマーサービスセンターなどの運営管理をする際に，顧客の新たな要望やクレームを把握しやすい仕組みをもつ）。
③ かなり不確実なニーズの変化に対しては，様々な変化を想定・予測してニーズの変化にダイナミックに対応できる資産を蓄積しておくこと（後述する予想型マーケティング，さらに創造型マーケティングを参照）。

(2) 顧客ニーズのタイプ

顧客ニーズは，次の5つに分類することができる［コトラー＆ケラー，2014］。
① **明言されたニーズ**（顧客は安い車を望んでいる）
② **真のニーズ**（顧客は初期の購入費だけでなく維持費の安い車を望んでいる）
③ **明言されないニーズ**（顧客はディーラーから良いサービスを期待している）
④ **喜びのニーズ**（顧客はディーラーから詳細な全国地図をプレゼントしてくれることを望んでいる）
⑤ **隠れたニーズ**（顧客は友人から賢い買い物をしたと思われたい）

反応型マーケティング，予想型マーケティング，そして創造型マーケティングをそれぞれ区別する必要がある。反応型マーケッターは，明言されたニーズをみつけてそれを満たす。予想型マーケッターは，近い将来顧客が明言されていない将来抱きそうなニーズまで探る。創造型マーケッターは，顧客は自ら求めはしないが提示されれば喜ぶような解決法を発見してそれをつくりだす。

【企業事例研究：ソニーとアップルの創造型マーケティング】

　ソニーの創業者の故盛田昭夫氏は，ソニーは市場に奉仕するのではなく，ソニーが市場をつくりだすのだと公言していた。その意味ではソニーは，創造型マーケティング企業の好例であった。顧客が求めていなかったばかりか，実現できると思いもしなかったような新しい製品を次々と発表してヒットさせてきた［P.コトラー＆K.L.ケラー，2014］。例えば，携帯ラジオ，ビデオデッキ，ビデオカメラ，ウォークマン，CD（コンパクトディスク），DVD，プレイステーション，ソニーミュージック，ソニー銀行など枚挙にいとまがない。

　1979年にウォークマン（和製英語であるWalkman）1号機「TPS-L 2」が発売された。その開発経緯は次のようであった［https://www.sony.co.jp/SonyInfo/CorporateInfo/History/sonyhistory-e.html］。カセットテープタイプの初代ウォークマンの開発をいいだしたのは，当時会長であり創業者の1人でもあった故盛田昭夫氏であった。開発のきっかけは，当時名誉会長であった故井深大氏が旅客機内できれいな音で音楽が聴けるモノを（自分が1人で使うために）つくってほしいと，当時オーディオ事業部長であった故大曾根幸三氏に依頼するところから始まった。大曾根氏は周りにあったテープレコーダー，ステレオプレスマンを改造したヘッドフォンステレオによるプロトタイプを井深氏に渡したところ，その性能に驚いた井深氏が，すぐに盛田氏に聴かせ，その可能性に気がついた盛田氏は商品化を命じることになった。

　しかし，同社の技術者や管理者からは，スピーカーと録音機能を省き，

ステレオ再生専用のみの機能で，ヘッドフォンでステレオ音声を聴くことに特化していた「携帯式テープレコーダー」の製品企画は絶対に売れないといわれ，そのような製品の需要はほとんど市場にはないと反対された。なぜなら，その当時，音楽の聴き方は，自宅の居間に装備したステレオで，特別な時間をとって本格的に聴くものであった。そのようなケースでは，特にクラシック音楽好きな家の主人の趣味に近かったと思われる。

　しかし，盛田氏にとっては，ただの「携帯式テープレコーダー」の製品企画と認識していたのではなく，「携帯式ステレオ」という世の中で考えられたことのない新発想の製品コンセプトに近かったのではないかと推測できる。「携帯式ステレオ」を世界の人々が持ち歩き始めたら，きっと音楽の聴き方に革命が起きると，未来へタイムスリップして俯瞰していたのであろう。察するに盛田氏は，ウォークマンの製品企画に，ソニーの創業のきっかけともなった「携帯ラジオ」が，「ラジオを持ち歩く新たな時代」を当時ベンチャー企業であったソニーが創造したことを重ねていたのではないだろうか。当時はラジオ装置でラジオ放送を聴くものとされていた（携帯ラジオの音質が悪くて，こんなものはラジオといえないと，元ラジオファンには揶揄されたこともあった）。それに反して，どんなに音質は悪くても，ラジオ放送を携帯していつでも聴ける喜びが世界を革新できると決断し，トランジスタの特許を無名な企業が取得したことが，「携帯ラジオ」の商品化と事業化への成功に導いた。

　つまり，「携帯式ステレオ」は，単なる新製品サービスが未充足であった顧客ニーズを満足させることを超越して，持ち歩ける「新しい音楽文化」が，聴き方を変え，聴く年齢層も変えた。また，それらによって音楽ジャンルの世界を広げ，地球上が豊かで楽しい音楽のある世界を心の耳で聴いていたのではないかと推測できる。

　だから故盛田氏は，その「携帯式ステレオ」の製品企画を最後まで捨てることなく，事業創造と顧客創造を果たし，新たな音楽文化市場を切り開いたのであろう。そのために，ソニーとパートナー企業を動かして，それらを実現する組織創造に導き，商品化のみならず事業化を成功させた。つ

まりソニーは，「音楽を携帯しいつでも気軽に楽しむ」という新しい文化を創造した。その後にも小型化・軽量化・薄型化を限りなく追求したのもウォークマンの歴史であり，2014年頃まで様々な技術革新がデジタルオーディオプレーヤー型ウォークマンに投入され続けていった。以上のようにソニーは，顧客主導のマーケティングの域を越えた「創造型マーケティング」の企業といえる。

　その後，インターネットとコンテンツ・プラットフォームサービスを融合した新たな世界を夢みていた故 S.ジョブズ氏が，アップルのiPodやiTtunes，さらには iPoneやApple Online Storeなどの新製品・コンテンツサービスへと引き継いでいったのではないかと筆者は想像している。その背景として，ジョブズ氏が，前述のような事業構想を萌芽させようとしていた時に，自らソニーを訪問し協働事業を呼びかけたといわれている。しかし，当時の担当部長等が対応し，その後その申し出を断った経緯があったといわれている（当時，アップルは今日のような巨大企業ではなく，ソニーにとっては１つの競合企業と思われていた）。

　ここで学ぶべき教訓は，後述する「競合分析」でも取り上げるように，未来の「良い競争相手」かどうかを判断するのは，トップマネージャーでなければならないということである。さらに，創造型マーケティングに向けた新たな時代をつくるような社運を賭けた事業創生に対しては，トップ自らの信念と使命を持って，全社とパートナー企業に向けて不退転の決意でリーダーシップをとらなければならないことが貴重な歴史の教訓といえる。

(3)　顧客の種類ならびに既存顧客の維持と離反対策の重要性

　ある業界内において消費者市場全体として考えると，「顧客の種類」には，まず自社の「既存顧客」と他社の「競合顧客」が存在する。その他に，現状では自社および他社の競合顧客でもなく，将来の顧客になりうる「潜在顧客（新規顧客）」がある。その一方で，自社の顧客対象にはあえてしないほうがよい「ターゲット外の顧客」がある。なお，自社の「元顧客（離反顧客）」が，競合

顧客や潜在顧客の中に混ざっている可能性もある。

したがって，自社の「ターゲット顧客」とすべきは，「既存顧客」と「潜在顧客（新規顧客）」ということができる。その中でも，「既存顧客」が，「離反顧客」となるような脅威をできるかぎり抑制して，「既存顧客」を維持することが非常に重要になることを述べたい。

ターゲット顧客を満足させることが，なぜこれほどまでに重要なのだろうか。その理由は，企業の売上は２つのグループの顧客からもたらされるからである。前述したように，１つは新規顧客，もう１つは既存顧客（リピート顧客）である。１人の新規顧客を獲得するコストは，既存顧客を満足させるコストの５倍にもなるという試算がある。また，一度離れてしまった離反顧客がもたらしてくれたであろう収益（離反したために収益を失ってしまった「機会損失」）を想定した場合に，その機会損失と同じ程度の利益を離反顧客から引き出そうとすると，既存顧客に対して16倍のコストがかかるともいわれている。したがって，「離反顧客」を出さずに，「顧客維持」を達成することは，「新規顧客」の獲得以上に重要であることがわかる。

図表２-３は，既存顧客，離反顧客，新規顧客について，「機会と脅威」という観点からそれぞれの対策を考えたものである。まず，既存顧客を最も大切にして，顧客価値を上げて購買機会を増やしていくことが望まれる。次に，離反顧客となる脅威を抑制することが求められる。そして，新規顧客を獲得する際に，場合分けをしたそれぞれの対策が必要になる。

前述したセグメンテーションにも関係しているが，そのような顧客の「機会と脅威」を読み取る変数として，以下のものがあげられる。

① **基本属性**：顧客の特徴（性別，年齢，職業，居住地，収入，家族構成など）。
② **価値観**：消費に対する考え方，志向など。
③ **ライフスタイル**：顧客別の生活様式（趣味や余暇の過ごし方，興味や関心事，日々の生活のこだわりなど）。

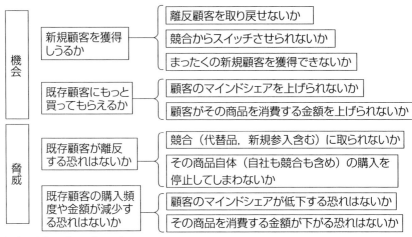

出所：遠藤他［2008］，図表2-6-1，p.95

④ ニーズ：製品やサービスに求める便益や機能，付加価値など。詳しくはp.46で前述した「顧客適合のニーズの束」を参照。
⑤ 購買行動：購買プロセス（認知，興味関心，情報収集，理解，選択，購入，使用，評価，リピートなど），スイッチングコスト（ある商品やサービスから違うものに乗り換える場合のハードルの高さ［コスト以外の手間・調整・信用などを含む］）。

(4) 顧客生涯価値の最大化

なお，マーケティングの究極的な目的の1つに，収益性の高い顧客を引きつけ維持することがあげられる。収益性の高い顧客とは，ある期間を通じて収益の流れを生み出す個人，家族，企業のことで，その収益は，企業がその顧客を引きつけ，販売し，その後も継続的にサービスを提供し続ける一連の流れにおいて生じるコストを十分に上回るものである。

ここで重要なことは，特定の一時的な取引から生まれる収益ではなく，それらの顧客の生涯にわたる売上とコストから生み出される収益の流れに注目している点である。顧客から得られる収益を長期的に最大化するためには，顧客生涯価値という概念で捉えることができる。「顧客生涯価値（CLV: Customer Lifetime Value）」とは，顧客の生涯にわたる購買活動に期待できる現在から将来に至る利益の流れを，現在価値で表すものである。その「現在価値」の算出には，経済性工学の分野における適切な現在価値係数を適用する。

3　競合分析

　本書では「競合分析」として以下の3つの課題を考えている。
① 業界における戦略グループ（第4章の「競争戦略」の冒頭で取り上げる）
② 競争相手分析
③ 同一業界内における「良い競争相手」の選び方と適切な業界構造
　なお，③の「良い競争相手」に関しては，業界における市場競争環境の中で，いかにうまい協力関係を構築・維持・発展させていくかという「協調戦略」の観点も，この「競合分析」の範疇に含めることにする。

3.1　競争相手分析（Competitor Analysis）

　「競争戦略」とは，競争相手よりも優れている点を活かして，その価値を最大にするように事業を位置づけることである。しかし，この戦略策定の主眼は，綿密な競争相手の分析に基づかなければならない。競争相手を綿密な分析活動を通じてプロファイリングしていく方法として，現在の競争企業および潜在的なライバル企業の強みと弱みを把握する。このことにより，自社としては，機会を活かすことと，脅威に対する対策を事前に準備するなど，攻めと守りの両方の戦略につなげることができる。
　具体的な「競争相手分析」の目的と分析内容は次の3つである。
① 競争相手が今後どのような戦略変更や計画変更をしようとしているのかを

予測し，その成功の可能性を探る。
② 自社あるいは他の同業競争相手が新たにとる戦略的な動きに対して，競争相手がどのような反応をするのかを予測する。
③ 将来，業界内の変化や，業界を超えた外部環境の変化に対して，各競争相手がどのような対応をしようとしているのかを予測し，競合相手がもちえる経営資源や能力で適応できるかを判断する（潜在的にパートナー企業との戦略的連携やM&Aの可能性についても探る）。

ポーター[1995]は，図表2-4に示したように，競合相手に関して「将来の目標」「現在の戦略」「仮説」「能力」という4つの観点から，様々な資料や手段を通じた情報収集をして解析する手法として「競争相手分析」を提唱した。
① 将来の目標
② 現在の戦略
・事業単位レベルでの目標
・多角化企業の本社部門と個別事業部門の目標
・事業ポートフォリオにおける競争相手の目標
・自社の戦略の中で，競争相手の目標の位置づけ
③ 仮説：その競争相手が抱いている仮説を明らかにする。
・競争相手自身に関する仮説；業界内での自分の地位をどのように想定しているのか，特定の事業・製品・主義へのこだわり，理念・価値観・行動指針を基にした事象の認識の仕方や決め方，顧客からの自社の評判など
・業界と同業他社に関する仮説；主要製品の将来の需要，同業他社の目標と能力をどのようにみているのか，業界の動向変化に対して業界ルールや慣習に対する姿勢など
④ 能力
・競争相手の戦略の一貫性
・各業務部門の核になる能力の長所と，その他の短所
・成長力

・迅速な対応能力
・変化への適応能力
・持続力など

　さらに「競争業者の反応プロフィール」を調査する際に，以下の観点から情報収集・解析をすることが提示されている。
■競争相手の創業から現在までの歴史，将来の予測

図表2-4　競争相手分析の構成要素

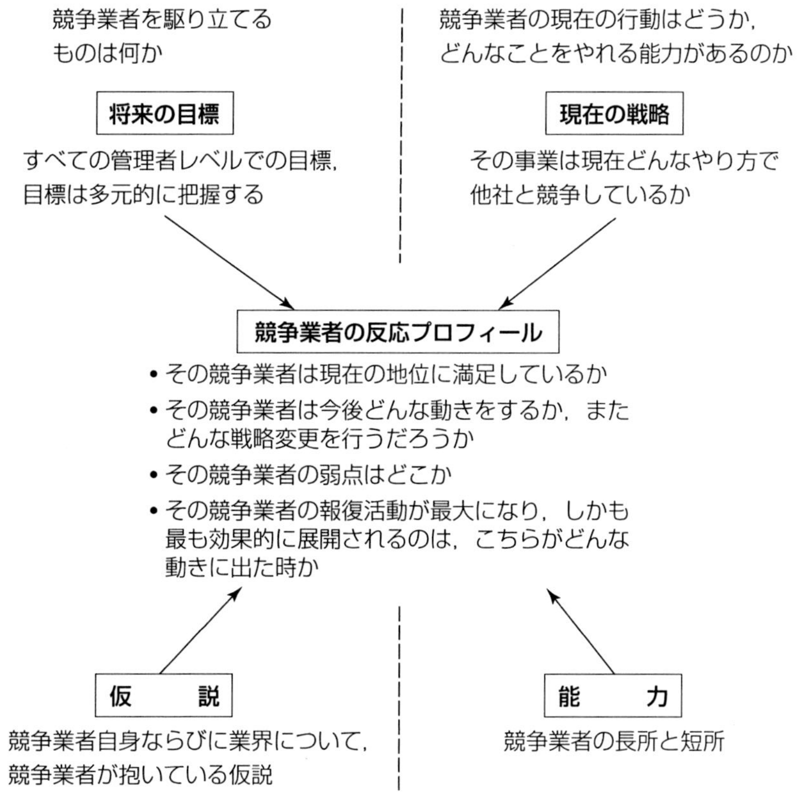

競争業者を駆り立てる
ものは何か

将来の目標

すべての管理者レベルでの目標，
目標は多元的に把握する

競争業者の現在の行動はどうか，
どんなことをやれる能力があるのか

現在の戦略

その事業は現在どんなやり方で
他社と競争しているか

競争業者の反応プロフィール
- その競争業者は現在の地位に満足しているか
- その競争業者は今後どんな動きをするか，また
  どんな戦略変更を行うだろうか
- その競争業者の弱点はどこか
- その競争業者の報復活動が最大になり，しかも
  最も効果的に展開されるのは，こちらがどんな
  動きに出た時か

仮　　説

競争業者自身ならびに業界について，
競争業者が抱いている仮説

能　　力

競争業者の長所と短所

出所：ポーター［1995］，図表3-1，p.74

- ■競争相手の経営者の経歴とそのアドバイザー
- ■競争相手の過去，現在の戦略，事業，製品の変遷と，成功と失敗

　前述したように競争相手の将来のアクションを予測することがこの分析の目的であるため，競争相手に関する過去および現在そして戦略的な動きを探究して，将来の方向性を予測できるように体系的なカテゴリーと詳細データを利用して，競争相手のプロファイリングをつくりあげることを推奨している。

　競争相手の将来目標，現在の戦略，仮説，能力のそれぞれの分析が終わると，今後，競争相手がどのように反応するかについて統合的にまとめていく。

① 今後，戦略的な変更が予測され，攻撃的な動きがあるか。
② 防衛能力：各事象に対処する競争相手の弱点，同業他社の挑発に対する対抗策をとる可能性の高さ，対抗行動の効果度。
③ 競争相手が対抗行動をとってきた時を仮定して，自社として最も有利な競争分野の選定。

　実際には，以上のように競争相手を綿密にプロファイリングして競争戦略に活かしている企業はごく少数である。しかし，体系的で高度な競争相手分析をしている企業は，競争相手の戦略的な弱みを把握し，戦略変更による対抗行動を事前に予測しておくと，自社は戦略的に敏捷になり，好機への攻めと脅威への守りができる企業へと成長していける可能性が広がってくる。

　最後に，ポーターの言葉を以下に残しておきたい。「競争者情報の収集をどのような組織機構で行うにしろ，正式な組織を使いデータを文書化する体制をとるなら，必ずメリットが得られる。断片的なデータはすぐに失われてしまうが，これらの断片的なデータでも，それを統合できれば有用な資料になる。競争相手分析は非常に重要だから，決してゆきあたりばったりで行ってはならない。

　ここで強調しておかなければならないことは，伝達という作業の重要性である。すばらしいデータが収集されても，それが戦略策定に活かされていないならば，データ収集・解析・統合化作業はムダ使いに終わってしまう。だから，

データを簡潔で，使いやすい形でトップ・マネジメントに伝達するための創造的なやりかたを工夫しなければならない。」

3.2 同一業界内における「良い競争相手」の選び方と適切な業界構造

ここでは，「競争優位の戦略」[ポーター，1985] を参考にして，以下の課題について述べていきたい。
① 業界内における「良い競争相手」の必要性と選び方
② 業界内における追随者からみた市場リーダー（自社を想定）としての役割
③ 市場リーダー（自社を想定）と良い競争相手との協働による適切な市場構成の構築

(1) 業界内における「良い競争相手」の必要性と選び方

一般的に，たいていの企業は，競争相手を脅威とみなし，競争相手からどのようにして市場シェアを奪うか，そして自分が所属する業界への参入者をどのように阻止するかに，関心をもっている。しかし，「良い競争相手」は，自社の競争的地位を弱めるのではなく，むしろ競争優位を強めてくれることがある。さらに，良い競争相手と仲良くして，「悪い」競争相手が業界へ新規参入をしてくることや，業界秩序を破棄するような攻撃に打ち勝つことに集中すべきである。さらに，自社として高すぎる市場シェアをとることは，非効率や低収益を導くデメリットがあることも銘記しなければならない。数社の良い競争相手と協調して，市場シェアを増やすよりも，わざとシェアを与えることが望ましい場合もある。

「良い競争相手」は，長期的な脅威が少なく，前述したような有用な働きをしてくれる。良い競争業者の条件を以下にまとめてみよう。
① 信頼性および活力を備えている。
② 明確に自らの弱みを自覚している。
③ 業界のルールをわきまえている。

④　仮説が現実的である。
⑤　業界内でコスト構造の知識に詳しい。
⑥　業界構造を改善する戦略をもっている。
⑦　適度な撤退障壁の意識をもっている。
⑧　自社と調和しうる目標をもっている。

　つまり，良い競争相手は，以下に示すような特性をもっていることから自らの市場地位に満足しており，協調戦略をとることを望んでいることから，自社にとっても高い収益が得られるのである。
①　業界内での野望をもたない。
②　他社なみの投資利益率を目標にしており，市場シェアや売上の拡大よりは，現在の利益率に満足している。
③　リスクを避ける。

(2)　業界内における追随者からみた市場リーダー（自社を想定）としての役割

　もし，自社が業界リーダーでない場合，良いリーダーと共存しないと存続や成功はおぼつかない。

　一方，追随者からみた業界内での市場リーダー（自社を想定）の資格は，追随者がその下で利益を上げられるような戦略や活動の傘を差し伸べてあげることである。例えば，業界を代表する市場リーダーとしては，高い投資利益目標を掲げて，さらに業界内の健全性に配慮し，差別化を基本にした戦略をとる。さらに，追随者の市場取引を奪うことをしないためにも，市場リーダーとしての事業趣旨（例えば，小さな事業規模）に反するような中途半端な市場セグメントへは介入しないことである。こういう紳士的な経営姿勢をそなえたリーダー企業は，追随者にとっても比較的安定した市場環境の下で，魅力的な利益を獲得できる機会を与えてくれることから，「協調戦略」の機会が生まれる。

(3) 市場リーダー（自社を想定）と良い競争相手との協働による適切な市場構成の構築

　自社が業界で市場リーダーとしての地位を長期的に維持するためには，良き競争相手と協調して適切な市場構成を構築していくことがポイントとなる。標的としている市場セグメントで，市場リーダーとして適切な市場シェアとは，競争相手が攻撃を仕かける気もちをなくすような高さでなければならない。つまり，100％の市場シェアを目指すのではなく，業界の安定性を保つためには，自社のリーダー企業と追随者の市場シェアの格差は，仕かけるきもちがなくなる大きさのレベルを目指すべきである（それは業界によって異なる）。それ以上のレベルで，市場シェアを寡占しようとすると業界内に混乱をきたす。

　図表 2-5 に示したように，業界が安定した状態に保たれる業者間の市場シェア分布は，業界構造と競争相手の良いあるいは悪いによってほぼ決定する。市場シェアの理想的な配分を決める重要な業界構造の要因は，図表の横軸に相当する「差別化の程度，切り替えコスト，および業界の細分化の程度」である。市場セグメントが小さい，差別化されていない，切り替えコストが小さい，このような業界が安定するためには，一般的に大きなシェア格差が必要になる。反対に，細分化が可能で，差別化の程度が大きいと，お互いにしのぎを削る必

図表2-5　競争相手の構成と業界の安定性

競争相手	差別化および細分化の程度	
	低い	高い
良い競争相手		シェアの格差が少なくても安定する
悪い競争相手	安定のために大きなシェア格差が必要	

出所：ポーター［1985］，図表6.1，p.273

要も少なくなることから，市場シェアが似た会社でも共存できる。

　図表の縦軸にあたる「競争相手の性格」も重要である。競争業者が悪い場合には，成功する見込みがあるとゆさぶりをかけてくるため，安定を保つには，業者間では大きな市場シェア格差が必要になる。一方，競争相手が良い場合には，攻勢を封じるような大きすぎる市場シェアの格差をつくる必要はなくなる。

　業界の中で各社の基本戦略が異なるほうが共存できる。したがって，業界における業者の構成を予測するには，市場シェア以外にも注意する必要がある。前述したように，リーダー企業1社で市場シェアを独占するのではなく，多くの追随者に分散するのが有利になることがある。その場合には，別々の基本戦略をとる企業同士だと不必要な敵対行動を防ぐことができる。なぜ市場シェアを独占しないほうがよいかというと，良い競争相手となる追随者には活力があり，そのような追随者と協同して，新規参入をともに阻止することのほうが重要課題となるからである。さもないと，せっかく戦略の違う多くの追随者が業界内に共存していたことが逆効果になって，自らリーダーとして築き上げてきた大切な業界に新規参入者を招くことになる。

4　市場分析

　「市場分析」は，前述した「顧客分析」と「競合分析」を基礎に置いて，自ら参入している市場または川下市場の「市場の魅力度」および「市場の力学」について戦略的な判断をするための分析である。市場分析の目的には2つある。
① 　現在の市場参加者および潜在的な市場参加者にとって，市場や川下市場（例えば，主に流通，販売，サービスを指す）の魅力度を明らかにすることである。この「市場の魅力度」は，参加者によってなされる長期的な投資効率で測定できる。
② 　「市場の力学」を理解することである。

4.1 現在および潜在的な市場の魅力度の分析

市場の動向と，自社が関連する製品市場の分析は，主に次のような視点から行う［アーカー，2002］。
① 現在の市場規模と，潜在的な市場規模
② 自社にとっての市場における成長性
③ 市場の収益性
④ 市場のコスト構造
⑤ 流通チャネル
⑥ 今後の市場トレンド

① 現在の市場規模と，潜在的な市場規模

市場と川下市場の分析で最初に行うのは，その業界全体の「市場規模」，すなわち「売上高」である。市場規模の過去から現在までの統計情報や，今後の予測は，政府機関や業界団体の調査データから得られる。現在の関連市場の規模に加えて，潜在的な市場の成長性を考慮することは有用である。

その他には，競争相手が公表した財務情報を利用することや，コストがかかるアプローチとして顧客調査の実施などがある。

② 自社にとっての市場における成長性

ここでは成長性について2つの観点から考えていく。第1には，将来に不確実性が伴う中で，その業界全体の成長性をどのように予測すればよいのかという課題である。第2には，その業界内で市場が成長しないあるいは市場が縮小している時に，自社としてより多くの売上と収益を達成するにはどのようにすればよいのかという課題である。

まず，第1の業界全体に対する成長性の予測では，過去のデータを基にした需要予測については，ランダムな変動や景気変動などによるトレンドの変動を考慮する必要がある。トレンドの変更について，市場における売上が変化する

転換点が，「製品ライフサイクル」が右肩上がりの成長段階から成熟段階に転じる時と，成熟段階から衰退段階に下降していく時に生じる。

　その他に市場の将来に向けた成長性は，推進力，先行指標，そして類似産業を参照することによりある程度であるが予測することが可能である。特に，トレンドの影響を利用できない場合における，新市場の売上予測については，類似産業の実績を活用することがある。

　次に，第2の市場規模が一定の場合でしかも市場シェアを増加させることなく，「経験効果（経験曲線）」に基づいてより多くの利益を得ることができる。特に，製品市場が縮小している時であっても，「衰退産業」における戦略を志向することにより，自社にとっては好機となることがある。その場合には，他の競合企業に撤退を促すことや，あるいは最後まで市場セグメントに残り収益をあげる市場リーダーになることを試みてもよい。

③　市場の収益性

　市場の収益性については，次の5つの要素に依存している。すなわち，既存の競争相手，供給者の交渉力，顧客の交渉力，代替品，そして潜在的参入者である。これらのことは，第4章2.1節で述べるポーターの「5つの要因分析（ファイブフォース分析，Five-forces Analysis）」と関連している。

④　市場のコスト構造

　市場のコスト構造は，自社の製品あるいはサービスについて，前述した「バリューチェーン」内のそれぞれの段階（例えば，製品開発，製品設計，生産準備，ならびに調達，製造，販売，サービスなど）のどこで付加価値がつけられるのかを見極める。自社としては，バリューチェーンの中で付加価値の高い段階に焦点をあてて，それ以外の段階では低コストで操業できる企業を目指すことになる。

⑤ 流通チャネル

　流通チャネルは，メーカーが最終顧客に製品やサービスを供給する重要なパイプの役割を果たす。一般的に消費財メーカーの「流通チャネル」を設計するにあたり，次の3つの課題を決めることになる［片野，2009］。
・流通チャネルの「長さ」
・流通チャネルの「開放度」
・流通チャネルの「関係度」

⑥ 今後の市場トレンド

　市場トレンドには，2つの特性があり，市場でそれぞれの特性を区別して企業として対処することは極めて重要なことになる。第1の「本質的なトレンド」は，市場の成長を促進し，差別化された戦略を立案・実行した時に企業に利益をもたらすものである。このトレンドの特性は，顧客が製品やサービスを購入することを促進する働きがある。

　第2の「一時的流行」は，企業にとっては投資を誘発するだけの期間しか存在しない流行で，投資は十分回収できないか，あるいはまったく捨てガネとなる。このトレンドの特性は，企業やクリエイターなどがつくることができ，製品やサービス自体のユニークさに関するものを，人々がそれらの流通について話題にする対象となる。

4.2　業界環境の違いに着眼したタイプ別競争戦略

　ポーター［1995］では，業界環境を次の5つのタイプに類別し，その違いに着眼したタイプ別の競争戦略について述べている。
① 多数乱戦業界
② 先端業界
③ 成熟業界
④ 衰退業界
⑤ グローバル業界

なお，②先端業界，③成熟業界，④衰退業界のそれぞれの業界を，事業ライフサイクルの各段階に対応させると，それぞれ導入期，成長期，成熟期，衰退期に相当している。まず本節では，他の文献や研究であまり取り上げられてこなかった「衰退業界」について焦点をあてて，この業界の特徴ならびに戦術タイプの選択方法と，撤退戦略と撤退障壁について考えていきたい。次に，「グローバル業界」に着眼したタイプ別の競争戦略について探究していく。

(1) 衰退業界

　「衰退業界」とは，長期にわたって販売数量そのものが下降を続けている業界のことである。衰退業界の環境は，衰退そのものを自社がどうすることもできない場合である。**図表 2 - 6** に，まず，この業界で生き残れた場合にはどれほど居心地がよくなるか，衰退段階での特殊な競争の性格と，その競争に勝つ構造条件について示す。次に，衰退期の企業がとりうる代表的な戦略（終盤戦略）を類型化し，どのようにそれらの戦略を選べばよいのかの原則を示す。

図表 2 - 6　衰退業界における競争戦略

大項目	中項目	説明，事例
1. 競争を左右する構造要因		
(1) 需要の状況	不確実性	・競争業者の姿勢：需要衰退の現状と今後を予測 ・撤退障壁が高いほど，将来予測は楽観的
	衰退の速さとパターン	・衰退の進度が速いと楽観的な見通しはなくなる ・衰退が進むにつれ，その速さは加速度的になる
	残った需要領域の性質	・業界の構造分析をして残存需要を明確にする ・買い手に交渉力がないと，残存企業は終盤で利益を得ることができる

	衰退の原因	①技術進歩で生まれる代替品の参入 ②人口の減少問題 ③ニーズの変化
(2) 撤退障壁	転用のきかない耐久資産	・現状事業以外に転用のきかない流動・固定資産 ・外部・海外市場へ資産売却可否の需要調査が必要
	撤退の固定コスト	①撤退時にかかる多額の固定費：労務問題の解決 ②目にみえないコスト：従業員の士気・生産性低下
	戦略から生じる固定コスト	①当該事業が全社戦略に包含されている場合に，撤退することによる他事業の戦略への影響 ②金融市場への影響：企業全体の資産価値の低下 ③社内で垂直統合をしている場合に，他の社内事業の活動への影響
	情報の障壁	・社内の他事業間と資産共用，社内取引をしている場合に，単独事業として実績評価することが困難
	経営者の感情障壁	・誇りが傷つく，長年抱いてきた事業との一体感を失う，事業失敗で自己ブランドが低下・将来に影響
	政府と社会との障壁	・撤退は失業を伴い，地域経済も破壊する可能性 ・地元自治体や，海外政府からの撤退取消の要請
	資本処理のメカニズム	・撤退する資産をどの時期に処分すべきかの判断は，その後の企業全体の資産収益性に大いに影響 ・撤退せず同業界内に留まり続けると，その後の事業業績や企業全体の資産価値はますます悪くなる

(3) 苛烈な企業間抗争	・衰退段階の業界では，全体の売上が減るので，企業間で市場シェアの奪い合いになり，価格競争は熾烈になりやすい ・資本力のある企業が業界内で生き残ろうと固執して，業界内で市場地位や市場シェアを上げようとするすてばちな行動をとると，業界全体が脅かされる

2. 衰退期の戦略

2.1 代表的な戦略タイプと有効な戦術手段

①リーダーシップ戦略	・自社ないし数社により，業界内で生き残り，市場シェアと有益性の拡大を図る	・競争行動：価格政策，マーケティングその他 ・競争相手の撤退障壁を下げる：M&A，不良資産の買取り・廃棄の支援，事業活動停止の支援 ・圧倒的な強さを示し競争相手のやる気をそぐ
②拠点（ニッチ）確保戦略	・衰退が緩やかで，需要が安定，高い利益率を見込めるニッチ市場セグメントをみつけ出し，生き残りを図る	・ニッチ市場セグメントに集中し，地位を確立 ・この市場もすぐに衰退することを意識し，リーダーシップ戦略の中から適切な戦術手段を並行的に実施しておく
③刈り取り戦略	・新規投資を止めるか，大幅に削減し，事業から資金回収を図る	・製品機種を減らし，サービス水準を下げる ・外部の取引事業者の数を減らす ・小口顧客との取引をやめる
④即時撤退戦略	・資産価値の最大化を目指し，事業や資産を適切な時期に，適切な相手に売却する	・衰退期に入ったら，あるいは成熟期の終盤で，事業や資産を売却・処分する ・しかし，即時撤退戦略をとると，前述した各種の撤退障壁にぶち当たる

2.2 タイプ別戦略の選択方法

・自社に力があれば，リーダーシップ戦略または拠点確保戦略を狙う
・自社に優位性を示せる力がなければ，刈り取り戦略または即時撤退戦略をとる
・衰退業界において，リーダーである自社が積極的な戦略をとることを顕示して，競争相手が業界から手を引くように仕向ける戦術と，競争相手の撤退障壁を下げて支援する方法を考え出す

3. 衰退期の落とし穴
①衰退に気づかない危険：代替品の脅威に対する狭い視野，高い撤退障壁に対する延命願望
②消耗戦の危険：撤退障壁が高い競争相手からの強い抵抗と反撃
③実務的に即時撤退戦略をとることは難しい：日本的な商慣習がある企業が，即時撤退戦略をとることは実務的には難しい。資産を巧みに整理していくことは非常に難しく，撤退を表明したらすぐに社内外からのリスクにさらされるため，撤退する前に十分な資金と体制を準備していくことが必要になる

出所：ポーター［1995］，pp.333-358を基に筆者作成

(2) グローバル業界

　企業が国際的な活動に加わるのは，技術供与，輸出，海外直接投資である。そのための国際競争戦略を策定する際には，以下のように国内と国外とでは大きな違いがあることに留意しなければならない。

・国によって生産要素コストが違う。
・外国市場では経営環境が違う。
・外国政府の果たす役割が違う。
・外国の競争相手は，事業目標も経営資源も違うから，動静を監視することが難しい。

　本節では「グローバル業界」を取り上げ，**図表2-7**にグローバル競争を促進する構造的な原因と，その反対に障害となる要因を示す。次に，グローバル業界における代表的な競争戦略について考えていきたい。

図表2-7　グローバル業界における競争戦略

大項目	中項目	説明，事例
1. グローバル競争が有利になる原因⇒その結果，国際競争優位性と移動障壁の確立		
①生産資源の比較優位性	・現地生産の場合に，製品の製造時に使用する原材料や部品を現地調達可能な場合には，その国で生産拠点が形成され，主にその現地市場へ製品・サービスを供給する	

②生産における規模の経済	・国内市場を上回る生産規模を実現できる場合に，生産を集中したグローバル生産拠点の構築や，現地市場のみでなく世界市場に向けた輸出拠点を形成する	
③グローバルな経験曲線	・累積生産量が増えることによる経験曲線によってコストダウンを達成 ・国内工場の技術改良のノウハウを，海外工場間で技術交流する	
④物流共用で範囲の経済	・国内外の複数の拠点間を結ぶ，国際的な輸送システム（海運，空輸，陸送と，倉庫拠点・物流機器など）の共同利用（多額の固定費の分散）	
⑤マーケティングの範囲の経済	・国内で培われたマーケティング技術の中で，共有化できるものを世界で活用する ・グローバルブランドを各国市場で展開する	
⑥購買における規模の経済	・各国市場で販売する各種の製品・品種に，共通の原材料や部品を一括して大量購買できる場合に，サプライヤーに対し価格交渉力が強くなる	
⑦製品差別化	・グローバル製品として，世界の先進市場で販売実績をもつことにより，各国の市場販売に対する波及効果が高まる	
⑧独自の製品技術	・飛行機，スーパーコンピュータ，半導体など先端技術の研究開発に高額投資が必要な場合に，製品やサービスを顧客へ販売した後も，各国の現地市場・顧客に対応した販売とサービスを提供し続ける	
⑨相互の技術移転と人材交流	・国内で培った製品技術や生産技術やその他のノウハウ，あるいは海外拠点で生まれた技術とノウハウを，他の拠点で共有化する ・熟達した技術者やスタッフを，海外にある拠点へ派遣して，技術やマネジメントの指導，相互で人材交流をする	
2. グローバル競争への障害		
①経済的障害	輸送・在庫コストが高い場合	・生産物の特性により，輸送・在庫コストが高い場合には，国・市場別に生産拠点の設置
	国別に製品ニーズが異なる場合	・国・市場別に性能・品質・仕様，原材料・部品が異なる場合には，国際規模での経済性は得られない

	現地市場の流通チャネルに侵入できない場合	・外国企業が，現地市場内で防衛を固めている流通チャネルに浸透するのは難しい
	現地側でセールスパーソンを雇用しなければならない場合	・現地側で代理店を使えず，自社の販売員として雇用し，顧客に対して直接売り込まなければならない製品・サービスだと難しい（例，医者への医薬品の販売）
	現地で高いメンテナンス体制が必要な場合	・現地メーカーなみの修理体制を整備する必要があれば，海外企業には難しい場合がある
	リード・タイムにうるさい場合（期間が短い場合の対応遅れ）	・流行の周期が短く，技術の進歩が急速な市場では，現地の要望に対して対応が遅れる ・グローバル規模で資材を調達する場合に，その調達期間や，製品を各市場に向けて配送する期間が長くなる
	複雑な市場セグメンテーションの場合	・国別に求められる品種に違いがあると，市場セグメントが複雑に細分化されるので，海外企業よりも現地メーカーが有利になる
	需要が全世界規模にまで広まっていない場合	・現地側の市場が成長期・成熟期に達しておらず，製品やサービスに対してわずかな需要しかない場合には，国際活動は難しい
②経営管理上の問題 ⇒経営管理の組織，現地人マネージャーの現地化が必要	マーケティング活動が国別に異なる場合	・それぞれの国情別に合わせたマーケティング活動が必要になる（流通チャネル，広告・広報メディア，店舗販売サービスなど）
	国情に合わせたサービスが必要になる場合	・それぞれの国情別や，現地顧客のライフスタイルに合わせたサービス活動が求められる

	技術の変化が激しい場合	・技術変化が急速で，国別に異なる政府規制や技術仕様が求められる場合は，本社主導の管理体制では対応が難しい
③制度上の障害	政府による障害がある場合	・関税，輸入量割り当て，現地企業への優先政策や保護政策，現地生産や現地調達の要請
	認識や経営資源の不足からの障害がある場合	・国際経営，現地生産・販売の立ち上げに大規模投資が必要になり，それらの運営に必要な経営資源が不足する ・グローバル競争に欠かせない経営手腕が不足し，さらに技術力も不足している

3. グローバル企業が生まれやすい環境

①きっかけとなる環境変化	・技術進歩によりR&D，調達，製造，物流の国際活動がやりやすくなる
	・輸送・在庫コストが下がる
	・流通チャネルが流動的・合理化されると外国企業が利用しやすくなる
	・国内で原料，人件費，輸送などの生産要素コストが上昇すると，生産や流通の拠点を，グローバルレベルで最適配置を考える必要がある
	・先進国間や新興先進諸国間での経済・社会の環境差が縮小すると，グローバル競争が激しくなる
	・政府規制が緩和されると国際的な活動が活発になる
②イノベーションがグローバル化を刺激する【右記の中項目は筆者による提案】	・製品の定義をし直す：業界が成熟期に入り，国別の仕様差が小さくなってきた段階で，多くの国で受け入れられるようにグローバル製品ブランドを創出する
	・狙う市場セグメントを明確にする：共通資源を利用できるセグメントを探す，国別の市場規模は小さくても特殊ニーズを満たすグローバル・ニッチを目指す，グローバル競争の激しくないセグメントを探す

	・グローバルレベルで，製品戦略を志向したプラットフォームの共有化，製品アーキテクチャ戦略による基幹部品やソフトウェアのモジュラー設計，複数品種間で部品の共有化を進める。国別に仕様差がある場合には，マス・カスタマイズ戦略をとる	
	・完成品にかわって主要部品を生産する：現地政府規制により製品製造の国産化を奨励している場合は，主要部品を国内側で生産・輸出して，現地で最終製品を組み立てる（ノックダウン生産）	
	・各国や各地域の社会問題を解決する製品・サービスを企画して，新たな市場を開拓する（例えば，環境事業，クリーン・カー／インテリジェント・カー，生活習慣病のヘルスケア産業，ロボット／IoT／AIの活用）	

4. グローバル競争と国内競争との違い

①現地政府の産業政策と，企業の競争行動	・進出先の現地政府の産業政策を十分に調査研究し，現地政府との関係を大切にする ・例えば，航空機，防衛関係製品，大型コンピュータなど，現地政府が基幹産業と位置づけている事業の場合には，競争相手との競争の論理とは別に，それぞれの企業の製品・サービスの優劣と，現地国そして購入国との政治関係の2つで決まることがある
②企業全体としての競争	・競争相手と互角に競うには，特定の市場や生産拠点を守る投資を行い，競争相手がそこで立場の強化や利益を上げることのないよう防衛する
③外国企業を含む競争相手分析が難しい	・競争相手分析には，現地拠点の雇用慣行，経営組織などに関する調査も必要になるが，外国企業側から現地側のデータは入手しにくく，さらに現地特有の制度は他国人には理解しにくい

5. グローバル業界における競争戦略のタイプ

①業界の全品種で競争する	・差別化やコストリーダーシップを実現するために，業界内で全製品・サービスにわたって競争する ・この戦略の実行には，かなりの経営資源と期間が必要になる ・現地政府と接触して関係を築き，グローバル競争の障害を減らす
②特定の市場セグメントに集中する	・世界的な体制を組んでから，業界の中で特定の市場セグメントに的を絞って集中する

③特定の国に集中する	・その国独自の市場ニーズに対応しながら差別化か，低コストを狙う ・あるいは，経済的障壁があるためにグローバル競争を免れている市場セグメントを狙う
④安全地帯を狙う	・現地政府が，国内企業の保護主義政策をとっている国を探し出す ・このような現地政府の厳しい規制をかいくぐってうまく入り込む ・現地政府と関係をつくり今後も保護主義政策を継続するよう仕向ける

6. グローバル業界における新しい動向

①国による差が縮まる	・先進国と新興先進諸国の間にあった従来の経済的な大きな格差は縮まりつつある：所得，エネルギーコスト，生産要素コスト，マーケティング活動，流通チャネルの面で差は縮まっている
②攻勢に転ずる産業政策	・相手国の新たな産業政策の動向として，国内産業の保護政策の姿勢から転じて攻勢に移り，新産業・新市場の開拓に向けた奨励策や，期待できないと考えた分野の撤退も進めている
③その国特有の資産に注目して保護を図る	・各現地政府は，自国固有の資産を活かして経済面で利益を得ようとする場合がある。例えば，天然資源（石油，銅，ゴムなど） ・現地政府がそのように資産を保護する産業政策をとる方針変更をした場合に，現地側でその資産を使った事業活動を行っていた業界では，現地での事業活動が根底から揺るがされる事態が生じる
④技術の入手がいっそう自由になる	・技術が自由に外部から入手しやすくなり，様々な企業が自動化やインテリジェント化した設備に対して大規模な投資ができるようになってきた ・機械・設備製造業者が，そのような設備や生産技術ノウハウを海外企業にも売り込み，導入支援をし始めた ・このような動きが，グローバル競争を激化することになる
⑤新興先進諸国の挑戦	・近年，新興先進諸国のグローバル競争の挑戦がみられ，既に世界市場を制覇した企業も出てきた。例えば，台湾，韓国，中国などである ・最近では，既にグローバル企業として急成長したところもあり，大規模な設備投資や，最新技術の買入れ，M&Aなどを積極的に行い，大きなビジネスリスクにも耐えられるようになってきた

出所：ポーター［1995］，pp.359-385を基に筆者作成

5 環境分析

　事業環境を把握するためには，まずマクロの環境変化をおさえておく必要がある。そのための1つの技法としての「PEST分析」は，政治（Political），経済（Economical），社会（Social），技術（Technological）の視点から環境変化の源泉を調査するためのチェックポイントを示したものである。

　図表2-8のようなマクロ環境の分析表を作成し，今後数年間に考えられる変化を予測し，それらが自社にどのような影響を与えるかを検討する。ある業界を取り巻くマクロ環境の変化が，自社にとって機会になることもあるし，その反対に脅威になることもありえる。それらに対して，将来の動向変化を先回りして課題を発見し，どのような対策を立てておけばよいのか仮説を立てておくことが望ましい。

(1) 社会的環境（S）

　「社会的環境」の中のライフスタイルあるいはファッションは，特に「生活

図表2-8　PEST分析によるマクロ環境変化を調査するチェックポイント

【政治的環境（P）】 ・法律（産業規制，税制） ・政治・関連団体の動向 ・消費者保護 ・公正競争など	【経済的環境（E）】 ・景気 ・価格変動 ・為替 ・金利など
【社会的環境（S）】 ・人口統計，人口動態 ・生活文化的トレンド：ライフスタイル，ファッション ・公害・天然資源 ・エネルギーコストなど	【技術的環境（T）】 ・技術革新 ・特許 ・代替技術 ・IT関連技術など

出所：高橋［2010］，図3-5, p.77

文化的なトレンド」を調査および予測するもので，企業にとって機会あるいは脅威のどちらにもなりうる重要な要因である。

　例えば，人口動態に対応づけたライフスタイルあるいはファッションや，社会問題となっている人口減少や少子高齢化，さらには地方の過疎化などが深刻化している。それらの社会課題を解決できる新たな製品やサービスの企画につなげていくことが求められている。

　今後，2020年の東京オリンピック／パラリンピックに向けて，政府は4,000万人の訪日外国旅行者を目指しているが，そのためには各国のツーリストに対応したダイバーシティ・カルチャー（異宗教，異文化，多国籍，多民族，多言語など）に配慮した生活文化や，ライフスタイル，ファッション，ならびに異文化間コミュニケーションや多言語コミュニケーションに関する調査・分析が今後ますます重要になってくる。

(2)　技術的環境（T）

　市場あるいは産業界の外部環境で生じている技術的トレンドや，先進技術に関わる事業活動に従事している企業では，自社の戦略に影響を与える可能性を有する先端技術とそのイノベーションについて調査する必要がある。

　例えば，IoT，AI，ロボット，ドローンや，ヘルスケアなどの技術革新のトレンドや事象は，それらを活かせる企業には機会となる。一方，新たな代替技術が現れる可能性があることを予知できない企業にとっては脅威となる。

①　破壊的技術（Disruptive Technology）

　戦略的な成功は，単に技術を予測しそれに対応する計画を立案するだけでなく，新たな技術の創出としての「技術革新（イノベーション）」によってもたらされる可能性が高い。特に，既存の製品やサービスの性能を改善する「維持的技術」と，技術革新を目指す「破壊的技術」を区別したマネジメントをすることが極めて重要になっている。特に，後者の「破壊的技術」は，新たなビジネスモデルの開発と，競争優位を獲得するために必要となる経営資源の種類と

その能力の変革につながる。

② 新技術へ移行するマネジメント

たとえ成功を収める新技術の出現があったとしても，既存技術による事業が突然だめになってしまうことを必ずしも意味していない。既存技術に関わっていた企業は，その技術を長年にわたって改善し続けていたはずで，新技術に対応するためには，ある程度の時間的余裕をもっているのである。

なお，新技術が何をもたらすのかの事前の予測はかなり困難である。調査対象となった新技術は，当初は高価で，機能や性能はまだ荒削りな傾向があるからである。

しかし，それらの新技術は，新たな川下市場を侵食することによって事業化が萌芽する兆候をキャッチする感性が求められる。例えば，真空管に代わるトランジスタの技術革新は，前述した当時はベンチャー企業であったソニーから，ステレオ音響市場ではなくポケット携帯ラジオではじめて市場投入された。その当時，トランジスタの特許に対して，世界中のほとんどの事業家は，その後の電子機器の製品開発に革命をもたらすものとは予想もしていなかった。

すなわち，新技術は単に既存の技術の市場を侵害するのではなく，新技術の事業化には，新市場の創出という戦略とマネジメントの姿勢が求められることを銘記しなければならない。

その他の環境分析として，戦略的な不確実性を考察するための「インパクト分析」や，将来に向けた環境変化を探求するために「シナリオ分析」を行うことがある。

前者の「インパクト分析」は，戦略的不確実性の基礎となるトレンドに対して，事象の影響（インパクト）と緊密性を体系的に評価することである。後者の「シナリオ分析」は，将来に関する異なった仮説を探求するためのツールであり，2から3の起こりうるシナリオを描き，個々のシナリオに対する戦略の立案，シナリオの評価などを内容としている。詳しくは，フレッシャー＆ベ

ンソウサン［2005］およびアーカー［2002］を参考にしていただきたい。

Column AI（人工知能）による社会変革の展望

(1) AI（人工知能）の4つのレベル
　松尾［2015］は，世の中でAI（人工知能）と呼ばれているものを以下の4つのレベルで整理している。
・レベル1：単純な制御プログラムを「人工知能」と称している
　例えば，ごく単純な制御プログラムを搭載しているだけの家電製品に「AI搭載」などとマーケティング的に名乗っているケースが該当する。
・レベル2：古典的な人工知能
　入力と出力を関係づける方法が洗練されており，入力と出力の組合せのパターンが極めて多彩なものである。推論・探索を行っていたり，知識ベースを入れていたり，パズルを解くプログラムや，診断プログラムがこれに相当する。例えば，掃除ロボットや，将棋のプログラム，あるいは質問に答える人工知能がこれに相当する。
・レベル3：「機械学習」を取り入れた人工知能
　例えば，Webをはじめとした検索エンジンを内蔵していたり，ビッグデータを基に自動的に判断したりするような，最近のAIというとこのレベル3のものを指すことが多い。入力と出力を関係づける方法が，データを基に学習されているもので，典型的には機械学習のアルゴリズムが利用される場合が多い。「機械学習」というものは，サンプルとなるデータを基に，ルールや知識を自ら学習するものである。
・レベル4：ディープラーニングを取り入れた人工知能
　さらにその上のレベルとして，機械学習をする際のデータを表すために使われる変数（「特徴量」と呼ばれる）自体を学習するものがある。これが「ディープラーニング（または「特徴量学習」という）と呼ばれている。

(2) 人工知能は人間を超えるのか（「シンギュラリティ」は本当に起きるのか）
　人工知能はどこまで進化するのかという議論の中で，最も極端なものが，「シンギュラリティ（「技術的特異点」ともいう）」が未来に実現するという学説である。このシンギュラリティとは，前述したレベル4のさらにその先のレベルで，人工知能が自分の能力を超える人工知能を自ら生み出せる時点を指す。特異点の先は誰も予測することができない。そうなると，人間の存在価値はどうなってしまうのだろうか。

そこで松尾［2015］は，現時点では，シンギュラリティとは夢の世界で，たとえ人類より知能の高い人工知能に達することが万一にでもできたとしても，「人間＝知能＋生命」という観点から人類の価値を考えると，人類よりも高い「生命」を超える人工知能の創造は非現実的だと指摘している。

(3) 人工知能によって変わりゆく産業・社会への影響

第3次AIブームを迎えている人工知能だがディープラーニング以降の人工知能の発達と，それによって影響を受ける産業をまとめたのが**図表2-9**である。

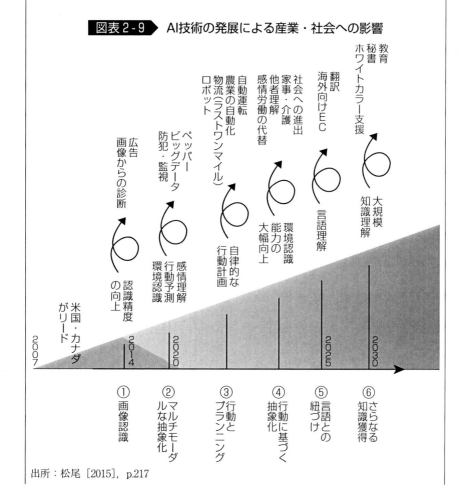

図表2-9　AI技術の発展による産業・社会への影響

出所：松尾［2015］，p.217

将来，人工知能の利用の可能性として，①では画像認識の精度や検索・診断力の向上，②では人間の行動や音声ならびに感情などのマルチモーダルな認識精度が劇的に向上すると，例えば定型の対人コミュニケーションや接客ロボットなどが普及する可能性がある。特に，③行動計画の人工知能の利用技術発展の特色として，自律的な「行動計画」の精度が上がることである。その結果，グーグルが先行してテストを繰り返している「自動運転」が実用化され，商品を最終顧客に届けるラストワンマイル（物流センターと消費者を結ぶ最後の区間）は，もしかすると無人のヘリコプターやドローンが担っているのかもしれない。

(4) 近い将来なくなる職業と残る職業

オックスフォード大学の論文 [Frey & Osborne, 2013] で提示された「あと10～20年でなくなる職業と残る職業リスト」についてみてみよう。「なくなる職業」のリストでは，銀行の窓口担当者，不動産登記代行者，保険代理店，証券会社の一般事務，税務申告書代行者など，金融・財務・税務系の仕事は影響が大きそうである。また，スポーツの審判や，荷物の受発注業務，工場機械のオペレーターなど，「手続化しやすい」職業もなくなる確率が高いとされている。

一方，「残る職業」のリストでは，医師や歯科医師，リハビリ専門職，ソーシャルワーカー，カウンセラーなど，「対人コミュニケーション」が必要な職業は，当面は人工知能やロボットあるいはコンピュータやICT（情報通信技術）などでは置き換えるのが難しいとされている。

会計や税務では，前記のような技術ですでに置き換えが進んでいる。判断が必要なところや，専門知識が必要なところに関しても，少しずつ人工知能ができる領域が増えていくであろう。

金融は，人工知能が活躍できる大きな領域である。顧客対応のシステムをスイスの大手銀行が提供できているし，資産状況に応じたポートフォリオを提供することも可能になるかもしれない。証券会社は，自ら提供する付加価値を見直す必要があるかもしれない。不動産も，価格情報の推移を分析し，活かすことができるはずである。

広告やマーケティングは，取り扱うデータが多く，短期的なサイクルで回る最適化はICTの最も得意とするところだが，それが中期的なものにも進出してくると思われる。例えば，現在は人間が行っているマーケティングも，刻々と変わる顧客ニーズと顧客行動をリアルタイムでデータを収集して，AIを利用して解析・認識・推論することで，個々の顧客セグメントにマッチングしたマーケティング戦術を自動化していける可能性がでてくる。中期的な商品企画やブランディング，顧客ビッグデータ解析についてもAIの介在する余地は大きい。

製造現場における肉体労働がロボットで代替されていくことはもとより，熟練工の技能の継承や，既存生産プロセスの改善や改良，さらには新たな工程システムや作業システムの設計についても，ディープラーニングで人工知能が特徴量をつかんで学習していけるようになる可能性があるかもしれない。

　以上述べてきたが，人間の仕事として重要なものは大きく2つに分かれるだろう。1つは，「非常に大局的でサンプル数の少ない，難しい判断を伴う業務」で，例えば経営者が行う経営判断や，事業責任者が行う現状業務のトレンドを分析・予測をして将来の事業構想を練るような仕事であろう。もう1つは，「人間に接するインターフェイス」は人間のほうがよいという理由で残る仕事として考えられる。例えば，セールスエンジニア（専門知識・技能に基づく提案営業）や，ノウハウをもち接客にたけた店員，セラピストなどである。

　最後に忘れてはならないのは，人間と機械の協調である。人間と機械との協調により，さらに人間の創造性が引き出される可能性が広がる。そうした社会では，生産性が非常に上がり，労働時間が短くなるために，人間の生き方や尊厳，多様な価値観がますます重要になってくると思われる。

【引用・参考文献】

P. コトラー＆K.L.ケラー著，恩蔵直人監修，月谷真紀訳［2014］『コトラー＆ケラーのマーケティング・マネジメント（第12版)』丸善出版（Philip Kotler, and Kevin Lane Keller,［2006］, *Marketing Management*（12th ed.）, Pearson Education, Inc.）。

沼上幹［2000］『マーケティング戦略』有斐閣アルマ。

伊丹敬之［2012］『経営戦略の論理（第4版)』日本経済新聞出版社。

https://www.sony.co.jp/SonyInfo/CorporateInfo/History/sonyhistory-e.html（最終閲覧日：2018年2月19日)。

https://ja.wikipedia.org/wiki/ウォークマン（最終閲覧日：2017年5月15日)。

遠藤功監修，鬼頭孝幸・山邉圭介・朝来野晃茂著［2008］『事業戦略のレシピ』日本能率マネジメントセンター。

M. E. ポーター著，土岐坤・中辻萬治・服部照夫訳［1995］『新訂　競争の戦略』ダイヤモンド社(Michel E. Porter[1980], *COMPETITIVE STRATEGY*, The Free Press, A Division of Macmillan Publishing Co., Inc.）。

M. E. ポーター著，土岐坤・中辻萬治・小野寺武夫訳［1985］『競争優位の戦略』ダイ

ヤモンド社 (Michel E. Porter [1980], *COMPETITIVE ADVANTAGE*, The Free Press, A Division of Macmillan Publishing Co., Inc.)。
D. A. アーカー著，今枝昌宏訳 [2002]『戦略立案ハンドブック』東洋経済新報社。
片野浩一 [2009]『マーケティング論と問題解決授業』白桃書房。
佐藤義典 [2005]『図解実戦マーケティング戦略』日本能率協会マネジメントセンター。
高橋宏誠 [2010]『戦略経営バイブル』PHP研究所。
C. S. フレッシャー&B.E.ベンソウサン著，菅澤喜男監訳，岡村亮・藤澤哲雄共訳 [2005]『戦略と競争分析 − ビジネスの競争分析方法とテクニック −』コロナ社, p.163。
松尾豊 [2015]『人工知能は人間を超えるか』KADOKAWA。
C. B. Frey and M. A. Osborne [2013], "The future of employment: how susceptible are jobs to computerisation?", *the Oxford University Engineering Sciences Department and the Oxford Martin Programme on the Impacts of Future Technology for hosting the "Machines and Employment" Workshop.*

第3章
内部経営環境分析

前章の外部経営環境分析では自社を取り巻く外部環境から影響を受ける機会と脅威について分析したが，その分析に加えて，自社の事業目標，強み，弱みについて内部経営環境分析を行う。「内部経営環境分析」のゴールは，以下の分析を通じて自社を詳しく理解することである。

① **製品分析**：製品戦略，および製品アーキテクチャとビジネスアーキテクチャ
② **経営資源分析**：経営資源の種類と特性，および資源ベース理論，知識創造
③ **業績分析ならびに企業価値分析**：企業会計における財務会計と管理会計，財務会計における財務諸表分析，代表的な企業業績および企業価値の評価基準
④ **ビジネスパートナー分析**：ステークホルダー分析，および補完財生産者との協調関係の構築，協調戦略，イノベーションと企業間関係

1 製品分析

1.1 製品戦略

製品戦略プロセスを重視しない企業では，後継製品について深く考えないで，市場動向や顧客ニーズに振り回された順番で製品を開発してしまう。1つの製

品が完成してはじめて，次に開発する製品を考え始めている。これでは開発された製品群は狙った市場セグメントをカバーできない。すなわち，効果的な順番で製品を発表できず，開発された製品群には機能重複が多くなり，また部品共有化が進まないため，儲からない製品開発プロジェクトを個々に続けることになりかねない。

その反対に「製品戦略」志向によるアプローチとしては，従来のマーケットオリエンティッドな視点のみから，競合企業に対抗した場当たりな個々の製品開発を繰り返すのではない。いわば良い意味でのプロダクトアウトの観点から，中長期を見据えた製品戦略ビジョンに基づいて製品開発計画を立案して，その上で全社的な製品開発組織による運営体制のもとで個々の製品開発プロジェクトを推進していく主体的なアプローチをとる。

(1) 製品戦略プロセスのフレームワーク

図表3-1に，「製品戦略プロセス」の全体像を示した。まず，「製品プラットフォーム」ならびに「技術プラットフォーム（コア技術戦略）」の相互の関連性に基づいて，全社のドメイン（事業領域）の決定との関わり合いのもとで「製品ラインアップ戦略」がなされる。次に，製品ラインアップ戦略の体系のもとで，全社的な「製品開発計画」が立案され，それぞれの市場セグメントにマッチングする個々の「製品ライン戦略」を展開していく。その際，製品・技術プラットフォームの共有化に対応する「製品ライン戦略」を図っていく必要がある。それとともに，製品の差別化の観点から，プラットフォームならびに製品ラインの「ライフサイクル管理」を行っていく。

一方，各種の製品ラインに包含される製品群がシリーズ化された「製品開発プロジェクト」が，前述した全社的な製品開発計画のスケジュールに基づいて，「製品開発組織体制」のもとで「製品開発管理（プログラム＆プロジェクトマネジメント）」を行っていく。なお，製品開発の際には，「製品アーキテクチャ戦略」に基づいた製品設計（メカ・エレキ［制御］・ソフトウェア）を行っていく。

第3章　内部経営環境分析

図表3-1　製品戦略プロセスのフレームワーク

```
                    ┌─────────────┬─────────────┐
                    │ 製品プラット │ 技術プラット │
          共        │ フォーム戦略 │ フォーム戦略 │
          有        ├─────────────┴─────────────┤  全社的な
          化        │ 製品ラインアップ戦略 ←────│  ドメイン
          ×        │   製品ライン戦略 Aタイプ   │  の決定
          差        │   製品ライン戦略 Bタイプ ←│  各市場
          別        │   ……                      │  セグメント
          化        ├───────────────────────────┤  との対応
                    │ 製品開発計画              │
          ⇕        ├───────────────────────────┤
          ラ        │ 製品アーキテクチャ戦略    │
          イ        │   製品開発プロジェクト A-1, A-2, …│
          フ        │   製品開発プロジェクト B-1, B-2, …│
          サ        ├───────────────────────────┤
          イ        │ 製品開発組織と製品開発管理│
          ク        │   プラットフォーム・マネージャー │
          ル        │   製品開発リーダー        │
          管        └───────────────────────────┘
          理
```

出所：著者作成

（2）　製品プラットフォーム戦略

「製品プラットフォーム」とは，製品ラインや一連の製品群に対する製品設計について，全製品のユニークな特徴を決める基本構造（Architecture）のことである。

例えば，パーソナルコンピュータ（PC）の製品構成は，筐体(きょうたい)，電源，メモリ，ディスクドライブ，モニター，インターフェイスなどのハードウェアや，OS（オペレーショナルソフト）やマイクロプロセッサなどのソフトウェアからなっている。その中でも，特に，OSとマイクロプロセッサとの組合せ方がPCの製品プラットフォームに相当することになり，これから中期にわたって製品展開していく製品ラインに包含されるPC製品全体の差別化を決定づけることになる。

また，自動車の製品プラットフォームは，各種の主要ユニットを搭載する車台（アンダーボディ）といわれている。この車台の基本構造が，その上に搭載されるサスペンション，エンジン，駆動系，ボディなどその他の主要ユニット

の仕様に影響する。さらに，車台のタイプが，これから製品ライン戦略として中期的に展開する個々の製品開発に対して，その機能特性や，性能特性となる走行性や安全性ならびに信頼性などを決定づけ，その他の主要ユニットや部品を含めた製品の枠組みを規定し，製品設計や調達・製造に関わるコスト構造などにも影響を与える。

　以上述べてきたように，製品プラットフォームは単なる個別技術ではなく，またそれらの単なる組合せでもない。それ自体が多様な技術を包括したシステムであり，製品ラインや製品群の全体的な製品の枠組みを規定するものである。製品プラットフォームの開発には多様な部門や企業間での知識やノウハウが結集される。さらには，製品プラットフォーム自体の技術レベルは簡単に外からみえるものではない。様々な知識やノウハウが組織的に統合化された総合技術といえる。

(3) 技術プラットフォーム戦略

　「技術プラットフォーム」は，製品ラインや一連の製品群において多くの製品を開発する際のベースとなる中核的な技術（「コア技術戦略」とも呼ばれる）といえる。このコア技術には，競合企業よりも技術的な優位性が長期間にわたって持続されることと，しかも応用範囲が広いことが求められる。そのためにも，自社のコアコンピタンスを活かした選択と集中による技術開発と重点投資が必要になる。したがって，このようなコアコンピタンスは，絶対にアウトソーシングすべきではなく，独自開発技術として内製して技術のブラックボックス化をしていくべきである。

　例えばシャープでは，液晶技術をコア技術として位置づけ，技術開発とそのための集中投資を継続して，そのコア技術を進化させ続けてきた。さらに，それのコア技術をなるべく多くの製品開発に応用することを徹底してきた。例えば，そのコア技術を，電卓，ワープロ，携帯用ビデオカメラ，PC，液晶TV，カーナビへと製品展開して利用している。

(4) 製品ラインアップ戦略の中で市場セグメントに対応した製品ライン戦略

図表3-2に示したように，「製品ラインアップ戦略」は，全社戦略においてドメイン（事業領域）の決定との関連が深い。つまり，全社が対象とする市場セグメントごとに，どのような製品シリーズ群として各種の製品ラインを取り扱って品揃えをするのか，そして全社としてどのような製品ポートフォリオマネジメントをするのかということを意味している。なお，この「製品ラインアップ戦略」を広く解釈する場合には，主要製品だけでなく，周辺機器，製品アップグレード，カスタム製品も，この製品ラインアップの一部として含めることがある。さらに，物理的な製品でない製品ラインアップもある。例えば，サポート，専門家によるサービスなど，顧客に付加価値をもたらす一連の活動なども含めることがある。

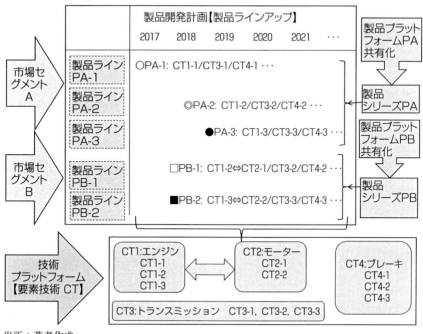

図表3-2 製品ラインアップ戦略を反映した全社的な製品開発計画

出所：著者作成

前述した製品プラットフォームが業界内の市場全体に狙いを定めるのに対して，「製品ライン戦略」では，それぞれの製品ラインは，個々の市場セグメントに狙いを定める。1つの製品ラインの中で，製品開発をする各製品シリーズ群は，特定の市場セグメントの顧客層を引きつけるように製品企画される。例えば，高価格，高性能の製品には，性能を強化して，余分に金を払ってくれる市場セグメント向けの製品ラインになる。

この製品ライン戦略では，各市場セグメントが求める製品のバリエーションを定義する特性として，例えば，機能，性能，品質，容量，パッケージなどのような項目によって，製品全体の差別化を図る。

(5) 製品・技術プラットフォームの共有化およびライフサイクル管理

製品ライン内の製品シリーズ群は，それぞれの製品ラインの特性にマッチングした製品プラットフォームならびに技術プラットフォームをできるかぎり共有化できるようにつくりあげることが望ましい。

例えば，自動車会社の中には，1つの新プラットフォームを開発する際に，複数車種の製品ラインで共用できることと，2世代（1世代は4年程度なので，8年間ぐらい）にわたり活用することを基本戦略としているところがある。その他の例として，デジタル家電業界において，システムLSIをプラットフォーム化して，多数の製品品種に活用している。

つまり，「プラットフォームの共有化」の狙いは，複数の製品ライン間でプラットフォームを共有化することで，製品開発投資を抑えることができ，経営資源もうまく共有利用できることにある。さらには，個々の製品シリーズ群内で，部品の共通化や生産設備の共通利用ができる可能性が広がってくる。

一方，プラットフォームの共有化の留意点として，共有化したことで製品間でのユニーク性を失わないように配慮すべきことと，市場の動向と競争相手に対する優位性を見極めた上で，適切に「ライフサイクル管理」を行っていく必要がある。なぜなら，コスト低減を優先させて，過度な共有化・共通化を推進

してしまうと，提供する製品やサービスに特徴がなくなり，市場で競争力を失う可能性があるからである．

適切なライフサイクル管理の一環として，製品ラインアップの全体的な体系の中で，それぞれの製品ラインに包含される製品シリーズ群の個々の新製品開発に対応して，「製品開発計画（「製品展開マップ」として表現することもある）」が策定される．つまり，個々の製品に関する開発計画から出荷までの製品開発プロジェクトの順番を，製品プラットフォームと製品ラインのライフサイクルを考慮して時系列にスケジューリングをしていくことである．その時系列の順番を決める際に，例えば，市場条件，競合要因，開発要員の空き状況などの条件変化を考慮して，製品ライン計画を立案していくことが求められる．

特に，技術プラットフォームのコア技術は，できる限り多くの製品プラットフォーム間を横断して，共有化できるよう努力していく．

この技術プラットフォームのライフサイクル管理は，研究部門や開発部門と共同でコントロールすべきもので，製品プラットフォームとの相互関係を考慮しつつ進めるが，双方のプラットフォームは別々の部門で独自に管理されることになる．技術プラットフォームのライフサイクル管理は，陳腐化や切り替え時期などを考慮して，どのような要素技術が適用可能になるかを関連づけた「技術ロードマップ」として表現する．

1.2 製品アーキテクチャとビジネスアーキテクチャ

各種の製品ライン内における製品開発プロジェクトの中で，個々の製品設計を開始する際に，可能なかぎり以前の製品機種で製作した設計データや既に評価されて実績ある部品を共通化できれば，その後の詳細設計や生産準備および量産に関する生産性や品質確保に非常に貢献する．そのためには，製品開発プロジェクトとして場当たり的に一つひとつの製品開発や製造に取り掛かるのではなく，製品ライン内の製品シリーズ群全体に対して体系化する設計方針をた

てるために,「製品アーキテクチャ」の概念が有効になる。

本節では,この「製品アーキテクチャ」の概念が,モジュールとインターフェイスから構成されていることを示す。そして,この製品アーキテクチャによって決定づけられる製品構造が,業界における競争相手に対して影響を与えることから「ビジネスアーキテクチャ」についても取り上げる。

(1) 製品アーキテクチャにおけるモジュラーとインテグラル

「製品アーキテクチャ」とは,設計者によってつくりだされる「機能要素と構成部品との対応関係(マッピング)」や「構成部品間のインターフェイスのルール」に関する基本的な構想,それに設計思想を反映したものが,「製品アーキテクチャ」といえる。

製品アーキテクチャは,組合せ型のモジュラーと,擦合せ型のインテグラル型の2つに分類できる[藤本,2001]。事前に部品の組合せ方のルールを決めて,開発・製造の際に,そのルールに従ってつくられた部品を積み木やレゴのように組み合わせるのが「モジュラー」である。一方,「インテグラル」では,事前に組合せのルールを完全には決めずに,開発・製造を行う段階で,全体の最適性を考えて各部品間の調整を行いながらつくりこんでいく。

さらにいえば,製品のアーキテクチャが異なれば,工程のアーキテクチャに影響を与え,結果的に産業構造やビジネスアーキテクチャも大きく変化する。

(2) 構成部品間のインターフェイスのルール

次に,構成部品間のインターフェイスのルールとして,オープン・標準と,クローズド・専用の2つがある。まず,「オープン・標準」とは,部品間のインターフェイスが業界内で標準化され(デファクトスタンダード),どの企業にとってもオープンに活用できる場合を指す。次に,「クローズド・専用」とは,製品開発の際に,特定の企業間で固有なインターフェイスのルールを用いており,競合相手にはインターフェイスのルールを非公開なものにすることを

指す。

　図表3-3に示したように，部品間特性がモジュラーでかつインターフェイスが標準化された製品と，部品間特性がインテグラルでインターフェイスがクローズドの製品の2つのタイプに分けて考えることができる（以降の説明では，それぞれをモジュラー型とインテグラル型と呼ぶことにする）。

　モジュラー型の典型的な製品の1つに，パソコン（PC）がある。PCは，CPU，メモリ，ハードディスク，ディスプレイなど，部品間インターフェイスはすべて業界標準に準じており，それらを組み合わせるだけで，PC製品に求められる機能のほとんどが実現できる。

図表3-3　製品アーキテクチャにおける部品間特性とインターフェイス

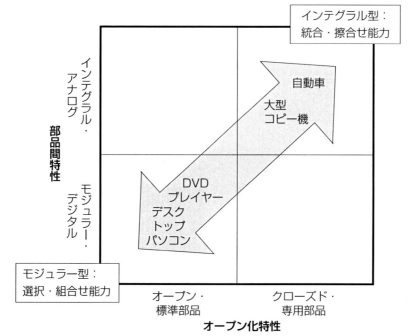

出所：藤本［2003］をもとにして延岡［2006］が作成，図3.3, p.75

一方，インテグラル型の典型的な製品の1つに，自動車がある。自動車は，車台，エンジン，トランスミッション，サスペンション，ブレーキシステムなどほとんどの構成部品間の特性同士がインテグラルな調整が必要になるとともに，部品間のインターフェイスは自動車会社と特定の部品サプライヤーとで固有のルールに基づいた設計になっている。また，自動車の心臓部にあたる車台やエンジンは，それぞれの自動車会社が各社別々に独自の研究開発が行われ，それらの製造も部品サプライヤーに任せることなく内製をして（製造設備も内製），根幹となる技術プラットフォーム（コア技術戦略）のノウハウをブラックボックス化している。

Column　デジタル家電のコモディティ化による顧客価値獲得の失敗

　「コモディティ化」とは，参入企業が増加し，製品の差別化が困難になり，価格競争の結果，企業が利益を上げられないほどに価値が低下することといわれている。延岡・伊藤・森田［2006］は，日本の自動車産業と対比して電機産業の調査研究を行い，特にデジタル家電がコモディティ化してしまい，顧客価値獲得に失敗した原因を次の3つと指摘している（**図表3-4**）。

　中間財の市場化とは，製品企画・製造の技術がない企業でも，部品やデバイスのモジュールユニットが市場に出回ることにより，比較的容易に調達できることを指す。
　部品やデバイスを組み合わせて，最終製品を開発・製造する技術やノウハウを，システム統合と呼ぶ。このシステム統合の市場化とは，前記のようなモジュールユニットの販売を促進するために，そのユニット提供業者が最終製品組立企業へ，システム統合のやり方を伝授することである。あるいは，最終製品組立企業の代行として，部品やユニットを調達し，さらにシステム統合を専門事業とする企業が出現したことを指す（「EMS」と呼ぶ）。
　顧客価値の頭打ちとは，市場で購入できる製品に対して，顧客が求めている機能や価値の水準を超えていれば，いくら新たな機能をつけるためにコストをかけても，コモディティ化が始まることを意味している。

図表3-4 コモディティ化の3要素とその影響

	要因	コモディティ化への影響
モジュール化	インターフェイスの単純化	統合・組合せの容易化による付加価値の低下
	標準化	
中間材の市場化	モジュールの市場化	モジュール（部品）の市場が形成され，部品調達が容易になる
	システムの統合化（擦合せの市場化）	製品のシステム（ソフトウェア）の標準化設計（リファレンス・デザイン）が購入可能になり，統合・組合せの付加価値が低下
顧客価値の頭打ち	顧客のこだわりの低さ	主要機能のみでの競争となり，それ以上の付加価値の創出が困難になる
	顧客の自己表現の低さ	

出所：延岡・伊藤・森田［2006］，図表1-7，p.26

2　経営資源分析

2.1　経営資源の種類と特性

(1)　経営資源の種類

　全社戦略あるいは事業戦略を立案・実行する際に，やりたい事業や活動は多くても，何ができるかは，企業がもっている経営資源に依存する。「経営資源」とは，企業がもっていて経営活動で利用できる資源を指し，基本となる資源は，「ヒト，モノ，カネ，情報」といわれている。

　なお，経営資源をより広く捉える考え方として，コリス＆モンゴメリー［2004］は，有形資産，無形資産，そして組織のケイパビリティ（その企業の強み）の3つの種類に分類している。

A. 有形資産（Tangible Asset）
① 　財務資産：多様な金銭的資源，資本金，資金調達能力と借入金，内部留保を生み出す能力
② 　組織資産：公式の組織構造，公式・非公式の企画・計画・管理・調達のシステム，他企業との関係
③ 　物的資産：工場，事務所，優良な立地，高度な機械・設備，原材料へのアクセスのしやすさ
④ 　技術資産：保有している固有技術，特許，商標，著作権など

B. 無形資産（Intangible Asset）
① 　人的資産：経営者および経営能力，人的資源管理（社員の採用，異動，昇進，評価，教育など），キャリアとモチベーション，従業員の経験・判断・知性・人間関係・洞察力，組織文化に対応した行動規範
② 　イノベーション資産：アイデアおよび発想力，科学的能力，イノベーション能力
③ 　評判資産：顧客や社会からの評判およびブランド，サプライヤーからの評判

C. 組織のケイパビリティ（その企業の強み）

　組織のケイパビリティは，有形資産や無形資産と違って投入要素ではない。それらは，組織がインプットからアウトプットへ変換するために用いる資産，人材，プロセスの複雑な組合せ方，つまり組織ルーチンである。これらの組織ルーチンは，企業がもつ製造またはオペレーションの固有技術に適用され，企業活動の効率性を左右する。組織のケイパビリティの具体的な例としては，ビジネススピードの速さ，顧客対応のよさ，製品品質・耐久性・信頼性・保全性の高さといった有効性や効率性につながる一連の能力が含まれる。

(2) 　情報的経営資源

　最近では，経営に与える影響に関し，無形資産の重要性が有形資産より注目されている。伊丹［2012］が，日本企業に関する考察を通じて着目したのは，

無形資産（みえざる資産）の中でも「情報的経営資源」が，ヒト・モノ・カネという従来，想定した経営資源とは異なる特性をもっていることである。
① 同時に複数の人が利用可能である。
② 使っている間にも減りにくい。
③ 使っているうちに，他の情報的経営資源と結合することで，新たな情報的経営資源が生まれる可能性がある（経営資源の蓄積「ストック」を意味する）。
特に，この情報的経営資源は，外部からの調達が困難で，自社で蓄積するにしても時間がかかるために競争優位の源泉になりやすい。

この「情報的経営資源」は，通常の情報やデータのみを指すのではなく，ノウハウや前述した顧客に対する信頼やブランドまでを含むことがあり，重要視しなければならない。しかし，最も評価が難しく，企業の独自性が極めて高い。情報的経営資源には次のようなものが要素として含まれている。
① **企業情報**：ブランド，企業イメージ，信用，ノウハウなどの企業の良い情報（グッドウィル）などで，外部の人や，自社の経営組織に蓄積されていく。
② **環境情報**：市場や技術について企業の日常活動を通じて獲得していくもの。
③ **情報処理特性**：組織メンバーの志向，価値観，モラルの高低，企業家精神の大小など，社員がもっている情報処理のパターンのこと。さらに，社員全体の行動様式のことを，「企業文化」または「組織文化」という。例えば，組織メンバーでの意思決定の仕方や，社員が行動する際に，規則やルールを遵守しようとする傾向にあるのかあるいはある程度柔軟な判断ができるのか，保守的なのか革新的なのかなど，知識・行動様式は，それぞれの企業に特有なインフォーマルな文化が存在することがある。

2.2　資源ベース理論（経営資源分析）

「資源ベース理論（RBV: Resource-Based View [of the Firm]）」は，資源ベース・モデルとか，経営資源分析とも呼ばれる。企業の経営資源を分析する考え方には，2つの前提がある。

① 経営資源の異質性

　各企業は経営資源の集合体（束）であり，個別企業ごとにそれぞれ異なった経営資源をもっている。

② 経営資源の固着性

　ある経営資源を保有していることによって外部からの脅威を無力化できる場合，さらにその経営資源を保有している企業がごく少数である場合，さらに経営資源の中にはその複製コストが非常に高い場合には，それらの経営資源は企業の「強み」，すなわち競争優位の潜在的な源泉となる。

　バーニー［2003］は資源ベース理論のポイントとして，「企業ごとに異質で，複製に多額の費用がかかる経営資源に着目し，それらの経営資源を活用することによって，企業は競争優位を獲得できる」とした。換言すると，企業の業績は企業の内部資源によって決まる。企業が競争優位を獲得できるのは，移動障壁・参入障壁によって競争を回避するポジショニングだけに頼るのではなく，優れた経営資源を内部に保有しているからである。この競争優位の経営資源は市場では調達できない。なぜなら，市場で調達できれば他社も調達し，その結果，その経営資源は競争優位を失う。すなわち，模倣されない経営資源を戦略的に蓄積することが競争優位を生み出すことになる。

　例えば，競争の激しい業界にあって，ユニクロや，電子商取引のアマゾン，パソコンのデルなどは卓越した業績を上げている。このように厳しい競争環境にある産業でも高収益を生み出す戦略を展開し，成功している企業が存在している。

　これは，業界の競争環境だけが企業の潜在的な収益を決定する要因ではないことを意味している。ポーターの産業構造分析は外部の経営環境における競争優位の議論であったが，それに加えて資源ベース理論は内部の経営環境を強化することによって競争優位性を補完しているといえる。

　図表3-5に示したようにコリス＆モンゴメリー［2004］は，企業が所有す

第3章 内部経営環境分析

図表3-5 経営資源の価値の3つの側面

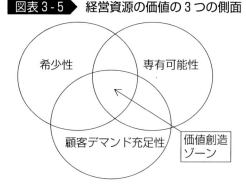

出所：コリス＆モンゴメリー［2004］，図2-1，p.51

る経営資源の価値は，以下の3つの側面を含んだ競争環境と企業との間の相互作用の中に存在し，これら3つの側面が交わる部分において経営資源の価値が創造されるとした。つまり，ある経営資源により顧客が求めていることを充足し，競合企業による模倣が困難で，生み出す利益を企業が専有できる時，それらの経営資源によって価値が創造されるのである。

(1) 経営資源による顧客ニーズの充足（Fulfillment of Customer's Needs）

　経営資源の価値を決定する第1の要因は製品市場にある。価値の高い経営資源は，顧客がすすんで支払うような価格デザインで提供され，「顧客ニーズの充足」に貢献するものでなければならない。その価格デザインは，顧客の選好や利用可能な選択肢（代替製品を含む），そして関連財もしくは補完財の供給によって決定される。

　なお，顧客ニーズについて検討する際，競合企業が保有している経営資源との比較や，提供する製品およびサービスとの比較について，自社で蓄積してきた独自能力がある経営資源を有効に活用して，競合企業以上に顧客ニーズをより充足させることができる場合にのみ，その経営資源が価値あるものとみなされることを再認識することが重要である。

　要するに，自社資源に対する製品やサービスの顧客ニーズを持続することが，

その資源が価値をもつための必要条件だといえる。しかも，それだけでは十分条件とはならず，経営資源とそれが創出する優位性が，他社にはなく，複製が困難である必要がある。

(2) 経営資源の希少性 (Rarity)

「経営資源の希少性」とは，業界の中でその経営資源の供給が不足している状況にあり，しかも長期間にわたってその状況が継続することである。そのためには，競合他社が簡単に複製できないように，以下に示すような「模倣困難性」を包含させた経営資源をつくりあげていく必要がある。

① 経営資源が物理的にユニークであること。
② 経営資源の蓄積に経路依存性があること。
③ 潜在的な模倣者が外からみても，何が価値ある経営資源なのか「因果関係の不明瞭性」でわからないようにしておくこと。
④ ある市場に競合他社が参入しようとした時に，自社側から「経済的抑止力」をはじめとした複数の参入障壁を設けて断念させるように誘導すること。

(3) 経営資源の専有可能性

経営資源が顧客ニーズを満たし，経営資源の供給に制約があっても，ある経営資源によって創出された利益を，誰が獲得するのかという「利益配分」の問題が残されている。その際，市場で購入した経営資源から生み出される利益よりも，財産権が確立しやすい自ら開発した経営資源から生み出される利益のほうが，「経営資源の専有可能性」が高くなる。

専有可能性のチェックとは，経営資源がもたらす競争優位が生み出した利益を，その企業自身が獲得できるかを判断することである。それらの条件を満たす経営資源は，先の**図表3-5**に示した共通領域としての「価値創造ゾーン」が大きく貢献し，そこから多くの利益を生み出すことができる。そのような経営資源を十分に保有し，それぞれを様々な市場にわたって使うことができた時，企業はより多くの利益を得ることができるようになる。

Column 経営資源を評価するVRIO分析

バーニー［2003］は，企業が保有する経営資源やケイパビリティが，企業にとっての強みなのか弱みなのかという重要度を，次に示す4つの指標から判断することができると説いた。これを「VRIOフレームワーク」と呼んでいる（図表3-6参照）。

① **経済価値 V（Value）**：企業の保有する経営資源やケイパビリティは，その企業が外部環境における脅威や機会に適応することを可能にするか。さらに，企業が展開する経営戦略にとって，経営資源が有用であるかの基準を当てはめる。

② **希少性 R（Rarity）**：その経営資源をコントロールしているのはごく少数の競合企業だろうか。この経営資源は希少なのか，一般に世の中にどの程度の類似したものが存在するのか，将来においてもユニークなのか。

③ **模倣困難性 I（Imitability）**：その経営資源をまだ保有していない企業は，その経営資源を獲得または開発する際に，コスト的に不利な状況に直面するか。経営資源の模倣がどれくらい難しいのかが，持続的な競争優位を確立する上で重要になる。

④ **組織の適合性 O（Organization）**：経営資源自体ではなく，企業において経営資源がどれだけ活かされているか。「組織の適合性」の基準とは，保有する経営資源を事業活動に変換するための組織能力といい換えることができる。

経営資源やケイパビリティが，価値があり，希少性があり，さらに模倣コストも大きい場合に，これらを利用することは持続的な競争優位と，標準を上回る経済パフォーマンスを生み出すことができる。

図表3-6　VRIO分析の概略

価値	希少性	模倣困難性	組織の適合性	自社の競争地位の意味合い	経済的なパフォーマンス
×	−	−	ない	競争劣位	標準を下回る
○	×	−	↕	競争同位	標準
○	○	×	↕	一時的競争優位	標準を上回る
○	○	○	ある	持続的競争優位	標準を上回る

出所：バーニー［2003］，表5-2，p.292

2.3 知識創造

「知識創造」の理論は,「知識経営(ナレッジマネジメント:Knowledge Management)」の主流をなす理論で,無形資産やみえざる資産と関係している。この概念は,野中・竹内・梅本 [1996] が著書『知識創造企業』で提案した数少ない日本発の経営理論である。

それによれば,技術ノウハウのような「目にみえない,表現しにくい,実務的,アナログ的な知識」を「暗黙知」と呼んでいる。一方,「言葉や数字で表すことができ,伝達できる,理論的,デジタル的な知識」を「形式知」と呼んでいる。暗黙知と形式知は相互補完的で,知識は暗黙知と形式知の社会的相互作用を通じて創造され拡大される。図表 3-7 に示したように,このような相互循環を「知識変換」と呼び,次の 4 つの「知識変換プロセス(SECIモデル)」がある。

① 共同化 Socialization:個人の暗黙知からグループの暗黙知を創造する。

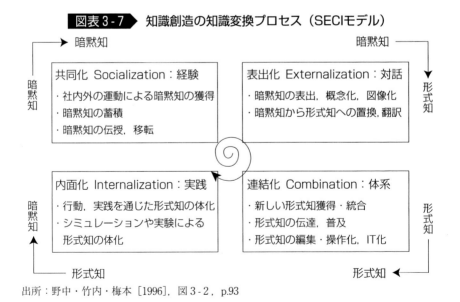

図表 3-7 知識創造の知識変換プロセス(SECIモデル)

出所:野中・竹内・梅本 [1996],図 3-2,p.93

② 表出化 Externalization：暗黙知から形式知を創造する。
③ 連結化 Combination：個人の形式知から体系的な形式知を創造する。
④ 内面化 Internalization：形式知から暗黙知を創造する。

　例えば，暗黙知の創造を強化しようとする企業は，「共同化」を促進するために，経験を共有しやすい企業文化を培うべきである。形式知の創造を強化しようとする企業は，「連結化」を促進するために，体系知的な資料を作成・編集する作業を推進するナレッジ共有支援システムを構築することで，知的創造活動を発展させられる。

3 　業績分析ならびに企業価値分析

3.1 　企業会計における財務会計と管理会計

　経営活動を継続していくためには，まず個人や銀行などの株主・債権者から「資金」を調達し，その「資金」を設備や資材調達などに投資して【資産】を取得して，製品やサービスを開発・生産していく。そして，製品やサービスの販売を行い「資金」を回収する。このように企業は，「資金」→投資→【資産】→経営活動（開発・生産・販売など）→「資金」→……と繰り返されるプロセスを通して，利益を生み出し，「企業価値」を創造している。このプロセスの中で，「資金」を調達・回収して，それにより投資を行う（運用）までの部分を，「財務活動」と呼んでいる。

　企業の財務部で，この財務活動の一環として収入および支出を取引記録に基づいて計算することを，「会計（Accounting）」という。その会計には，次の2つのものがある。すなわち，会計情報を外部の利害関係者に対して報告するための「財務会計」と，企業の経営管理者に向けた内部用のマネジメントに役立てる会計情報を提供する「管理会計」である。

(1) 財務会計 (Financial Accounting)

「財務会計」とは，企業の経営者は，資金の提供者（株主，債権者，金融機関など）から資金の効果的・効率的な運用を委託されていることから，一定の会計期間に区切って（通常は1年間または半期），経営成績と財政状態に関する会計情報を定期的に提供することを目的に管理するものである。その報告手段として，主に「財務諸表」が用いられる。「財務諸表」には，貸借対照表，損益計算書，財務諸表付属明細表，利益処分計算書などが基本となっており，さらにキャッシュフロー計算書を含めることがある。

(2) 管理会計 (Managerial Accounting)

「管理会計」には，企業内の経営者あるいは従業員などの内部管理を目的とした2種類の財務情報がある。

① 戦略的管理会計

第1のものは「戦略的管理会計」と呼ばれ，経営者が自ら企業の経営戦略や経営計画ならびに経営行動などの経営上の意思決定に役立てるためにある。そのような情報には，経営者自身が事業の方向を決定すること（例えば，新規事業への進出，多角化，あるいは選択と集中により成果の上がらない事業からの撤退戦略など）に役立てるものがある。また，経営者自身が，設備投資や長期・短期の経営計画に携わる際に役立てる情報もある。

② 「マネジメント・コントロール」のための管理会計

第2のものは，「マネジメント・コントロール」のための管理会計と呼ばれ，組織における上位の管理者が下位の管理者の意思決定をサポートしたり，コントロールしたりする業績管理プロセスの各ステップに役立てるためのものである。マネジメント・コントロールのプロセスは，①プログラム，②予算編成，③実行と記録会計，④業務報告と業績差異分析からなり，このステップがサイクルで回ることになる［日本管理会計学会，2000］。

このプログラムには，2つの段階があり，個別計画と期間計画がある。前者の個別計画には，さらに構造的個別計画と業務的個別計画の2つがある。前者

の構造的個別計画には，例えば，設備投資計画や原価企画などが含まれる。後者の業務的個別計画は，日常の業務活動に関する個別計画で，価格決定（価格デザイン）と製品組合せ計画（製品ミックスあるいは製品ラインアップ戦略）などが入る。一方，プログラムの期間計画には，長期総合計画と短期総合計画がある。

3.2 財務会計における財務諸表分析

「財務諸表分析」とは，企業の経営者が，経営判断に必要な会計情報を得るために，企業の収益性，安全性，効率性，成長性などを測定，評価することを目的として，財務諸表の各項目を分析することをいう。この分析は，外部利害関係者が企業価値を調査および診断するために役立つものである。例えば，投資家が株式あるいは社債等に投資するにあたって，当該企業の収益性や成長性を判断するために財務諸表分析が行われる。あるいは，銀行から融資を受ける際には，安全性を判断するために用いられる。

(1) 貸借対照表の仕組みと安全性および収益性の分析
① 貸借対照表（B/S：Balance Sheet）の仕組み

図表3-8に示したように「貸借対照表（B/S）」は，ある時点（企業の決算時期）において企業が所有している「資産（Assets）」と，「負債（Liabilities）」，「純資産（Equity）」を表現している。そして，この三者間には，「資産－負債＝純資産」あるいは「資産＝負債＋純資産」という等式がなりたつ。

- 資産の部（図表の左側）：企業が調達した「資金」の使途（運用）として，企業の財産を示している。資産は，流動資産と固定資産，および繰延資産に分かれる。「流動資産」は，現金・預金・売上債権・有価証券などの当座資産と，商品・原材料・仕掛品・貯蔵品などの棚卸資産がある。「固定資産」には，設備・建物・土地などの有形固定資産や，営業権などの無形固定資産がある。
- 負債の部（「他人資本」と呼ばれることがある，図表の右上）：左側の資産

（財産）を買ってくるために，必要な「資金」の調達方法を示している。負債は，流動負債と固定負債に分かれる。「流動負債」には，営業債権（買掛金，支払手形），営業外債権（短期借入金，未払金），その他流動負債がある。「固定負債」には，長期借入金，社債，その他の固定負債がある。
■純資産の部（「自己資本，株主資本」と呼ばれることがある，図表の右下）：「純資産」は，資本金，資本余剰金，利益余剰金，その他の余剰金から構成される。

図表3-8 貸借対照表（B/S）の構成

■資産の部【資産の運用】	◆負債【資金の調達】及び純資産の部
①流動資産	◆負債【他人資本】
現金，預金	⑤流動負債
売掛金，受取手形，有価証券	買掛金，支払手形，
棚卸資産	未払金，短期借入金
	⑥固定負債
②固定資産	銀行などの金融機関からの長期借入金
有形固定資産：建物，土地，機械装置	社債
無形固定資産：営業権（のれん）	
	◆純資産【自己資本】
③投資その他の資産	資本金
投資有価証券，長期貸付金	利益余剰金
	◆純資産合計
④繰延資産	
■資産合計	◆資金（負債・純利益）合計

出所：日本管理会計学会編［2000］および蜂谷・中村［2001］を基に著者作成

② 貸借対照表と損益計算書における収益性の分析

企業は「資金」を調達して【資産】を取得し，営業活動から生まれた売上高に対して，どれだけの利益を上げたかを測定することによって，収益性を捉えることができる（**図表3-9**）。

図表3-9　収益性の分析指標

分析指標と意義	数式	説明
総資産利益率(%) ・企業全体の総合的な経営成果	ROA＝(営業利益／資産合計)×100 ＊利益に税引き前の「営業利益」を使う	調達した全資産で利益をどれだけ上げたかを示す。業種によって適切な基準は異なる ROA＝(利益／売上)÷(売上／資産) 　　＝(売上高利益率)×(資産回転率)
株主資本利益率(%) ・自社の株価対策としてROEを高める場合がある	ROE＝(純利益／純資産[自己資本])×100 ＊株主への配当は，「純利益」から行われる	株主が拠出した資本を用いて，配当の原資となる純利益をどれだけ上げたかを示す ROE＝{(利益／売上)÷(売上／資産)}×(資産／純資産) 　　＝ROA×(資産／純資産)【財務レバレッジ(有利子負債)】
粗利率（%） ・市場競争力	(粗利益／売上高)×100	企業が市場で販売する財に対してどの程度の付加価値を付けたかを表す
売上高経常利益率（%） ・総合収益性	(経常利益／売上高)×100	売上高について，本業だけでなく，本業以外（投資などの財務活動）から得られた利益の割合で，企業の総合的な収益性を示す

出所：著者作成

自社の見かけ上の株価を上げる対策として，ROEの指標を上げるために，負債を増やして，自己資本（純資産）の比率を下げる対策をとる企業がある。しかし，自己資本比率が低すぎると，財務の安定性が損なわれることになる。したがって，常套手段としては，まず，ROAを高める努力をすべきである。

次に，自己資本比率が極端に高くならないように，負債とのバランスを考えて「財務レバレッジ（有利子負債）」を適度に保つ努力をする。結果として，ROEの数値が高まることにより，株主からみた株価の魅力を上げていくという総合的な経営努力をしていくことが望まれる。

③ 貸借対照表と損益計算書における安全性の分析

財務の安全性の分析では，支払義務のある負債を遅滞なく返済できる可能性，すなわち企業の支払能力を評価する（**図表3-10**）。企業の支払能力の分析は短期と長期に分かれている。また，財務安全性の分析には，貸借対照表（特に，図表の分析指標の中で「売上」の値を利用）を用いる「ストック面の分析」と，損益計算書を用いる「フロー面の分析」がある。

図表3-10 安全性の分析指標

分析指標と意義	数式	説明
流動比率（％） ・短期的支払能力	（流動資産／流動負債）×100	１年以内に返済しなければならない負債に対し，短期的に充当可能な資産をどれだけ保有しているか。一般的に200％が理想
自己資本比率（％） ・中期的支払能力	（自己資本／資本合計）×100	資本のうち，返済する必要のない資本の比率。固定資産を多く使う製造業は20％，一方，流動資本を使う商社は15％以上が望ましい
固定比率（％） ・長期支払能力	（固定資産／純資産［自己資本］）×100	短期的に回収できない固定資産は，返済の必要のない資本金や長期の負債で賄われるのが望ましい。100〜120程度が健全
手元流動性（月） ・資金繰り	（現金＋即売却可の有価証券等）／月商	月商：損益計算書の年間売上高を12で割る。大手企業１ヵ月，中小企業1.5ヵ月

出所：著者作成

(2) 損益計算書の仕組みと効率性・生産性および成長性の分析
① 損益計算書の仕組み

「**損益計算書（P/L：Profit and Loss Statement）**」は，企業のある一定期間（1年間または半年など）において，損益（損失と儲け）の経営業績の状況を表示したものである。**図表3-11**に示したように，一定期間に儲けた「売上高」から，その売上を上げるために使用した費用（売上原価）を引くことによって，「利益」が計算される。

損益計算書では，企業の経営成績をより的確にとらえることができるように，損益計算が区分される。まず，営業損益計算では，その企業の営業活動から生じる収益と費用を対応させて，「営業利益」を算出する。それ以降として，経常損益計算では経常利益，純損益計算では税金等調整前当期純利益が計算される。最終的にこの税金等調整前当期純利益から，法人税や，少数株主損益が差し引かれて「当期純利益（損失）」を求めることができる。

図表3-11　損益計算書（P/L）の構成

①売上高	営業損益計算	経常損益計算	純損益計算
売上原価［－］			
②売上総利益（粗利益）			
販売費及び一般管理費［－］			
③営業利益			
営業外収益［＋］			
営業外費用［－］			
④経常利益			
特別利益［＋］			
特別費用（特別損失）［－］			
⑤税引前当期純利益			
法人税，住民税及び事業税，法人税等調整額［－］			
少数株主利益［－］			
⑥当期純利益			

出所：日本管理会計学会編［2000］および蜂谷・中村［2001］を基に著者作成

② 貸借対照表と損益計算書における効率性と生産性の分析

図表3-12に，効率性と生産性の分析指標を示した。まず，効率性とは，資産あるいは資本がどれだけ効率的に活用されているかを示すものである。代表的な指標として，総資産回転率があげられる。その他にも，固定資産，棚卸資産，売上債権，買入債権，現金・預金などが分析対象として取り上げられる。

一方，生産活動の能率，すなわち生産性の分析には，企業がその営業活動を通して生み出した付加価値が用いられることがある。

図表3-12　効率性・生産性の分析指標

分析指標	数式	説明
総資産回転率(%)	（売上高／資産合計）×100	資産がどれだけ効率的に売上高に結びついているかを示す。大規模な設備投資が必要な産業は低く，流通業は高い傾向がある
固定資産回転率（回）	（売上高／固定資産）	固定資産が有効に利用され売上に結びついているかの判断指標になる。傾向は同上
棚卸資産回転率（月・日）	（棚卸資産／売上高÷12ヵ月・365日間）	棚卸資産の回転期間は，分母の売上高を12で割ると月数，365で割ると日数で表される
従業員1人当たり経常利益（円／人）	（経常利益／従業員数）	授業員1人当たり利益は，経常利益を従業員数で除した値で，従業員の生産性や人材へ適正な投資がなされているかを判断する

出所：著者作成

③ 貸借対照表と損益計算書における成長性の分析

企業の成長性を分析する場合に，利益や売上高が一般的に取り上げられるが，それ以外にも，総資産，固定資産，設備投資額，研究開発費，従業員数なども分析する必要がある。

図表3-13に示したように，それらの計算として，対前年比や前年同期比をとることが多い。長期的にみるには，年平均伸び率や，ある基準期の値を100として算出する趨勢法を利用できる。

図表3-13 成長性の分析指標

分析指標	数式	説明
対前年比（％）	（当年－前年）／前年×100	企業の将来を判断する場合，利益や売上高がすぐ考えられるが，これらを支える総資産，固定資産，設備投資額，研究開発費，従業員数なども分析する必要がある。指標としては，対前年比や前年同期比を用いることが多い
対前年同期比（％）	（当年当該期－前年同期）／×100	
１期からn期までの平均的な伸び率（％）	（n期／0期）$^{1/n}$－1	将来の成長性を長期的にみるには年平均伸び率やあるいは基準値を100として計算する趨勢法が役立つ

出所：著者作成

(3) キャッシュフロー経営

前述した貸借対照表，損益計算書の2つの財務諸表に対して，「キャッシュフロー計算書（CS）」が，2000年に始まった連結制度の変更時に加えられ，「財務三表」の時代となった。ここでの「キャッシュ」とは，現金および現金等価物（1年以内に現金に換金できる貯金）のことをいう。

ここで大切なことは，「利益とキャッシュフロー」は違うということである。例えば，利益がでていてもキャッシュフローはマイナスということがあることを理解しておかなければならない（その逆もある）。

なぜなら，まず，お金のでていかない費用があるためである（所有している有価証券の価値が下がった時の「評価損」，減価償却費など）。次に，売掛金や買掛金，そして在庫などが発生した場合に，貸借対照表や損益計算書のみではキャッシュフローの増減の実態を把握することはできないからである。

図表3-14に示したようにCSは3種類のキャッシュの動きによって表現する。
① 営業キャッシュフロー：製品およびサービスの販売による収入または支出，営業損益計算の対象となる取引による資金の流入または流出など，それらの「営業活動」によるキャッシュフロー【営業利益を出して稼ぐことが目標（原則として［＋］）】
② 投資キャッシュフロー：有形・無形固定資産の取得または売却，有価証券の取得または自社有価証券の売却，長期投資に関連した支出または収入【未来への投資することが目標（原則として［－］）】
③ 財務キャッシュフロー：自社株式・社債の発行または取得・償還，株主への配当の支出，借入およびその返済【資金が不足した場合に調達することが目標（原則として［－］）】

図表3-14 連結キャッシュフロー計算書における3種類のキャッシュフロー

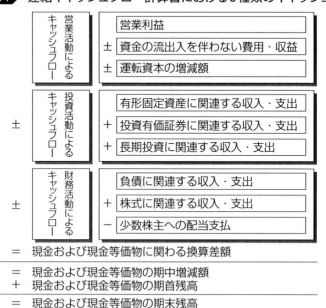

出所：蜂谷・中村［2001］，図2.11，p.29

3.3 代表的な企業業績および企業価値の評価基準

(1) 前提となる基本知識
① 資本コスト

「資本コスト」は，資金を提供する債権者や株主といった投資家側と，その資金を受け取る（調達する）企業側の2つの視点から捉えられる。

まず，資金提供者側としては，ある特定の企業に資金を投下することは，それ以外の投資機会から得られる潜在的なリターンをあきらめることを意味することになり，そのことを「機会費用」と呼んでいる。したがって，投資家は，負担している機会に等しいリターンを，企業側に要求する。すなわち，資金提供者側の資本コストは，最低限のリターンということになる。

一方，資金の提供を受ける側の企業からみると，資本コストは，企業が資金提供者に支払わなければならない必要最低限のリターンということになる。企業がそれだけのリターンを支払うためには，それ以上のリターンが上げられると期待できる投資機会に資金を投下する必要がある。したがって，企業は投資機会を選択する時に，資金提供者の要求するリターンを満たすかどうかを基準とする。その基準のことを「ハードル・レート」と呼ぶ。

② 加重平均資本コスト（WACC）

企業の総資本は，負債，優先株式，株主資本（純資産【自己資本】）から構成される。「加重平均資本コスト（WACC）」とは，負債（税引き後）・優先株式・株主資本のそれぞれの市場価値を，加重平均した値である。

WACCは，資金を調達する際の資本コストの平均値を表していることから，自己資本比率が高くなると，WACCは高くなる傾向がある。前述した資金提供者側からみると，WACCは高くなると市場における「機会費用」も高くなるので，それに見合う高いリターンを期待されることから，企業側はそれに見合う収益を上げなければならない（つまり，ハードル・レートの高い基準をクリアすることが求められる）。

すなわち，特に上場企業の場合には，企業の市場価値という視点から考える

と，自己資本比率を上げすぎた無借金経営を目指すことはかえって危険であり，負債と自己資本のバランスに配慮することが非常に重要になってくることは銘記しておかなければならない。

(2) 資本利益率 (ROI)

　企業における組織ではサブユニットの業績を評価するために次のような4つの責任センターの区分を用いることがある。①コストセンター，②レベニューセンター，③プロフィットセンター，④インベストセンターである。

　この④インベスト（投資）センターでは，企業の経営者側として，ROI（資本利益率，または使用資本利益率，あるは投下資本利益率）が業績評価基準として広く用いられている。なお，使用資本とは，貸借対照表の［負債＋自己資本］あるいは資産合計を指している。さらに，投下資本とは，投資額を意味している。

　一方，株主の立場からは，前述したROE（株主資本利益率）が用いられる。

$$\text{ROI}（\%） = （利益／資本）\times 100$$
$$= （利益／収益）\times（収益／資本）\times 100$$
$$= 売上高利益率 \times 資本回転率 \times 100$$

　使用資産を用いる場合には，分子の利益は，負債に対するコストである支払利息を控除する前の営業利益，あるいは事業利益（営業利益＋受取利息・配当）を用いる。これらの利益は，負債か自己資本かという資金調達の方法には影響を受けないので，企業全体または事業ごとの投資効率を測定するのに効果的である。

(3) 経済付加価値 (EVA^{TM})

　「EVA^{TM}」は，アメリカのスターリン＆スチュアート社の商標登録として提案された，企業の業績測度である。EVA^{TM}は，税引後の営業利益から，資本

コストを控除した，残余利益である。以下の式からわかるように，EVAがプラスなら企業は価値を創造し，マイナスなら価値をもたらされていないことを意味している。

　EVA＝税引後営業利益－WACC×投下資本
［なお，税引後営業利益(NOPAT)＝(売上高－営業費用)×(1－法人税率)］

　従来の業績測度と相違としてのメリットは，①投資家の視点を企業経営に組み込むことを意味している，②営業活動から生み出される利益あるいはキャッシュフローに焦点をあてている，③企業の長期的な価値の創出に寄与する支出が資本化される。最後のメリットに関連した戦略的な支出項目の例として，研究開発費，教育訓練費，一部の広告宣伝費などが考えられる。

(4)　企業価値を現在価値により推定する割引キャッシュフロー法（DCF）

　現在，企業は，製品・サービス市場と，資本（経営権）市場という2種類の市場で競争するための戦略と経営行動が要求されるようになっている。ここで取り上げる「割引キャッシュフロー法」は後者に関連しており，「資本市場」での戦略と経営行動で勝ち残るためには，前述した「キャッシュフロー」をベースとした利益を増大させて，資本市場での自社の企業価値を高めることが重要になる。

　「割引キャッシュフロー法（DCF）」は，企業が生み出す将来のキャッシュフローを，その将来の不確実性に伴うリスクを反映する割引率（一般的に，利子率を用いることがある）を使用して，現在価値として「企業価値」を推定する方法である。

(5)　非財務的視点からの企業業績評価法「バランス・スコアカード」

　キャプラン＆ノートン［2005］は，前述した財務指標を中心とした外部評価に対して，企業の内部を多面的な視点で評価する手法として，戦略目標の因果

関係によって戦略を可視化する「戦略マップ」と，戦略マップの構成要素を達成するために構築された「バランス・スコアカード（BSC: Balanced Score Card）」を提唱した。**図表3-15**には，サウスウエスト航空を事例として取り上げて，その戦略マップ，BSC，アクション・プランの関係が図示されている。

戦略マップのテンプレートでは，財務，顧客市場，内部の業務プロセス，学習と成長の4つの視点から表現されている。

図表3-15 サウスウエスト航空の戦略マップ，BSC，アクション・プラン

戦略マップ		BSC			アクション・プラン	
プロセス：オペレーション・マネジメント テーマ：地上の折り返し	（戦略）目標	尺度	目標値		実施項目	予算
財務の視点 利益とROA 収益増大　機体の減少	■収益性 ■収益増大 ■機体の減少	■市場価値 ■座席の収益 ■機体のリース費用	■年成長率30% ■年成長率20% ■年成長率5%			
顧客の視点 より多くの顧客を誘引し維持 定刻の発着 最低の価格	■より多くの顧客を誘引し維持する ■定刻の発着 ■最低の価格	■リピート客の数 ■顧客数 ■連邦航空局定刻到着評価 ■顧客のランキング	70% ■毎年12%の増加 ■第1位 ■第1位		■CRMシステムの実施 ■クオリティ・マネジメント ■顧客ロイヤルティ・プログラム	$ xxx $ xxx $ xxx
内部の視点 地上での迅速な折り返し	■地上での迅速な折り返し	■地上滞在時間 ■定刻出発	■30分 ■90%		■サイクルタイムの最大活用	$ xxx
学習と成長の視点 戦略的な業務駐機場係員 戦略的システム係員の配置 地上係員の方向づけ	■必要なスキルの開発 ■支援システムの開発 ■地上係員の戦略への方向づけ	■戦略的業務のレディネス ■情報システムの利用可能性 ■戦略意識 ■地上係員の持ち株者数の割合	■1年目 70% 　2年目 90% 　3年目100% ■100% ■100% ■100%		■地上係員の訓練 ■係員配置システムの始動 ■コミュニケーション・プログラム ■従業員持ち株制度	$ xxx $ xxx $ xxx $ xxx
					予算総額	$ xxxx

出所：キャプラン＆ノートン［2005］

① 財務の視点

市場における自社の評価であり，株主や金融機関などの投資家に対して企業価値の向上を目指して，収益増大戦略と生産性向上戦略が示される。

② 顧客の視点

ターゲット顧客に対して提供する製品戦略（製品ラインアップ，製品アーキテクチャ，機能・品質，商品サービス企画），価格デザイン，補完・付帯・継続的サービス，パートナーシップ，およびブランドなど，自社として独自な顧客価値の提案を示す。

③ 内部の業務プロセスの視点

・業務管理プロセス：サプライチェーンマネジメント（供給連鎖管理）
・顧客管理プロセス：顧客の選別，獲得，維持，ロイヤルティ，CRM
・イノベーションプロセス：成長機会，イノベーション・マネジメント，顧客と企業による価値共創
・規制・社会プロセス：地球社会，環境，安全・雇用福祉，コンプライアンスなどに対応した企業行動をとることによる企業の「レピュテーション（評判）」の向上

④ 学習と成長の視点（無形の資産）

・人的資本：戦略の立案・実現をするために必要なスキル，能力，ノウハウ
・情報資本：情報システム，ネットワーク，インフラの利用可能性
・組織資本：組織文化，リーダーシップ，チームワーク

まず「戦略マップ」の意義は，財務，顧客，プロセス，学習と成長の4つの視点で，全社戦略あるいは事業戦略とそれらの経営計画方針の因果関係を，具体的な階層図として定義できることである。そのことにより，戦略を組織全体に伝達できる役割を果たすことができる。

次の「バランス・スコアカード（BSC）」では，それぞれの達成度を測定するために「尺度」を設定する［伊藤，2007］。この尺度には，遅行指標と先行指標がある。「遅行指標」とは実行した後の事後的な成果を示す指標である。

「先行指標」とは，遅行指標に成果がでる前に先行して現れるプロセスを示す指標である。戦略の達成度を示すには遅行指標が必要であり，なぜならこの遅行指標に変化が現れるのに時間がかかるからである。

それぞれの指標ごとに，現在の実績値と目標値が設定される。まず，中期の戦略的な目標値と実施項目を設定する。次に，日常の業績をモニターして，それぞれの業務を比較するために四半期や半年の目標値を設定する。

次に中期目標・短期目標の実現に向けて，具体的な「アクション・プラン」を策定する。なお，これらを実行するためには，戦略的な予算計画と予算配分がなされなければならない。

以上述べてきたBSCの意義は，各段階で定義されたそれぞれの経営行動に対して，その成果を測る適切な評価指標をあらかじめ規定しておくことである。それによって，組織や個々の社員が，BSC上の評価指標を達成することによって，戦略がどれだけ実現できているかを把握しやすい。すなわち，BSCの役割は，社員自らの日々の行動と企業の業績との関係や，個人の期待と企業の戦略の実現との関係について，社員一人ひとりが評価指標を通して理解できることにある。

4　ビジネスパートナー分析

4.1　ステークホルダー分析

「ステークホルダー分析（Stakeholder Analysis）」は，組織とその競合相手に影響を及ぼす可能性のある重要な集団あるいは個人を体系的に識別する。なお，「ステーク」とは，事業の利害，要求，権利およびシェアを意味する。ステークは，事業に利害関係をもつことから，法的な所有権をもつことまで幅広く及ぶ。

「ステークホルダー分析」は，どのステークホルダー（利害関係者）が企業とその競争相手の活動とオペレーションに重要であるか，彼らの関心事は何か，

彼らに関する対応をいつどのように開始すればよいか，そして競争上の可能性を最大限にするために，重要なステークホルダー間でどのように組織の経営資源を配賦するのかを，経営幹部が決定する際に支援する有効な技法となる。

　ステークホルダー分析は，新製品企画，新サービス企画または新サービスの開始または策定段階で開始されることが多い。**図表3-16**にも示したように，ステークホルダー分析をするプロセスを次に示す。
① 組織のステークホルダーはだれかを，現在の潜在的なステークホルダーから将来に向けた潜在的なステークホルダーまで含めて特定する。
② 各ステークホルダーのそれぞれのステーク（利害または要求）は何か。
③ ステークホルダーのそれぞれのステーク（利害または要求）に対して，組織がどのような責任を負わなければならないのかの影響力（プラス，マイナス，またはまだ不明なインパクト）。
④ 戦略や組織行動の成功にとってのステークホルダーの重要性。
⑤ ステークホルダーは組織および競合相手に対して挑戦できる力（強み）や，リスク（弱み）をもっているのか。

図表3-16　ステークホルダー分析のプロセス

ステークホルダー	利害または要求	インパクト	重要性	強み	弱み
1.					
2.					
3.					
‥‥‥‥					

出所：フレッシャー＆ベンソウサン［2005］，表19.1

4.2 補完財生産者との協調関係の構築

「協調関係」を構築するには，自社とそのプレーヤーとの間に，何らかの共通の利益があり，かつそれが双方にとって重要である必要がある。特に，共通の利益が生じやすいのは，自社の製品やサービスと組み合わせて用いられる「補完財生産者」である。そのために，自社の製品・サービスに魅力があると，補完財にもメリットが生じ，逆に補完財魅力があると，自社の製品・サービスの魅力も増すという互恵的な関係が生じる。そこで，共通の利害が生じやすく，双方が手を組む意義が高まってくる。そのような互恵関係が市場で力を発揮できるようになると，一緒に市場の「パイ」を大きくしていこうとすることにつなげられる。

しかし，自社と補完財生産者との間で利害を共有して，一緒に市場の「パイ」を大きくできた後には，「ゲーム理論」の教訓が示すように，協調関係から生まれた新たな利益を配分する際には，両社間での相対的なパワー関係が影響する。

したがって，自社が，補完財生産者との間で協調関係を構築して，市場の「パイ」を大きくして新たな収益を獲得し，その後に分け前を配分することまでを見越した上で，補完財生産者との間で協調関係を構築するためのアプローチとして，次の2つのうちのいずれかが実現できるようにしておかなければならない［加藤, 2014］。

① 補完財生産者との間でのパワー関係をさらに強化して，自社に配分される利益を増やすという方法である。そのパワー関係は，その生産者の補完財が市場において希少で必要性が高いのか，その反対に代替性があるのかという2つの基準で決まってくる。

② 補完財生産者との間での利益の配分では，自社に必ずしも有利にならなかったとしても，相対的に自社の地位の強さを活かせる立場にあるその他の供給業者または買い手との交渉を有利に進めるなどして，補完財生産者との

利益配分以外の方法で，自社の利益を増やすという方法である。

【企業事例研究：アップル　iPod事業におけるレコード会社との協調関係】

　アップルは，携帯音楽プレーヤーであるiPodを商品化した2年後の2003年に，iTues Music Store（現　iTunes Store）を開設して，レコード会社から提供を受けた楽曲の有料配信サービスを開始した。アップルは前述の②のアプローチとして，iPodの補完財供給者としてのレコード会社との利益配分以外の方法で，自社の利益を増やす方策をとった［加藤，2014］。

　ユーザーに対して，多彩なジャンルにわたる豊富な品揃えの楽曲の中から，1曲99セントという非常に低額で，インターネットを通じてダウンロードできることから，2003年の終わりには通算2,500万ダウンロードという記録的な好評を博した。それによって，単にデジタル化された携帯音楽プレーヤーとは異なり，明確に他社の製品・サービスとの差別化を達成することができた。そして，アップルとして，楽曲の利用から生み出された利益の配分は非常に薄利に抑え，iPodの高い価格設定の維持と，iTunes Storeを運用することから自社の利益を増やすというアプローチをとった。

　しかも，ダウンロードされた楽曲は，FairPlayというアップルのデジタル著作権管理技術で処理されており，アップルのデバイスで再生することはできても，他の携帯音楽プレーヤーでの再生は不可能であった。つまり，補完財生産者であるレコード会社の経営資源を使って，自社の製品差別化を一時的に図るだけでなく，「スイッチング・コスト」を発生させることで，他社製品に対する競争優位性を持続可能なものに転換した。

　そして，豊富な楽曲が手頃な価格で便利に供給される⇒ユーザーが増える⇒レコード会社が積極的に楽曲を提供する⇒さらに多くのジャンルのユーザーが増えるというような好循環が生み出された。つまり，アップルは，補完財生産者であるレコード会社のパワーを活かして「ネットワークの外部性」をつくりだしたことになり，そのポイントはiTunes Storeを基盤とした「プラットフォーム・ビジネスモデル」を実現できたことにある。

4.3 協調戦略

　自社を取り巻くプレーヤーとの間で，競争関係で優位性を図ることを考えるだけでなく，良い競争相手と協調関係を組むことを図ることを「協調戦略」という。協調戦略をとる目的としては，前述した市場の「パイ」を拡大すること以外にも以下に示すようなことがある［坂本，2016］。
① 市場の「パイ」の拡大
② 業界内における陣営間競争での優位性の確保
③ 市場や流通チャネルの補完
④ 製品ラインや能力の補完
⑤ コスト削減や効率化
⑥ ビジネスリスク分散

　②の「業界内における陣営間競争での優位性の確保」については，「デファクトスタンダード（業界標準）」などの標準規格を決める際に起こることがある。例えば，HD-DVD陣営（東芝とNEC）とブルーレイ陣営（ソニーとパナソニック）とで競争した事例がある。ブルーレイ陣営が勝利した後は，ソニーとパナソニックは競争関係に戻ったという経緯がある。

　③の「市場や流通チャネルの補完」については，市場や流通チャネルで，それぞれ足りない領域を補完することがある。例えば，1999年に日産とルノーが資本提携した目的の1つは市場をお互いに補えることにあった。欧州市場の販売網に強いルノーと，日本を含むアジアや北米に販売網をもっている日産は，市場と流通チャネルを相互に補完できるようになった。

　④の「製品ラインや能力の補完」については，同じ業界内の企業であっても，得意とする製品領域や技術・能力などにより事業領域が異なる場合に，ライセンス供与，OEM（相手先ブランドによる製造委託），アライアンスをすることがある。例えば，トヨタや日産では軽自動車を製品開発していないが，軽自動車に強いスズキやダイハツなどからそれぞれOEMによる製品供給を受けて，自社ブランドとして販売している。

⑤の「コスト削減や効率化」については，業界内で競争関係にある企業同士でも，例えば物流に関して共同配送や，輸送用のパレットの共有化を促進することがある。例えば，ビール業界におけるアサヒ，サッポロ，サントリーでは，ビール瓶を共通化し，どのメーカーに戻されても再利用できる仕組みづくりをしている。一部のエリアでは共同配送も進めている。

⑥の「ビジネスリスク分散」については，自社だけでは負えない高いビジネスリスクの事業に乗り出す時に，同業他社と協業することでリスク分散することがある。例えば，建設業において超大規模な建設工事に取りかかる際に，複数の建設業者がジョイントベンチャーを組織することが一般的になっている。また，難易度の高い未来型の技術開発に挑戦する際に，1社で投資リスクを負えない場合には，コンソーシアム体制を整備して研究開発に取り組むことがある。

4.4 イノベーションと企業間関係

どのように大きな企業でも，イノベーションを生み出し，その果実を獲得するために必要な活動や経営資源のすべてを，自社でまかなうことはできない。他の企業や大学あるいは地方自治体などの外部の組織との分業や協力が必要になる。

(1) 企業間分業と協力

企業は，新しい製品，サービスや生産技術の開発について，外部の企業と協力や分業をする。パートナーとなる企業には，「川上企業（素材などの部品メーカー［サプライヤー］や，設備メーカーなど）」と，「川下企業（製品完成品メーカー，流通業者，販売サービス業者など）」，関連産業の企業，そして異業種の企業など様々なタイプがある［一橋大学イノベーション研究センター，2001］。

① **製品開発におけるデザイン・イン**

例えば，日本の自動車メーカーは，新車開発において後述する系列システム

の部品メーカーを製品開発の早い段階から参画させ（デザイン・イン），自動車メーカーから与えられた基本スペックに基づいて，部品の詳細設計と生産技術・製造を担当させるというやり方をとってきた。その他の業界でも，製品開発において日本の企業は積極的にサプライヤーを巻き込んでいる。

② デファクトスタンダード（業界標準）獲得のための連携

技術革新が伴うような新しい製品やサービスが事業化される際に，第4章競争戦略のところで後述するように業界内で事実上の標準（デファクトスタンダード）の獲得に向けて，他グループの同業種の企業群に対抗するために，同業種で仲間をつくって企業群として連携することがある。

(2) イノベーションに向けた企業システム間のマネジメント

外部の組織の協力を得なければイノベーションが実現しにくいとすれば，企業はどのように企業間システムを構築し，マネジメントすればよいのだろうか。

① 境界の設定

最初に考えなければならないのは，「組織の境界（Organizational Boundaries）」の設定である。どこまでを自社でやり，どこから外部の組織に委ねるのか，内と外を分ける境界を決めなくてはいけない。

ある業務活動を，企業の内部で行うことを「企業組織の統合化」と呼び，これは「社内取引」の形態をとる。**図表3-17**は，統合化の便益と費用を整理したものである。

図表3-17 企業組織の「統合化」の便益と費用

統合化の便益	統合化の費用
・取引費用の節約	・投下資源,リスクの増大
・情報のコントロール	・規模の経済,範囲の経済を使えぬムダ
・情報の蓄積	・情報の硬直性
・相互依存性,補完性	・内部管理の問題
・独占,参入障壁	
・未利用資源の活用	

出所:青木・伊丹[1985]

② 企業間関係のマネジメント

外部の企業と分業をする場合には,できるだけアウトソーシングの便益を活かすとともに,それに伴うデメリットを少なくすることが大切になる。そのための協力的な企業間関係は,「中間組織」と呼ばれる(前述の「社内取引」と対照して「中間取引」に対応する)。また,中間組織のことを,混合組織またはネットワーク型組織などと呼ぶこともある。これは統合化と外部化(市場組織)の中間的な企業間システムとして,両者の欠点を補い,長所を活かせる仕組みである。

Column 系列システム

例えば,日本の自動車メーカーと部品メーカーの製品開発での分業・協力の仕組みは,中間的な組織間システムの特徴をもっている。これは自動車メーカーと,川上の部品メーカー間との系列システムである。

また,繊維産業では東レや帝人などの合成繊維メーカーと,川上の特定の織布,染色企業群がプロダクション・チーム(PT)と呼ばれる協力体制を築いている。その他として系列システムとはいえないが,東レと,アパレル業界のユニクロとが,スポーツ用アンダーウエアの新素材としてヒートテックを共同開発した。東レはその他にも自動車メーカーと,炭素繊維からなる外装や内装部品の新素材を共同開発している。

③ 分業プロセスのマネジメントと組織内部のマネジメント

　こうした分業相手とのマネジメントとともに，実際の分業，協力をどのように進めていくか，分業プロセスのマネジメントも重要な課題である。特に外部組織との分業は利害が一致しないことがあることと，企業文化や専門の違いなど多くの壁があり，課題解決の進め方や，異文化間コミュニケーションに配慮する必要がある。

　したがって，組織内以上に，分業プロセスのマネジメントに留意することが求められる。例えば，任せる業務範囲やその内容を明確に示す，相手の取組みをモニターする，問題があれば相互に調整する，課題解決に向けてサポートする，そして成果を評価し，次にそれらのプロセスから得られたノウハウや成果を汎用化（標準化）して次に活かせるようナレッジマネジメントをする。

　イノベーションのアウトソーシングは，自らの負担を軽くするためだけのものではない。お互いに得意なものを持ち寄って，新しいものを創造するための営みであり，分業プロセスの工夫と，自らのプロジェクトマネジメントの素養も向上させていく必要がある。また，優れた分業・協調プロセスのマネジメントのためには，単にパートナーとのやり取りだけでなく，自らの組織内部のマネジメントにも気を配らなくてはならない。

　以上述べてきたように，境界の設定，企業間関係のマネジメント，分業プロセスのマネジメント，そして自社の組織内部のマネジメントを相互に連携させ，総合的に企業間システムをプロジェクトマネジメントしていくべきである。

(3) オープンイノベーションとオープンな知財マネジメント

　「オープンイノベーション」とは，企業内部と外部のアイデアを有機的に結合させ，価値を創造すること，さらは，企業が自社のビジネスにおいて社外のアイデアを今まで以上に活用し，未活用のアイデアを他社に今まで以上に活用してもらうことといわれている［渡部，2012］。

　従来の知財制度が前提としてきたのは，主にプロダクトイノベーションやプロセスイノベーションであった。つまり，そのための「知財マネジメント」は，

専らプロダクトまたはプロセスのイノベーションにおける模倣困難性を高め，参入障壁を築くために行われていた。

　しかし，前記のオープンイノベーションのスキームにおいては，技術は組織の境界を越えて様々な形で活用され改良される。その代表的な2つの方法は，以下である。

① 　組織外部からの技術の調達
② 　組織外部による技術の活用

　いずれのケースでも，技術や知識が組織の境界を越えて行き来することになり，その際には必ず知財マネジメントの問題に配慮する必要がある。つまり，オープンイノベーション戦略に向けて，従来のクローズな知財マネジメントに加えて，オープンかつ戦略的な知財マネジメントが求められている。

　なお，知財マネジメントは単独で役立つというものではなく，それを活用する企業のイノベーション戦略や，それと対応したビジネスモデルとを結合することによってはじめて組織の競争力や収益につながる。

　したがって，知財マネジメントのあり方は，企業のイノベーション戦略のタイプに依存する。つまり，現在では企業のイノベーション戦略の多様化に伴い，そこで用いられる知財マネジメントも多様化している。例えば，オープンイノベーション以外にも，リードユーザーにイノベーションを委ねる「ユーザーイノベーション」，新興国においてイノベーションを起こしそれを先進国で展開する「リバースイノベーション」，デザインを重視した「デザイン主導イノベーション」などや，最近では「サービスのイノベーション」も注目されている。

> **Column** オープン・ソースウェアのビジネスモデル
>
> 　「情報通信技術（ICT）」の発達に伴って，新たに登場しつつある分業パターンとして，「オープン・ソースウェア」と呼ばれるものがある。ソフトウェアのソースコード（人が読んで理解できる言語で記述されているソフトウェア・プログラム）を公開して，多岐にわたるソフトウェア技術者が個人的に参加しながら，ソフトウェアの開発，改良を進めていく。
>
> 　通常は，ソースコードは公開せず，企業機密として専有し，競合企業の模倣をくい止めるのが定石であった。しかし，これをオープンインにして，世界中の優秀なエンジニアの知恵を借りるという新たなビジネスモデルが，ソフトウェアやサービスの開発の質とスピードを上げる上で有効な方法として登場した。
>
> 　最も有名なのは「リナックス」である。マイクロソフトのウィンドウズに対抗する有力なオペレーションシステムとして注目されている。これは特殊な業界における例外的な現象なのか，イノベーションの分業システムとしての新しいビジネスモデルとしての広がりをもつ現象なのかが注目されている。

【引用・参考文献】

玉木欽也［2008］「事業ライフサイクルイノベーションにおける製品戦略プロセス」『青山経営論集』第43巻 第2巻。

M. E. マクグラス著，菅正雄・伊藤武志訳［2005］『プロダクトストラテジー』日経BP社(Michel E. McGrath[2001], "Product Strategy for High-Technology Companies", The McGraw-Hill Companies, Inc.)。

延岡健太郎［2002］『製品開発の知識』日本経済新聞社。

延岡健太郎［2006］『MOT「技術経営」入門』日本経済新聞出版社。

藤本隆宏［2003］『能力構築競争』中公新書。

藤本隆宏［2001］「第13章　2．製品開発のプロセス」『生産マネジメントⅡ－生産資源・技術管理編－』日本経済新聞社。

延岡健太郎・伊藤宗彦・森田弘一著［2006］「コモディティ化による価値獲得の失敗－デジタル家電の事例」榊原清則・香山晋編著『イノベーションと競争優位－コモディティ化するデジタル機器』NTT出版。

D. J. コリス&C. A. モンゴメリー著，根来龍之・蛭田啓・久保亮一訳［2004］『資源ベースの経営戦略論』東洋経済新報社（David J. Collis and Cynthia A. Montgomery [1998], "CORPORATE STRATEGY: A Resource-Based Approach", The McGraw-Hill Companies, Inc.)。

伊丹敬之［2012］『経営戦略の論理（第4版）』日本経済新聞出版社。
J. B. バーニー著，岡田正大訳［2003］『企業戦略論［上］基本編』ダイヤモンド社（Jay B. Barny [2002], "GAINING AND SUSTAINING COMPETITIVE ADVANTAGE, Second Edition", Pearson Education, Inc.）。
野中郁次郎・竹内弘高著書・梅本勝博訳［1996］『知識創造企業』東洋経済新報社。
日本管理会計学会編［2000］『管理会計学大辞典』中央経済社。
小林末男監修［2006］『現在経営組織辞典』創生社。
蜂谷豊彦・中村博之著［2001］『企業経営の財務と会計』朝倉書店。
小宮一慶［2008］『「1秒！」で財務諸表を読む方法』東洋経済新報社。
國貞克則［2009］『財務3表一体分析法』朝日新聞社出版。
R. S. キャプラン&D. P. ノートン著，櫻井通晴・伊藤和憲・長谷川惠一監訳［2005］『戦略マップ　バランスト・スコアカードの新・戦略実行フレームワーク』ランダムハウス講談社（Robert S. Kaplan and David P. Norton [2004], "STRATEGY MAPS", Harvard Business Press）。
伊藤和憲［2007］『戦略の管理会計』中央経済社。
奥村昭博監修，小林康一・柳在相著［2010］『ビジネス・キャリア検定試験標準テキスト　経営戦略　2級』中央職業能力開発協会。
K. S. フレッシャー&B. E. ベンソウサン著，菅澤喜男監訳，岡村亮・藤澤哲雄共訳［2005］『戦略と競争分析－ビジネスの競争分析方法とテクニック－』コロナ社。
加藤俊彦［2014］『競争戦略』日本経済新聞出版社。
坂本雅明［2016］『事業戦略策定ガイドブック』同文舘出版。
一橋大学イノベーション研究センター編［2001］『イノベーション・マネジメント入門』日本経済新聞出版社。
青木昌彦・伊丹敬之［1985］『企業の経済学』岩波書店。
渡部俊也［2012］『イノベーターの知財マネジメント』白桃書房。
D. A. アーカー著，今枝昌宏訳［2002］『戦略立案ハンドブック』東洋経済新報社。

第4章
競争戦略

1 競争戦略のフレームワーク

図表4-1に本章で述べる競争戦略のフレームワークを示した。

工作機械産業，自動車産業，電子機器産業，コンピュータ産業など，そうした企業各社が集まって競争する場を，「市場競争環境」と呼ぶ。「競争戦略」とは，既定の製品市場分野における競争環境のもとで市場占拠率の向上を目指し，企業および経営活動の差別化と競争優位性を獲得するための戦略である。各社の事業間の競争のありようが，業界全体の収益性（投資収益率）を決める。市場需要の規模や市場需要の成長性が，収益性を決めるように思いがちであるが，収益性は，その業界内で競合他社同士がどのような競争を行っているかに，強く影響を受ける。

ある一定の戦略諸特性の組合せがあるとすれば，代表的な少数の戦略次元に従ってそれぞれの競争者の戦略を位置づけることができる。事業構造の類似性に基づいて識別された企業のグループのことを，「戦略グループ」と呼ぶ。戦略グループを分析する際に，「垂直統合の程度」と「製品ラインの広さ」という，事業構造に関わる2つの軸がよく用いられる。

一方，同じ業界内でも，ある戦略グループから他の戦略グループへ戦略地位

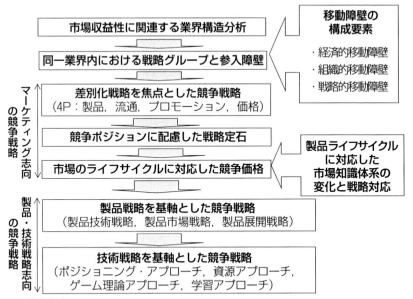

図表4-1　競争戦略の全体フレームワーク

出所：筆者作成

を変更しようとした際に，異なる戦略グループに属する企業の間では事業の広がりや深さが異なるために，障壁となる要因のことを「移動障壁」と呼ぶ。移動障壁は，時間と資源をかけて，顧客の心の中に特定の位置を占めることにとって構築される。戦略グループ間（ならびに戦略グループと参入者間）に存在する「移動障壁」を構成する代表的なものに，経済的，組織的，戦略的という3つの要素が特に重要だといわれている。

図表4-1に示した競争戦略のフレームワークの中で，マーケティングの観点から競争戦略を捉えたものに，差別化戦略を焦点とした競争戦略，競争ポジションに対応した競争戦略の定石，さらに市場のライフサイクルに応じた競争戦略がある。

まず，「差別化戦略」を焦点とした競争戦略とは，マーケティング・ミックス（4P）に基づいたもので，すなわち製品／流通チャネル／プロモーション／

価格デザインについて，他社に対する競争優位を獲得するための戦術を提案するものである。次に，「競争ポジション」に対応した競争戦略とは，市場競争環境における企業のポジションを，リーダー／チャレンジャー／ニッチャー／フォロアーと仮定した時に，それぞれどのような戦術をとるべきかを考察するのである。さらに，「市場のライフサイクル」に対応した競争戦略とは，製品ライフサイクル（生成期・成長期・成熟期・衰退期）の各期に応じて，顧客が認知する製品やサービスには違いがある。それを「市場知識体系」と呼び，その変化に応じたそれぞれの戦術を検討することである。

　一方，マーケットインの観点のみから競争優位性を生み出そうとするのではなく，それぞれの企業の強みとなる製品戦略や技術戦略を基軸として競争戦略を展開する方策をとることがある。
　「製品戦略」を基軸とした競争戦略として，良い意味でのプロダクトアウト志向として製品技術戦略，製品市場戦略，製品展開戦略について示す。例えば「製品技術戦略」とは，その企業にとってコア技術を開発することと，さらにその技術を活用した製品全体の製品開発にも経営資源を投資することによって，他社に対する競争優位性を獲得する戦略のことである。
　なお，ここでいう「技術戦略」とは，技術や，製品の開発投資や市場導入という点から支援することを通じて，企業の目的達成を促す企業行動としてとらえることができる。その技術の選択は，技術的能力の獲得，維持，実装，そして放棄のために，資源割り当ての決定によって構成される。これらの技術的選択が，企業の技術力と，製品開発やそのための製品ライフサイクルに関わる業務プロセスの特徴や範囲の決定に影響を与えることになる。

2 市場収益性に関連する業界構造分析

2.1 市場収益性に関連する業界構造分析「5つの要因分析」(5フォース)

業界の構造分析は,前述した外部経営分析の中で特に市場分析を細分化したものである。この市場分析の代表的な手法として,ポーター (M.E.Porter) の「5つの競争要因(ファイブフォース分析, Five-forces Analysis)」が有名である(図表4-2参照)。

「競争戦略」の中で,まず業界内の「戦略グループ」の観点から,業界内の企業間競争について考える。この「5つの競争要因」において,その業界内の競争関係は,この図の中心に示されている。「5つの競争要因」のポイントは,どの業界へ進出するのかを意思決定する際に,業界内の競争関係の厳しさのみに着目するのでは不十分で,その業界を取り巻く外部要因の影響も考えるべきことを指摘していることである。つまり,内部および外部の市場における競争関係によって,利益があがりやすい「おいしい業界」なのか,そうでないのか

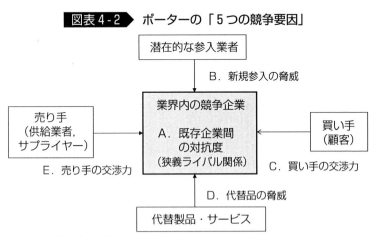

図表4-2 ポーターの「5つの競争要因」

出所:ポーター [1995],図表1-1, p.18

を判断しなければならない。

　それでは，「5つの競争要因」として，業界内の「A．既存企業間の対抗度（Intensity of Existing Rivalry）」の競争関係に対して，将来を想定して以下に示す4つの外的な要因の影響を考慮しなければならない（**図表4-3**参照）。
B．新規参入の脅威（Threat of New Competitors）
C．買い手（顧客）の交渉力（Bargaining Power of Customers）
D．代替品の脅威（Threat of Substitutes）
E．売り手（供給業者）の交渉力（Bargaining Power of Suppliers）

　ポーターの「5つの競争要因」の特色は，業界の競争構造を，経済学の「産業組織論」を基礎に置いていることにある。この分析のポイントは，「市場あるいは競争の状態（＝市場構造 Structure）」によって，各企業のとる「競争行動（＝市場行動 Conduct）」にそれぞれ影響を与え，さらにそれらの市場行動によって，業界全体の「成果（＝市場成果 Performance）」に影響することを指摘している点である。そこで，成果の中でも業界の収益性「投資利益率」に影響する要因は次の2つとしている。
①　既存企業間の対抗度（狭義の同業他社におけるライバル関係）
②　拡張されたライバル関係（Extended Rivalry）

　つまり，従来は，上記①のみの競争関係にとらわれて経営成果やシェアおよび利益の向上を考えていた。それに加えて，それぞれの業界を取り巻く，②の外部要因の影響により，利益が上がりやすい「おいしい業界」を自ら選択する，あるいは市場創造すべきことを提唱している。
　現在の概念では，「レッドオーシャン」の市場ではなく，「ブルーオーシャン」の市場を選択または創造し，ユニークな事業創造をすることを提唱していることになる。

図表4-3 ポーターの「5つの競争要因」のそれぞれの影響項目

A. 既存企業間の対抗度	①企業数と規模の分布 ②市場の成長性：業界の成長が遅い ③コスト構造：固定コスト，在庫コストが高い ④小刻みな生産能力の拡張が困難 ⑤撤退障壁が高い ⑥製品差別化の難しさ
B. 新規参入の脅威	①規模の経済：既存企業による規模の経済の影響が少ない ②「規模の経済」とは独立したコスト劣位：規模とは無関係に新規参入者に不利になること ③投下資本の大きさ：巨額の投資が必要とされない ④製品差別化：製品の差別化の程度が低い ⑤スイッチングコストが低い：供給業者をスイッチするコストが低い ⑥流通チャネルを確保しやすい ⑦政府の規制：政府の政策（許認可の規制）がない
C. 買い手（顧客）の交渉力	①買い手の集中度が高い ②当該産業の製品が標準化されている ③買い手が当該産業に垂直統合する可能性がある ④買い手が十分な利益を上げていない：買い手の収益が低く，コスト圧力が高い ⑤当該産業の製品が買い手のコストに占める割合が大きい：自社製品が買い手のコスト要因となる ⑥当該産業の製品が買い手の質にあまり影響を及ぼさない：供給される商品が重要でない ⑦買い手が十分な情報をもつ
D. 代替品の脅威	①コスト・パフォーマンスが急激に上昇している代替品 ②収益性が高い産業で，代替製品が生産されている場合
E. 売り手（供給業者）の交渉力	①一部の供給業者による寡占が進んでいる ②代替品が存在しない ③売り手の製品は重要である ④売り手の製品の代替はみつけにくい ⑤スイッチングコストが高い：供給業者が川下統合をする意思と能力がある ⑥政府の規制

出所：ポーター [1995]，pp.21-49を参考にしてポイントを抜粋

2.2 6プレーヤーズ・モデルとパワー関係の変革に向けた競争戦略

加藤［2014］は，ポーターやその他の競争戦略の議論を基にして，新たに「6プレーヤーズ・モデル」を提唱している。

(1) 6プレーヤーズ・モデルの特色

図表4-4に，その「6プレーヤーズ・モデル（Six Players Model）」の基本的な枠組みを示している。業界分析とバリューネットで取り上げられた要因として，自社を中心として左から時計回りで，供給業者，競合企業，新規参入者，買い手，補完財生産者，代替財生産者が示されている。なお，「バリューネット」とは，自社とそれを取り巻く，供給業者，競合企業，補完財生産者や，顧客との相互関係のことを指している。

従来のポーターの業界分析と対比したこのモデルの特色は，バリューネットとして想定される競合企業と，補完財生産者を加えたことである。まず，競合企業についての意味について，競争関係だけでなく，「第3章　内部経営環境分析」の「4.3　協調戦略」で取り扱ったように，同一業界内には良い競争相手がいることを意図している。次に，補完財生産者とは，同章の「4　ビジネスパートナー分析」で示したように，補完財生産者との協調関係を構築してい

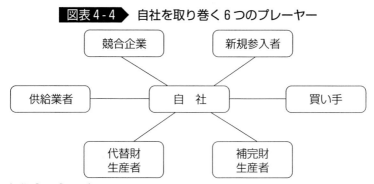

図表4-4　自社を取り巻く6つのプレーヤー

出所：加藤［2014］，図表3-4，p.119

く必要性をモデルに組み込んでいることにある。

(2) プレーヤー間の相対的なパワー関係の改善に向けた協調関係の構築

　自社を取り巻くプレーヤーとの関係を変革して,「パワー関係」を改善していくことが重要になる。この改善方策としては大きくは2つある。
① 自社で既に保有する経営資源や，新たに経営資源を開発・蓄積して，それを事業上の方策として活かすことによって，パワー関係を改善していく。例えば，技術開発によって有効な製品差別化を実現していくことが考えられる。
② 自社を取り巻くプレーヤーの中から，利害関係をみつけたり，他のプレーヤーとの間に共有する利害をつくりだしたりすることで，新たな協調関係を構築して，パワー関係の改善につなげていく。

　さらに加藤［2014］は，このモデルでは，自社と供給業者と買い手との関係を中心として，その関係に多大な影響を及ぼしうる競合企業，新規参入者，代替財生産者，補完財生産者との相対的なパワー関係を改善していくべきことを強調している。

　その際，第1章の全社戦略で取り扱った「6　バリューチェーン」に沿って考えていく。**図表4-5**に示したように，このバリューチェーンでは，川上のプレーヤーである供給業者のアウトプットが，川下にある買い手のインプットになるという関係が連鎖して，価値が付加されていくプロセスを表現している。これらの連鎖によって，自社と直接的な取引関係はなくても，自社の収益は影響を受けることになる。

　この**図表4-5**の重要な視点は，同じバリューチェーンに属する各プレーヤーの相対的なパワーは，先の自社を取り巻く状況で示した**図表4-4**と同様に，その他の6つの各プレーヤーもそれぞれ自社を取り巻く状況があり，バリューチェーン上に「6プレーヤーズ・モデル」をつなげて表現することができることにある。

　モデルを拡張した構図でとらえる利点として，自社とは直接的には関係のな

図表4-5 バリューチェーン上に拡張した6プレーヤーズ・モデルの枠組み

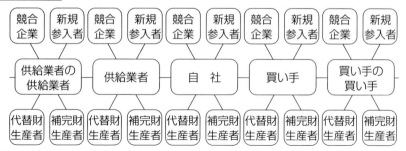

出所：加藤［2014］，図表3-5，p.129

いプレーヤーが視野に入ることである。そのようなプレーヤーと共通する利害をみつけたり，つくりだしたりして，新たに協調関係を構築できる機会を広げ，自社をめぐるパワー関係を抜本的に改善したり，新たな領域で自社に有利になるパワー関係をつくりだすことにつながりうる。

　例えば，自社にとって重要な基幹素材・部品のインプットとなる供給業者が，業界内でその他の企業へもほぼ寡占的に納入している場合には，供給業者側が強いパワー関係を保有することが想定される。その場合には，業界全体としてその他の供給業者の新規参入を積極的に支援していき，パワー関係を改善していくことが考えられる。

　あるいは，自社の直接的な買い手である大手流通業者のパワーが強い場合に，「買い手の買い手」である最終顧客に直接働きかけて，自社製品を指名買いさせることができれば，流通業者とのパワー関係を改善することができる。

3 同一業界内における戦略グループおよび参入障壁と移動障壁

3.1 競争構造としての戦略グループ

(1) 戦略グループ

　企業は，何らかの業界に所属しており，その同一の業界内でも，収益性の高いあるいは低い企業群がある。業界内における利益率の格差は，ポジションのとり方の違いから生じると考えられ，その格差は，それぞれの企業が所属しているグループのポジションのとり方の違いから生じていると考えることができる。

　このグループは「戦略グループ」と呼ばれており，その意味は「相互に類似した戦略を採用する企業グループ」のことである［高橋，2010］。例えば，自動車業界を例にとると，零細メーカーは多数存在するが，グローバルで活躍している自動車会社は数社しかない。それらの企業の中でも次のような戦略グループがあると考えられる。

・高級車に特化した製品戦略を展開しているメーカー：DaimlerやBMWなど
・フルライン戦略をとっている自動車メーカー（一般乗用車から高級乗用車，商用車などをカバーした事業領域をもつ）：トヨタ，ホンダ，日産・ルノー，GM，Ford，VW，現代自動車など
・特化した製品ラインに焦点をあてているメーカー：マツダ，スズキ，プジョーなど

(2) 戦略グループ分析

　戦略グループを分類する切り口（次元）の例がいくつか示されている。その典型的な戦略グループの分け方として，「垂直統合の程度」と「製品ラインの

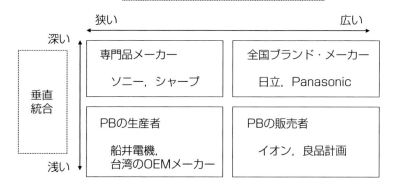

図表4-6 家電業界の戦略グループの事例

PB：プライベートブランド
OEM：Original Equipment Manufacturing，相手先ブランド生産委託供給業者

出所：高橋［2010］，図3-9，p.87

広さ」という事業構造に関わる2つの軸がよく用いられる。**図表4-6**に，前記の2つの軸を用いて，日本の家電業界の戦略グループに関する分類と，それぞれの企業例を示した。

　なお，「垂直統合の程度」とは，事業の範囲を捉えたもので，バリューチェーンの中で，どこまでを自社の内部で取り扱っているかということである。すなわち企業が，研究開発，マーケティング，商品企画，調達，生産，物流，販売，保守サービスといった一連のバリューチェーンに関連した機能に関して，どこまでを自社の内部で取り扱っているかということで，その後の戦略や業績に大きな違いが生まれてくる。

　次に，「製品ラインの広さ」とは，企業が取り扱う製品・サービスのカテゴリーの広がりを捉えたものである。なお，製品ラインの広がりは，「事業領域（ドメイン）の広がり」ともいえる。

　しかし，「垂直統合の程度」と「製品ラインの広さ」は，戦略グループを識別するための代表的な指標ではあるが，戦略グループを識別するための次元は，

この2つに限られているわけではない。例えば，後述する移動障壁の源泉になりそうな様々な指標に着目することで，さらに別の形態の戦略グループを識別することもできる。

3.2　移動障壁の構成要素

以下のColumnで述べる「参入障壁」が業界外部からの新規参入に対する要因であるのに対して，「移動障壁」とは，同じ業界内でも，ある戦略グループから他の戦略グループへポジションを変更しようとした際に，別の戦略グループへの移動の困難さを構成する要因のことである。つまり，戦略グループ間の移動は容易でないため，戦略グループの枠組みは長期にわたって維持されることになりやすい。

そうすると，戦略グループの枠組みは，自社がどの戦略グループに所属しているのか，そしてその戦略グループ内にどのような競争相手が存在しているのかによって，自社の強みや弱みが異なってくることから，それによってとるべき戦略も異なってくる。

高い移動障壁によって保護されている戦略グループに所属している企業が，潜在的に高い収益を得ることができる。また，ある強力な企業が，別の戦略グループに属している企業を押しつぶして業界全体を独占することがなぜできないのかということも，移動障壁という考え方によって説明できる。

戦略グループ間（ならびに戦略グループと参入者間）に存在する「移動障壁」を構成する代表的なものに，経済的，組織的，戦略的という3つの要素が特に重要だといわれている（図表4-7参照）。

図表 4-7 戦略グループ間の移動障壁に関する構成要素

移動障壁	移動障壁の構成要素の内容
経済的移動障壁	・垂直統合度 ・製品ラインの広さ
組織的移動障壁	・企業の組織構造あるいは特性それ自体のために，戦略グループ間を移動できないという状況を指している ・当該事業の企業内での位置づけ，あるいは企業内での当該事業と他事業の組合せ方が移動障壁の1つの要素になる可能性がある
戦略的移動障壁	・企業が，ある戦略グループから別のグループに移動しようとする時，新しいグループで必要となる戦略が従来の戦略と矛盾する時，その移動は困難となる

出所：石井他［1996］，pp.29-32を参考にして筆者作成

Column 参入障壁

「参入障壁」とは，業界の既存の競争者が，その業界への新規参入者を阻害する要因の総称である。業界外にいるある企業が，その業界内へ新たに参入したいと思っても，その多くの企業が参入できない場合や，あるいは参入できたとしても，既存企業と同等の条件で競争ができる企業が限られるような場合には，高い参入障壁が存在していることになる。

参入障壁として次のような事例が考えられる。例えば業界内部の要因として，規模の経済が求められ多額の資本投資が必要になる，製品差別化が難しい，コスト優位性がある，流通チャネルに閉鎖性がある，既存企業からの報復の可能性があるなどである。

一方，政府規制が厳しいなどといった参入障壁は，その業界内にある既存企業を，業界外部からの新規参入者から保護するものである。

4 差別化戦略を焦点とした競争戦略

ポーターによる基本戦略として，コスト・リーダーシップ戦略と，差別化戦略，そして集中戦略の3つが取り扱われる（p.150のColumnで後述する）。本

章では,差別化戦略に焦点をあてて競争戦略を取り上げる。ここでの「差別化戦略」とは,競争相手と比較して,自社の製品やサービスに特色をもたせることにより,ターゲット顧客から,それらの内容の違いを知覚してもらえるかの評価を受けることをいう。

　P.J.マッカーシーが,企業がマーケティング目的を追求する際に活用できる一連のマーケティング・ツールとして,「マーケティング・ミックス」を定義して,**図表4-8**に示したようにそれを製品(Product),流通(Place),プロモーション(Promotion),価格(Price)の4つに分類し,マーケティングの「4P」と呼んだ[酒井・武田,2014]。本章では,この4Pの観点から差別化戦略を捉えることにするが,紙面の関係上,製品および価格の差別化に焦点を絞ることにする。

図表4-8 マッカーシーが提唱したマーケティング・ミックスを構成する4P

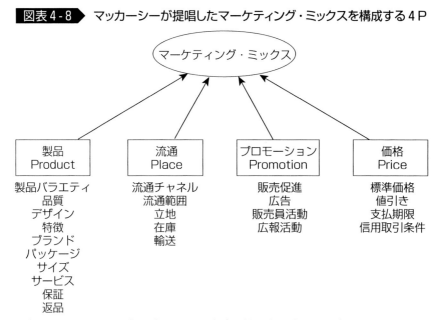

出所:コトラー&ケラー[2014],図1-4を網倉・新宅[2011]が一部改訂

4.1 製品およびサービスの差別化

「製品差別化（Product Differentiation）」とは，顧客が認知している他社の製品やサービスの価値（認知上の価値）に対して，自社の製品やサービスの認知上の価値を増大させることにより，自社が競争優位を獲得しようとする戦略のことである［バーニー，2003］。ここでいう「他社」とは，同様の製品を販売する競争相手か，もしくは自社製品と代替関係にある製品を販売する企業である。つまり，製品差別化とは，最終的には，前述したように常に顧客の認知の問題である。例えば，物理的には非常に異なる製品やサービスであっても，その製品やサービスに対して顧客の認知上の違いがなければ製品差別化に成功したとはいえない。本節では製品とサービスの視点から，次のように差別化を行う方法を考えていく。

① **製品の差別化**
・製品戦略：製品の多様性（バラエティ），製品ラインアップ，市場導入のタイミング
・製品設計：製品仕様の特徴（機能，性能，品質），サイズ，形状
・意匠設計：デザイン，スタイル，パッケージ

② **サービスの差別化**
・ブランドや評判
・注文の容易さ，地理的ロケーション，配達，返品，取り付け（「流通」に一部関連する）
・品質保証，メンテナンスと修理
・補助的サービス：製品の本質サービスに対して周辺機器・ソフト・コンテンツなどを補完するサービス，特典（プレミアム，おまけ）
・顧客トレーニング，顧客コンサルティング

③ **機能間のリンケージ，他企業とのリンク**

(1) **製品戦略**（前述の「第3章1　製品分析」および後述の「第4章8　技術戦略を基軸にした競争戦略」も参照のこと）

　企業によって販売される製品やサービスの品揃えも，製品の差別化の源泉となりえる。関連性の高い一連の製品群を「製品ライン（製品系列）」と呼ぶ。この「製品ライン」の種類の豊富さと，「製品ライン」ごとに「品目（アイテム）」をいくつ備えているかという2次元で組み合わされるマトリックスのことを，「製品ラインアップ（あるいは製品ミックス）」という。例えば，前述した自動車業界の戦略グループについて，高級車に特化した製品戦略を展開しているメーカーや，フルライン戦略をとっているメーカー，特化した製品ラインに焦点をあてているメーカーなどがあることを示した。

　一方，「市場導入のタイミング」については，製品やサービスを「正しい時期」に市場に導入することが，製品差別化を助けることがある。タイミングに基づく差別化は，単に先行者であることのみによってもたらされるわけではない。たとえ業界においてはフォロワーであっても，参入のタイミングが市場動向と非常にマッチングしていると，競争優位を獲得できるケースがある。これは，特に製品やサービスの最終的な成功が，それを補完する製品，技術，サービス，コンテンツなどがどれくらい利用可能になっているかで決まる場合に生じる。例えば，DVDレコーダー，デジタル家電の業界標準規格（デファクトスタンダード）が決定される要因として，それらの電子機器自体の機能や性能の優劣の他に，コンテンツが市場にどれだけ普及しているかで，その標準化の決定に影響することがある。

(2) **製品設計**：製品仕様の特徴（機能，性能，品質），サイズ，形状

　多くの製品は，サイズ，形状，物理的な構造や成分といった「製品の形態」で差別化できる。

　なお，常に高い性能を提供することが，高い収益を生むとは限らず，顧客が期待する機能や性能を反映している「適合品質」を達成することが重要になる。この「適合品質」とは，設計仕様書に約束した機能・性能・品質の目標レベル

に対して，生産された成果としての製品やサービスの実態のレベルがターゲット顧客のニーズやウォンツに合致していることを表現している。その適合品質の要求事項として，例えば，長期間使用する耐久消費財の場合は，耐久性や信頼性，その他に保全性（修理しやすいこと）が求められる。

(3) **意匠設計**：ブランドや評判，デザイン，スタイル，パッケージ

　競争が激化する中で，「デザイン」は製品とサービスを差別化するための強力な武器となる。この「デザイン」とは，顧客の要求に応じて，製品の外観と機能に影響を及ぼす特徴全体のことである。企業にとってデザインの優れた製品とは，製品設計，製造，さらに流通が容易な製品である。顧客にとって良いデザインの製品とは，目でみて楽しめ，使いやすく，取り扱いやすく，修理や廃棄が容易なものである。デザイナーは，これらに加えて，製品仕様の品質適合性など様々な要素を考慮しなければならない。

　一方，「スタイル」とは，製品の外観と，顧客に与える雰囲気のことである。一般的に，顧客は魅力的なデザインやスタイルの製品には，喜んでプレミアム価格を支払うことがある。例えば，ゴディバのチョコレート，アップルのiPhone，ハーレー・ダビッドソンのオートバイでは，美的な「感性価値」が重要な差別化を果たしている。

　一方，お菓子，食品，化粧品，トイレタリー用品などの場合には，「パッケージデザイン」が武器となる。製品のパッケージのデザインやカラーならびに説明文書は，顧客が製品やサービスに出合う大切な機会であり，顧客の興味をかきたたせる効果をもつ。

(4) **サービスの差別化**

　製品の本質サービスが顧客に対するハート（心）とすると，製品名やサービス名である「ブランド」は顔に相当する。どのように優れた本質サービスをもった製品をつくったとしても，製品名やサービス名であるブランドがなかったら顧客はそれを識別できない。したがって，本質サービスを的確に表現でき

るブランドを命名することが非常に重要になる。

　ブランドが顧客心理に埋め込まれていくと，それがやがて最も有力な差別化の源泉となる。企業やその製品およびサービスに対する「評判（Reputation，レピュテーション）」を獲得する弛みない努力を継続する必要がある。企業の評判は，長期間継続して製品差別化の重要な決定要因となる。いったん評判を確立できると，たとえその根拠となったものが存在しなくなっても長続きする場合が多い。

　サービスの差別化には，流通の差別化にも一部関連するが，注文の容易さ，地理的ロケーション，配達，返品，取り付けなどと，品質保証，メンテナンスと修理などの保守サービスに関わるものがある。

　さらに，有形である製品の差別化に加えて，顧客が製品を購入後にも，製品を取り巻く補助的サービスを継続していくことが，顧客と企業との「価値共創」の実現につながっていく。

(5)　機能間のリンケージ，他企業とのリンク

　企業内における「機能間のリンケージ」とは，複数の機能間を連携することにより同業他社に対して差別化することである。例えば，メインフレームやネットワーク機器を販売しているコンピュータ会社が，モノ販売にとどまらず，コンピュータシステムの全体設計，ICTコンサルティング，システム導入後に利用する従業員への教育などに関わる各種の機能部門を連携して，総合的にサポートすることがある。

　一方，「他企業とのリンク」とは，自社の製品と，他社の製品やサービスをリンクさせて差別化を図ることがある。例えば，コンビニエンス業界は，様々な食品企業やサービス企業ならびに金融企業と連携して，様々な顧客に応じたライフスタイルに関わる便利な製品やサービスを提供している。

4.2　価格の差別化と価格設定

　企業に「価格設定」が必要になるのは，新製品を開発した時や，従来の製品

を新しい流通チャネルや地域に導入する時，新しい契約業務に入札する時などがある。以下に価格設定の6つの手順を示す［コトラー＆ケラー，2014］［吉川，2009］。

　　ステップ1：価格設定の目的の選択
　　ステップ2：需要の判断
　　ステップ3：コストの評価
　　ステップ4：競争相手のコスト，価格，オファー（提案内容）の分析
　　ステップ5：各種の価格決定技法からの選択
　　ステップ6：最終価格の選択

(1) ステップ1：価格設定の目的の選択

　企業は提供する製品やサービスが，品質面とともに，価格面でも，どこにポジショニングをするかを決めなければならない。価格設定の目的として，例えば次のようなものが考えられる。

① 生き残り：企業が過剰生産能力，激しい競争，顧客ニーズの変化に苦しんでいる場合に，価格で変動費と，固定費の一部をカバーする。
② 最大経常利益：いくつかの価格代替案に対して，需要とコストを評価し，経常利益，キャッシュフロー，もしくは投資収益率を最大化する価格を選択。
③ 最大市場シェア：販売量を伸ばし，単位コストを下げて長期的な利益を上昇させる（価格設定の方策：市場浸透価格設定）。
④ 最大上澄み吸収：新技術を搭載した製品やサービスに対して，高い価格は優れた価値というイメージを伝える（価格設定の方策：上澄み吸収価格設定）。
⑤ 製品品質のリーダーシップ：企業が市場で「製品品質のリーダー」を目指す場合に，顧客にとってぎりぎり手の届く程度の高価格を特徴とする。
⑥ その他の目的：非営利組織や公共機関の場合に，部分的コストあるいはフルコストの回収を目指す。

(2) ステップ2：需要の判断

通常は需要と価格は反比例しており，価格が高いほど需要は低くなる。以下にそれらの関係に関連する経済的な概念を示す。

① **需要曲線**：それぞれの価格候補に対して，顧客の立場から市場における購買量の推定を表したグラフのことである。顧客がある製品やサービスを，それぞれ価格候補に対して，どれだけ買いたいかを「需要表」にまとめる。この需要表を基に，縦軸に価格，横軸に推定購買量を置いて，プロットした点を結び「需要曲線」を示す。この「需要表」を作成する方法として，過去の価格・販売量を参考にする「統計分析」や，テストマーケティングとして行う「価格実験」，買い手候補者や競合他社に対する「市場調査」などがある。

② **供給曲線**：前記とは逆で，企業や提供者側の立場から，製品やサービスをそれぞれの価格水準で，どれだけ売りたいか（供給量）を「供給表」にまとめ，縦軸に希望価格，横軸に供給量を置いて，プロットした点を結び「供給曲線」として示す。

③ **均等価格**：需要と供給を等しくする価格が「均等価格」であり，その価格で売買される数量が「均等数量」である。

④ **需要の価格弾力性**：価格の変動に対して，どれだけ需要に敏感に影響するかを表す指標のことである。価格が小幅に変化しても需要がほとんど変わらない場合は，需要は「非弾力的」といい，需要が大幅に変化すれば，需要は「弾力的」という。

■需要の価格弾力性＝（需要量の変化［%］）÷（価格の変化［%］）

■需要は，次の条件で弾力性が小さくなる傾向にある。

・代替製品や競合他社が少ないか，存在しない。

・価格を下げても買い手はすぐに気づかない。

・買い手がなかなか購買習慣を変えない。

・買い手が価格の上昇はもっともだと考えている。

(3) ステップ3：コストの評価

需要は，企業が製品やサービスにつけることができる「上限価格」を規定する。一方，コストは「下限価格」を規定する。以下のようなコストに注目しておくことが重要である。

① **固定費**（多くは間接費である）：生産高や売上高によって変化しないコストのこと。例えば，企業は生産高にかかわらず，賃貸料，光熱費，給料，利息などを毎月支払わなければならない。
② **変動費**：生産水準に直結して変動するコストのこと。
③ **総コスト**：固定費と変動費を合計したコストのこと。
④ **平均総コスト**：特定の生産水準において，総コストを生産高で割った1単位当たりの総コストのこと。企業側としては，最低でも平均総コストをカバーする価格をつけたいと考える。
⑤ **累積生産量と経験曲線**（または学習曲線）：継続的に工場を操業して累積生産量を増やしていくと，生産経験を積み重ねるにつれて，効率的な方法を覚えることがある。それにより平均総コストが低下するグラフを表現して，それを「経験曲線」または「学習曲線」と呼ぶことがある。
⑥ **ターゲティングコスティング**：市場調査を行って新製品やサービスに求められる機能や性能および品質を特定し，競合製品の価格を考慮して，売れる価格を決定する。この価格から望ましい利益マージンを差し引くと，達成しなければならない「ターゲティングコスト」を算定できる。製品開発プロセスの中で，「原価企画」の活動に全社的に取り組むことにより，コストを削減するための様々な対策を考案・実施していく。

(4) ステップ4：競争相手のコスト，価格，オファー（提案内容）の分析

企業は最も競り合っている競争相手の価格を検討するべきである。もし自社のオファーがその競争相手のオファーにない特徴を有しているのなら，それが顧客にとってどれくらいの価値があるのかを評価して，競争相手の価格にその分を上乗せすべきである。その反対の場合にも対処しなければならない。しか

し，競争相手もこちらの価格に反応して，価格変更する可能性があることから，例えば「ゲーム理論」など活用した価格戦略を考えていく必要がある。

(5) ステップ5：各種の価格決定技法からの選択

企業が自社の価格設定技法を選択する際に，その前の段階として価格設定の方針を決定する必要がある［上田・守口，2004］。

① **コスト志向**：コストを回収し，さらに一定の利益を獲得することを目的として価格を決定する。
② **競争志向**：競争相手の価格設定行動を考慮して価格を決定する。
③ **需要志向**：市場の反応，需要の動向を考慮して価格を決定する。
④ **価値志向**：顧客の知覚価値を基準に価格を決定する。知覚価値は，例えば，製品性能，チャネルの実力，保証内容の充実度，サポート内容，供給業者の評判，信用などによって規定される。

各種の「価格決定技法」の具体的な解説は，その他の専門書に譲ることにして，**図表4-9**に各技法の特徴をまとめておく。目的からみた妥当性とは，目的と実際の食い違いの程度を表している。コストとは，価格を決定するまでに要する時間・労力・費用を含んでいる。

図表4-9 価格決定法の特徴のまとめ

	目的からみた妥当性	コスト	新製品向き	既存製品向き	必要情報
コスト志向					
・コスト・プラス価格決定法 ・目標利益価格決定法	○	低い	○	○	・単位コスト ・販売数量
・損益分岐点分析による価格決定法	○	低い	○	○	・初期価格 ・単位変動費

需要志向					
・静的価格決定法 ・動的価格決定法 ・競争を考慮した価格決定法 ・製品ラインの価格決定法	○	中程度	×	○	・価格弾力性 ・交差価格弾力性
価格志向					
・直接測定法 ・価格感度測定法（PSM）	△	中程度	△	○	なし
・価格カテゴリーによる価格感度測定法	△	中程度	△	○	なし
・競争を考慮した価格感度測定法	△	中程度	△	○	なし
・コンジョイント測定法	○	中程度	○	○	属性と水準

出所：上田・守口［2004］, 表6-6, p.165

(6) ステップ6：最終価格の選択

企業が「最終価格」を選択する際に，次の要素を考慮しなければならない。

① **他のマーケティング活動**：最終価格では，競争相手との相対価格，相対品質，相対的なブランドと広告などの関係を考慮する。

② **企業の価格決定方針**：最終価格は企業の価格設定方針と一致していなければならないので，多くの企業では方針作成とそれぞれの価格の決定や承認を行うために，価格設定部門を設けることや，価格設定技法の研究開発を行っていく。

③ **利益配分とリスク分担価格の設定**：買い手が想定される購買リスクが高いために，売り手の提案を拒否することがある。その際，約束した価値を満足できない場合には，売り手がそのリスクの一部，またはすべてを補うことを

申し出る選択肢がある。
④ 他の関係者に対する価格の影響：予定している最終価格に対して、流通業者やディーラーはどのように感じるだろうか、そして競争相手はどのように反応するのだろうかという影響を分析する。

> **Column　ポーターの3つの『基本戦略』：コスト・リーダーシップ戦略，差別化戦略，集中戦略**
>
> **(1) 基本戦略**
> 　競争戦略とは，業界内で防衛可能な地位を築き，前述した「5つの競争要因」にうまく対処し，企業の投資収益を拡大するための，攻撃的または防衛的アクションといえる。そこでポーター［1995］は，長期的に防衛的な地位を築き，競争相手に打ち勝つために3つの「基本戦略」があることを主張している。
> ① 低コストの戦略「コスト・リーダーシップ戦略」
> ② 製品とサービスの品質や機能などの特徴による「差別化戦略」
> ③ この2つの戦略は業界全体を対象範囲としていたが，上記2つの戦略にまたがり，特定の市場セグメントに焦点をあてる「集中戦略」
> 　なお，差別化戦略については前述したので割愛する。
>
> **(2) コスト・リーダーシップ戦略**
> 　「コスト・リーダーシップ戦略」は，低コスト体質を武器にして，業界全体の広い顧客層を対象にして他社のどこよりも低価格で製品やサービスを提供する戦略である。コスト・リーダーシップ戦略をとる企業では，次に示す競争優位性の観点から，競合企業に対して身を守れるポジションを築くことができる。
> ・規模の経済（例えば，大量仕入れによる購買価格の低減）または低コストという参入障壁
> ・低コストによる平均以上の収益の獲得
> ・競合企業の値引き攻勢にも対抗できるなど同業者より有利な立場
> ・経験効果による生産性のアップ（例えば，累積生産量が多くなることにより習熟効果がもたらす製造コストの低減）
> 　一方，コスト・リーダーシップ戦略の実現に向けては，いくつか越えなければならないハードルがある。代表的なハードルとして，業界内で大きな市場シェアの獲得，攻撃的な価格政策，他社にない技術の開発力，原材料を有利に入手できるなどがある。したがって，5節で後述する「ポジショニングに対応した競争戦略の定石」の観点からは，リーダー企業である場合が多く，業界内で象徴となる価格決定

権をもつことにつながる。なお，市場で大きなシェアを獲得した後も，シェアを維持するために継続的な投資が必要になる。

(3) 集中戦略
「集中戦略」をとる企業では，経営資源の分散を防ぐために特定の市場セグメントや顧客，あるいは特定の製品・サービスに対して経営資源を集中し，コスト・リーダーシップ戦略や差別化戦略（またはそれらの両方）を実現して競争優位性を獲得する。ただし，集中戦略では特定の市場セグメントに絞り込むため，業界全体を対象として展開するよりも市場規模が小さくなる。そのために，適切な収益が得られる市場セグメントを発見することが重要な課題となる。

5 競争ポジションに対応した競争戦略の定石

　競争環境の中で企業を「市場シェア」の観点から分類すると，リーダー，チャレンジャー，ニッチャー，フォロワーという4つの類型として示すことができる。ただし，この競争ポジションの4つの類型はあくまで概念的なものであり，現実のすべての企業がこの分類にあてはまるわけではない。特に，リーダー以外の3類型の判別は難しく，競争関係もいつも固定的とはいえない点があることには留意しておくべきであろう。
　以下では，この競争ポジションの4類型について，それぞれに定石的なふさわしい競争戦略を考察していく。まず，5.1節では4つの類型に対して定石的なふさわしい競争戦略と競争行動を一覧表にして，相互の特徴を比較検討してみる。そして，それ以降の節で，4つの類型それぞれにふさわしい競争戦略の定石を詳細にみていくことにする。

5.1 競争ポジションの4類型に対応した競争戦略の定石の相互比較

　競争環境の中で企業を「市場シェア」の観点から分類すると次のように示すことができる（**図表4-10参照**）。
① リーダー
　業界内で最も市場シェアが大きい企業で，量的にも質的にも優れた経営資源

を保有している企業といえる。この「リーダー」のポジションを確保し続けることにより、それぞれの製品についての累積生産量や販売量は大きくなり、経験効果によって、業界内でも価格決定権をもてるようになり、「コスト・リーダーシップ戦略」をとれる可能性がある（前述p.150のColumn参照）。

② チャレンジャー

業界で市場シェアが2番手もしくはそれ以下にポジショニングされている企業群を指している。リーダー企業に挑戦する姿勢を示している企業である。

③ ニッチャー

市場シェアが上位のリーダーやチャレンジャーと比較して、特定の嗜好をもつ顧客セグメントに向けて、ユニークな製品やサービスを提供することにより、棲み分けをして独自の地位を築くことに成功している企業のことをいう。

図表4-10 競争ポジションの4類型に対応した競争戦略の定石の相互比較

競争ポジション	リーダー	チャレンジャー	ニッチャー	フォロワー
戦略目標と方針	①トップシェアのさらなる拡大	①リーダー企業からシェア奪回	①ニッチ市場での差別化	①生存期間の継続
	②トップシェア維持に向けた防衛・攻撃行動	②同程度の企業からシェア奪回	②ニッチ市場での専門化	②低価格の代替品
	③業界全体の市場拡大	③自社より下位のシェア奪回	③ニッチ市場での防衛・拡大・創造	③製品・ブランドなどの模倣戦略
競争行動のポイント	・コスト・リーダーシップ戦略 ・同質化による防衛 ・業界イノベーション	・リーダーとの差別化 ・創造的模倣戦略と同質化の阻止対策	・独特な顧客ニーズ／ウォンツの充足 ・製品ラインを狭く・深く	・経済性セグメントの選択 ・徹底したコスト削減 ・創造的模倣戦略

出所：沼上［2008］および綱倉・新宅［2011］を参考にして著者作成

④ フォロワー

リーダーやチャレンジャーの動きに追随しつつ，市場シェアが下位の企業群で生存し続けることを目的としている。

5.2 リーダーの競争戦略の定石

業界で，競争ポジションが「リーダー」として認められている企業は，リーダーの地位を確保し続けるためにも，競争戦略の目標は次の3つといわれている。
① 業界の市場規模が一定でも，さらなる自社の市場シェアの拡大。
① 市場シェアを維持するために，競合企業に対する防衛行動と攻撃行動。
③ 業界全体として市場拡大に向けたイノベーション。

(1) 業界内で自社の市場シェアの拡大

リーダー企業は，市場シェアを増やすことで，収益を増やすことができる。前述したように，業界内で当該製品について最大の累積生産量や販売量を実現していることにより，経験効果が生まれる。それによって，業界内でも価格決定権をもてるようになり，「コスト・リーダーシップ戦略」をとれる可能性が生まれる。この「コスト・リーダーシップ戦略」を成功させることができれば，最大の売上とともに収益を確保でき，現状以上にシェアの拡大が期待できる。

しかし，対象市場において市場シェアを増大させることが，必ずしも収益性を向上させることにはならない場合もあることに留意しなければならない。つまり，シェア拡大に伴って非効率的に発生するコスト増加や，デメリット（代償）に配慮しなければならない。

なお，後者の金銭を伴わないデメリット（代償）とは，生産規模を増やすために設備投資をした後で，市場の需要が低迷した場合には，それらが回収困難な「埋没費用」になることがある。また，「生産性のジレンマ」として，規模を大きくするほど，様々な経営資源を利用する際に生産性が低下するという，「規模の不経済」が発生することがある。

(2) 市場シェア維持に向けた防衛行動と攻撃行動

現状の市場シェアを維持するために，次の競争行動の対策がある。

① 反攻防衛

競合企業が，例えば，製品改良，値引き，プロモーション攻勢，販売区域へ侵入をしてきた場合に，競合企業に対してリーダー企業が直接対決することによって，シェアを防衛することがある。時に，「同質化」の競争行動として，競合企業がとった攻撃に対して，リーダー企業は同じ土俵で類似した競争行動で対抗する。それらの競争行動の事例として，オートバイ業界，携帯電話業界，ハンバーグ業界，牛丼業界など様々な企業間戦争があった。

② 先制攻撃

より積極的な競争行動は，競合企業が攻撃を開始する前に攻撃することである。あるいは，競合企業から攻撃するポイントをみつけにくくするために「隙をつくらない」ようにする。例えば，競合企業が思いきった低価格の設定をできないように，あまり利益マージンの幅を大きくし過ぎないようにする。あるいは，製品ラインアップに手薄な領域をつくらないように「フルライン戦略」をとることがある。

③ 業界で絶えざるイノベーション

リーダー企業が，新しい製品や顧客サービスの開発，流通効率を上げる，さらにはコスト削減の面で業界を主導していくなどが考えられる。例えば，アップルがとる新製品開発の方針として，iPod, iPhone, iPadについて，まだ市場で売行きのよい機種であっても生産・販売を打ち切り，新たな技術革新を取り入れた新製品やサービスへと市場を誘導している。

(3) 業界全体として市場拡大の方策

リーダー企業は，市場シェアを拡大して自らの競争上のポジションを向上するために，防衛行動と攻撃行動をすることだけを考えるのではなく，業界全体として市場を拡大する方策を考える立場にある。業界全体の市場規模を拡大できれば，最も得をするのはリーダー企業だからである。

一般に，リーダー企業は，新規ユーザーを探す，製品やサービスの新しい用途を提案する，あるいは使用量の増加を追求すべきであろう。例えば，新規ユーザーの獲得として，携帯電話が萌芽期に個人ユーザーにしか活用されていない状況に対して，セキュリティ対策（携帯を紛失した場合，遠隔操作でロック，データ消去など）を強化して法人向けユーザーの潜在的な市場を開拓したことがある。新しい用途開発の事例として，東レが製品開発したスエード調人工皮革「服飾用エクセーヌ」をアパレル業界の用途開発から始め，建材としてのインテリア素材や，自動車の内装・外装材，スポーツシューズ，PCの断熱材などへと次々に用途の拡大を実現した。一方，1回当たりの使用量を増加した事例として，固形石鹸をボトル入り液体石鹸へ製品開発したことがあげられる。

5.3　チャレンジャーの競争戦略の定石

　業界内で市場シェア第2位または第3位あるいはさらに下位の企業群は，しばしば2番手企業あるいは追走企業と呼ばれることがある。「チャレンジャー」の戦略目標は次のものが考えられる。
① 　リーダー企業を攻撃して市場シェアを奪う。
② 　自社と市場シェアや規模が同程度の企業を攻撃して市場シェアを奪う。
③ 　自社より市場シェアが低い小規模な企業を攻撃して市場シェアを奪う。
　なお，沼上［2008］は，チャレンジャーには「攻撃的」な企業行動をとるだけでなく，「共生的チャレンジャー」としての存在感があることを指摘している。つまり，リーダーに対する攻撃姿勢が弱く，差別化や棲み分けによって利益確保を目指している。この共生的チャレンジャーの位置づけは，チャレンジャーと後に述べるフォロワーの中間的な存在になる。

　前記①「リーダー企業からの市場シェアを奪う」戦略はリスクが大きいが，大きい見返りが見込め，リーダーが市場の要求にうまく応えていない場合には有効である。リーダーから市場シェア奪う定石は，リーダーとの差別化にある。

ただし，チャレンジャーが戦略を実施する前に常に留意しておくべきことは，リーダーの企業行動とマーケティング行動の徹底的な調査研究をして，リーダー側の定石である模倣戦略と同質化に対する阻止対策を事前に熟慮しておかなければならないことである。その阻止対策の例として，リーダーが保有しない経営資源を探し出す差別化や，リーダーがすぐに同質化できない経緯や事情を探し出して移動障壁を設けた競争行動がある。

　そこで綱倉・新宅［2011］は，前述のリーダーが保有しない経営資源に基づく差別化と，リーダーが同質化できない内部事情について解説し，それらの事例を紹介している。
　前者の「リーダーが保有しない経営資源に基づく差別化」の事例として，花王が1982年に化粧品業界に新規参入しようとした際に，リーダーの資生堂が主力としていたコスメティックの化粧品ではなく，資生堂にとっては周辺事業領域に相当する基礎化粧品の事業領域にまず参入した。石鹸メーカーとしての花王が培ってきた世界中の人々の「皮膚と水分」の調査研究に基づいて，「界面化学・油脂科学」による基礎化粧品「ソフィーナ」ブランドとして，例えばメイク落としや洗顔フォームを製品開発して市場投入を果たした。
　後者の「リーダーが同質化できない内部事情」には次のようなものがあることを指摘している。①製品の「共食い（カニバリゼーション）」，②周辺事業への悪影響，③技術や生産設備の「埋没費用」，④顧客基盤の保護，⑤過去との整合性などである。その事例として，ビール業界では「キリン　ラガー」（その後「キリン　一番搾り」）に対抗した「アサヒ　スーパードライ」がある。その他，コンタクトレンズ業界では，「メニコン　酸素透過性の機能を備えたソフトコンタクトレンズ」に対抗した「J&J　使い捨てコンタクトレンズ」などの事例がある。

5.4　ニッチャーの競争戦略の定石

　小規模な隙間市場とも呼ばれる「ニッチ（Niche）市場」で，差別化された

製品・サービスを提供している企業が「ニッチャー」である。大企業にとって，小さな利益しか得られない小規模市場を，ニッチャーはターゲットにすることで，大きな企業との競争を避けている。以下にニッチャーの戦略目標と方針を示す。

① 業界の中で他の企業に対して「生存領域（ニッチ市場）」での差別化（独特なニーズをもった顧客をターゲットにした小規模な隙間市場を狙う）。

② 専門化：市場セグメントを絞り込み「製品ラインを狭く」とり，その製品系列の中の「製品・部品・サービスのアイテム数を多くとる（製品ラインを深くとる）」。

③ ニッチ市場の防衛，ニッチ市場の拡大，ニッチ市場の創造（単一ニッチ戦略から複数ニッチ戦略へ）。

①「生存領域（ニッチ市場）」での差別化について，ニッチャーは，業界大手にとって魅力的には映らない「小さな市場」の隙間に「はまり込み」，独自の組織能力に裏打ちされたユニークな製品・サービスで，独特な顧客ニーズを充足することを目指す。したがって，ニッチャーは，ターゲットとした顧客行動や顧客心理をよく理解することで，他の企業よりも顧客のニーズやウォンツの核心を捉えた製品やサービスとして応えることができる。ニッチャーは，コストを上回る価格設定ができることから，マス市場を狙う企業群と比較して，高い収益性を確保できる傾向がある。

②「専門化」に関連して「製品ラインを狭く・アイテムを深く」とるとは，自動車業界を例にとると，リーダー企業のようにフルライン戦略をとるのではなく，スズキのように小型車に焦点を絞る。あるいはジャガーのように，スポーティカーに製品ラインとして対象を絞りつつ，さらに，小型スポーツカーから，オープンタイプ，高級スポーツカー，スタイリッシュな超高級車などのように深い製品アイテムを取り揃える。

一方，ニッチャーの鍵となる「専門化」の企業行動として，特定地域，特定

顧客，特殊製品，特殊品質，特定サービスなどの要望に応えられる各種の専門企業がニッチャーとして活躍している。

5.5 フォロワーの競争戦略の定石

フォロワー企業は，リーダーやチャレンジャーに対して挑戦するわけでもなく，ユニークな特徴を備えているわけでもなく，競合企業から攻撃されないようにして，生存期間を長らえることが最大の戦略目標となる。「フォロワー」の企業では，次のことが戦略目標となる。
① 競合企業からの攻撃をかわした経営活動の長期継続（生存期間の継続）。
② 競合企業が提供している製品の低価格代替品の提供と徹底したコスト削減。
③ 競合企業が提供している製品・ブランドなどの模倣戦略。

フォロワーは，上位企業にとって魅力的でない市場セグメント（「経済性セグメント」と呼ばれる）を選択して，低価格であることに強く反応する顧客グループを対象とすることが多い。こうした顧客セグメントに対して，リーダー企業が提供している製品の低価格代替品を提供するのが，典型的なフォロワーのビジネススタイルである。価格に対して敏感な顧客層を相手にビジネスを行うので，フォロワーとして生き残っていくためには徹底したコスト削減が不可欠である。

ドラッカー［2000］は，「顧客創造戦略」の中の１つの方策としてp.160のColumnで紹介する「創造的模倣戦略」を提唱している。

すでに市場に出回っている製品を，徹底的にリバースエンジニアリングをして，「創造的模倣戦略」に成功した企業は，製品イノベーションの戦略と同じくらいの利益や，競争優位性を獲得できる場合がある。イノベーターとしてのリーダー企業は，新製品の核となる技術を生み出す研究開発費を負担し，製品化，新市場・顧客に向けたプロモーション投資や，使用方法の教育，新製品向けの新たな流通チャネルの開拓など，多大な経営資源を投資しつつ努力をして

事業を成功させてきた。

　フォロワーを含めて多くの企業が，リーダー企業に対して挑戦するより，追随することを好むのはこのような理由による。フォロワーは，通常リーダーやチャレンジャーを模倣することによって，自分の顧客を奪われないようにして，買い手に同じものを提供しようとする。

　以上のことを考慮すると，リーダー企業は，隙をつくらないためにも，フォロワーの動向にも注意を払っておく必要があり，攻撃される兆候がある時には即座に対応できるよういつでも備えておかなければならない。

　その教訓の例として，戦後の日本企業の多くは，欧米の先進的な企業とその製品を模倣し，そして学んできた。例えば，現在の日本大手の自動車メーカーや，バイクメーカー，電機メーカーの中には，先進的であった欧米企業と同等あるいはそれを凌ぐほど，独自の研鑽を続けて世界的なリーダーまたはチャレンジャー企業となっているところも多い。

　次の教訓の例として，1980年代の日本の電機メーカーは，韓国のサムスン電子やLG電子（当時は金星グループ）を当時はフォロワーと考えており，半導体の部品や素材のサプライヤーとして取引をしていた。ある時は技術教育やアドバイスをしていた時代もあった。しかし，今やそれらの韓国企業は，日本企業に追いつき，追い越し，半導体業界では世界的なリーダーへと急成長した。

　その後も，日本は前車の轍を踏むことを回避することができずに，液晶デバイスや，液晶テレビをはじめとしたデジタル家電の製品でもリーダーであった地位を逆転され，多くの日本企業はその国際競争力を衰退させてしまった。

> **Column** P.F.ドラッカー　創造的模倣戦略
>
> P.F.ドラッカー［2007］は,「企業家がとるべき戦略」の中の1つとして, ハーバード・ビジネススクールのセオドア・レビィット元教授の造語である「創造的模倣戦略」について次のように紹介している。
> 　創造的とは, オリジナルということである。しかし, 模倣とは, オリジナルではないということであり, 両者は明らかに矛盾している。企業家は, すでに誰かが行ったことを行う。しかし, 最初にイノベーションを行ったものより, そのイノベーションの意味をより深く理解するがゆえに, より創造的である。これが創造的模倣戦略である。
> 　IBMは, 以前, アップルのパソコンに対して創造的模倣戦略を行い, リーダーシップを奪い, 最も売れる製品, 標準たる製品となった。P&Gもまた, 石鹸, 洗剤, トイレタリー, 加工食品などの市場でほとんど同じ戦略を使った。Panasonic（当時, 松下電器）は, VHSから新たなDVDのデファクトスタンダードとなる市場を形成する際に, パイオニアやその他の家電メーカーに対して創造的模倣戦略を行ったといわれている。

　これらの事例が示すように, 創造的模倣は, 一般に理解されているような先駆者の失敗を利用するものではない。それどころか先駆者は成功していなければならない。だが, 最初にイノベーションを行ったものは, 自らの成功の意味を理解できなかった。

　そこで, 創造的模倣戦略は先駆者が成功するのを待つ。創造的模倣を行おうとしている企業は, 業界内である企業が新しいものを完成間近までつくりあげ, 市場に導入し, 新たな顧客が開拓されるのを待つ。その後で, 短時間で新製品やサービスの問題を解決し, 将来の顧客のさらなる望みをかなえ, 満足して代価を払ってくれる完成した製品やサービスに仕上げる。それが直ちに市場で標準となり, 市場でトップの地位を奪う。

　つまり, 新たな製品やサービスが市場に投入されたままの状況では, 何かが欠けていることが多い。創造的模倣を行う企業が動き出すころには, 新市場は確立され, 製品が市場や顧客に既に受け入れられているので, 後塵として市場に参入するビジネスリスクははるかに小さい。なぜならば, 顧客が「新たな製品やサービスの何にユニークさを感じて買っているのか」,「現在, 製品やサー

ビスを実際に使ってみて何に困っているのか」,「今後,さらにどのような新たな価値を求めているのか」を市場調査によって明らかにすることができる。

そこでこの創造的模倣のポイントは,製品やサービスの生産者側からではなく,新たな顧客がその新製品やサービスを使っているコンテキスト（状況）を想定した顧客行動や顧客心理を探究することにある。そして,顧客の視点から新製品やサービスの使い勝手をみて,その新製品やサービスを完成させ,市場でその位置づけを確かなものにする。つまり,新たな製品やサービスを生み出しながら,先駆者が放っておいた市場やターゲット顧客に密着して,イノベーションの意味をより深く理解した顧客価値を実現することで,彼らが生み出した需要を刈り取ることができる。

一方,創造的模倣戦略にも,特有のリスクがある。リスクを分散させようとして,誤ってエネルギーを分散させる危険がある。さらには,状況を誤解して模倣する危険がある。例えば,ハイテク分野でイノベーションを行うものは,市場志向になれず,技術志向,製品志向に偏りがちになる。そのため,彼らは自らの成功を誤って理解した上で,真の顧客価値に応えることができないことがある。

例えば,以前の時計業界では,半導体が開発され「水晶発振器として時を刻むクォーツ」を技術開発できた時,それまでの時計よりも正確で信頼性が置け,しかも安いものがつくれるようになったことを知った。スイスの時計メーカーは,その技術でクォーツ時計を開発し,試作した。しかし,既に従来の機械式時計の製造システムに多額の投資を行っていたので,新製品を贅沢品として位置づけ,時間をかけて市場に導入していくことにした。

他方,日本の国内市場向けに腕時計をつくっていたセイコーは,クォーツにイノベーションの機会を見出し,創造的模倣戦略をとって,クォーツ時計を普及品として製品化し,事業化して売り出した。

スイスの時計メーカーが気づいた時には,既に遅かった。セイコーの腕時計は世界で当時ベストセラーとなり,スイスのメーカーは普及品グレードの腕時計の市場を奪われた。

6 市場のライフサイクルに対応した競争戦略

製品は，それが市場で生まれて成長し，成熟期を迎え，やがて衰退期に向かう段階をたどるといわれ，それを「製品ライフサイクル」と呼んでいる。この製品サービスを中心にみている「製品ライフサイクル」に対して，それぞれの段階のタイミングに応じて市場の競争環境が変化することを加味して，「市場のライフサイクル」と呼ぶことにする。さらに，「市場のライフサイクル」の各段階では，市場や業界ならびに顧客が製品についてもっている知識体系も変化する。そこで本節では，「市場のライフサイクル」の各段階に対する競争環境の違いに応じて，どのように競争戦略も対応すべきかについて述べる。

6.1 製品ライフサイクルの各段階の特徴と顧客のタイプ

図表4-11に示したように「製品ライフサイクル」は，一般的には新製品が生まれて市場に投入された生成期から，成長期，成熟期，衰退期までのそれぞれの段階から構成されるといわれている。各段階では，市場における競争相手に対する競争環境が変化することから，売上や利益の傾向にも影響するため，マーケティングの目標もそれらに合わせた対応が必要になる。

① **生成期**：製品が市場に投入され，売上がゆっくりと成長する期間。この段階では，製品の投入に伴って累積した費用が大きいため利益はほとんど得られない。
② **成長期**：製品が急速に市場に受け入れられ，利益が大幅に向上する期間。
③ **成熟期**：製品が既に潜在的な買い手のほとんどに受け入れられてしまったために，売上の成長が低減する期間。利益は安定するが，競争の激化により減少する。
④ **衰退期**：売上が低減傾向を示し，利益も減少する期間。

また，各段階に応じて顧客タイプも次のように変化する［高橋，2010］。

図表4-11　製品ライフサイクルの段階とそれぞれの特徴

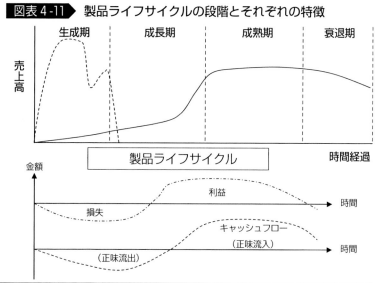

	生成期	成長期	成熟期	衰退期
売上	小規模	拡大	ピーク	減少
利益	マイナス，少	増加	高利益	低下
顧客	革新的採用者	初期採用者	追随型採用者 買い替え購買	減少
競合他社	ほとんどなし	売上の拡大	減少，安定	減少
マーケティングの目標	技術の便益の新結合	市場シェアの拡大	市場シェアの維持	事業の縮小，撤退

出所：著者作成

① 革新的採用者

　何らかの解決を迫られている問題を処理するために，新しい製品とサービスを自らの判断で探索・評価し，採取する人々である。専門性を備えた熱心な人が多いので，直営のサービスショップや，メーカー協賛などによる会員コミュ

ニティを組織化することが有効になる。

② 初期採用者

単に使用目的が満たされているだけでなく，その扱いやすさや使い勝手の良さを求める人々である。これらの期待に応えるためには，製品とサービスのセットで提供する，具体的には使用方法や手段を容易にする補助装置や支援ソフトが必要になる。

③ 追随型採用者

初期採用者が製品やサービスを使用しているのをみて，解決すべき問題があることに気づく人々である。製品やサービスの買い手として最もボリュームが大きく，これらの購買意欲をいかに引き上げられるかが産業規模の拡大可能性に影響してくる。

6.2 市場のライフサイクルの変化に対応した知識体系と競争戦略

図表4-12に，企業が競争戦略を成功に導く上で，先に示した「製品ライフサイクル」における生成期，成長期，成熟期，衰退期の各段階によるタイミングの違いによって，市場や業界ならびに顧客の「知識体系」が変化することを捉えた戦略対応の枠組みを示すことにする。

なお，顧客が製品を選択する購買行動プロセスは，製品の複雑性と，購買する状況との相互関係によって変化する。この購買状況は，顧客が製品ライフサイクルのそれぞれの段階に対して，顧客がもつ知識体系が変化することから，次のような3つのタイプに分けることができる［石井他，1996］。

① 拡大的問題解決状況

製品の種類や基本的特徴，その使用技術などが顧客にまだわかっておらず，製品内のブランドを選ぶにもどのような基準で選べばよいかわからない状況である。市場に導入されたばかりの製品の購入状況がそうである。自分の生活に必要そうだということがわかっても，これまで使用したこともないような製品で，何をどのような基準で選んでよいかわからない，という購買状況である。つまり，顧客には製品選択における枠組みが決定的に欠けている場合である。

② 限定的問題解決状況

製品の種類や基本的特徴，その使用技術などについては既によく知っているのだが，そこに新しいブランドが登場してきたような状況での購買である。耐

図表4-12 製品ライフサイクルの各段階に対する市場や業界ならびに顧客の知識体系の変化

段階	市場や業界の知識体系と競争戦略	顧客の知識体系
生成期	・確定しない事業コンセプト	無限拡大的問題解決
	・業界構成者に共有されない知識体系	
成長期	・プッシュ型マーケティングを通じての顧客への知識の普及	拡大的問題解決
	・業界標準規格（デファクトスタンダード，ドミナント・デザイン）の成立 ⇒核となる業界の知識体系の確立	
	・経験と学習を蓄積する競争 ⇒シェア獲得	
	・プル型マーケティング	限定的問題解決
	・マスメディアを通じての知識の普及	
成熟期	・寡占メーカーによる知識独占	日常的反応行動
	・微細化される知識	
	・ポジショニングした競争者	
	・差異化された製品とサービス	
	・細分化された市場	
衰退期	・業界の知識体系の陳腐化	日常的反応行動
	・「生きて成長する知識」の欠如	
	・モノやシステムに体化した知識	
	・業界の知識独占構造の崩壊	

出所：石井他［1996］，図表2-6，p.51

久消費財の買い替え時の購入などでよく直面する。
③　日常的反応行動状況
　顧客が，製品の種類や基本的特徴，それを使用するための技術などをよく知っており，同種製品の中の特定ブランドにはっきりした選好をもっている状況での購買である。そのため，購買に関連した情報を探し求めたり，集めた情報を比較検討したりして，購買決定に時間をかけることはない。

(1)　市場の生成期における特徴と競争戦略
　新たな製品とサービスの技術が生まれ，市場の生成期を迎えられるかは，顧客の購買状況の知識がまだ拡大的問題解決状況にあることから，新たな技術の本質や効用そして真価を「革新的採用者」に訴求できるかにかかっている。新製品やサービスは目新しいが，まだ粗削りな部分が多いので，革新的採用者の使用経験に基づいたクレームや新たなウォンツを取り入れて，もう一度，製品やサービスを改良し，それらの本質や効用そして真価を練り直す必要がある。

(2)　市場の成長期における特徴と競争戦略
　販売促進は，自社の販売員や流通業者を活用した，説明重視の「プッシュ型マーケティング戦略」をとり，革新的採用者から初期採用者への拡大を図っていく。特に，初期採用者の中でも社会的に信頼される人物に，普及の鍵をにぎるオピニオンリーダーになってもらい，最近ではSNSを活用した「口コミ」によって，離陸ポイント（13％～15％程度）をブレークする方策がとられることがある。
　次に，技術開発投資と戦略的提携により，業界標準規格（デファクトスタンダード，ドミナント・デザイン）を成立させられるかで，業界の主導権をとれるかが決まる。さらに，業界標準規格の成立後には，その企業グループ内で，それらの事業を継続してきた経験と学習を活かして，いかにシェア拡大と，売上・収益の向上を図れるかが目標になる。
　その後，広報戦略では追随型採用者へと拡張できるように，「プル型マーケ

ティング戦略」として，マスメディアを通じて知識の普及に向けて広告宣伝と，「ブランド戦略」に注力していく。

さらに，流通チャネルは，「閉鎖型」から「開放型」へ移行する。価格デザインとしては，規模の経済ならびに経験効果を活かして，量産の生産性を上げることによってコスト削減を果たして，価格の値下げを行っていく。

(3) 市場の成熟期における特徴と競争戦略

事業規模が拡大してくると競争相手も増え，市場需要の成長率が鈍化してくると，企業間の競争は激しくなり，いわゆる寡占の状態に入る。各社は，前述した業界内のポジションと自ら利用できる経営資源に応じた，競争戦略の定石を参考にして戦略を決める。

顧客の購買プロセスは，限定的問題解決状況から日常的反応行動へと変わる。成熟期になると，製品はコモディティ化する傾向になり，差別化が難しくなってくる。顧客タイプは，追従型採用者と買い替え購買者になることから，ブランド選好は固定的になり，同一メーカーの製品やサービスを反復購買するようになる。

それだけに，微細であったとしても，デザインやカラーの目新しい差異が製品寿命の延命化につながることがある。したがって，市場細分化として，顧客のニーズやウォンツをきめ細かく類推し，差異化された製品やサービスを企画し，市場を創造するマーケティングを洗練化していかなければならない。

なお，事業の基本的な方針としては，コストダウンを図り，価格競争力を確保する必要がある。厳密な「原価管理」や，製品やサービスの企画時には「原価企画」をコストダウンの方法に織り込んでいく。営業面では，顧客との関係性を強化する「CRM（Customer Relationship Management, カスタマーリレーションシップマネジメント）」の導入が有効になる。

(4) 市場の衰退期における特徴と競争戦略

衰退期の経営課題としては，次の3つが考えられる。

① タイミングをみはからった事業の撤退，事業統合，事業売却
② 事業継続の見通しと資本力がある場合には，他社が撤退するのを待ち，残存者利益の獲得

　メリットとして考えられることは，競争相手の大部分が撤退した後に，最後まで残った企業が残存利益を享受することができる。さらに，設備の減価償却がほぼ完了している状況ではコストを抑えることができる。また，販売促進費もほぼ不要になる。

③ 「脱成熟」に向け顧客のイメージを一新して製品寿命を延命するために，同質化した製品・サービスに対して製品イノベーションや市場イノベーションを追求する

　市場や顧客面では，国や産業の垣根を取り払うことが考えられる。機能面では，いくつかある機能のうち，訴求する機能を変更することがよく行われている。例えば，通常のお茶飲料に対して，体脂肪や血圧の低下効果を促す成分を強化した新飲料の市場投入がある。技術面では，例えば時計産業における機械式からクォーツ式への技術変革がある。ビール業界では，ラガービールに対してドライビール，さらに発泡酒，第3のビール，最近ではノンアルコール飲料の市場投入がある。

　市場や業界の知識体系の変化については次の2つが重要になる。第1に，業界においてこれまで蓄積されてきた事業知識や経験が，もはや事業の成功要因とはならなくなることである。蓄積されてきた知識は，もはや機械・設備やシステムに体化したものとなり，いわば「生きて成長する知識」ではなくなる。例えば，半導体，液晶，デジタル家電などにそのような現象が起きた。

　次に，「業界で誰が知識をもっているのか」ということについて，今までメーカーがもっていた知識体系が強さの源泉であったが，衰退期では，流通業者や消費者組合へと移転して，その業界ではリーダーとしてのメーカーの地位が脅かされることになる。例えば，大手小売チェーンやコンビニエンスストアによるプライベートブランド（PB）のメーカーとの共同開発や，それらの独占的な巨大流通チャネルを利用した大量販売がある。

7 製品戦略の3つのタイプ

図表4-13に示したように，製品戦略には3つのタイプがある。

図表4-13 製品戦略の3つのタイプ

戦略タイプ	戦略のポイント
製品技術戦略	・技術開発のポートフォリオとして，資源配分の「選択と集中」 ・良い意味でのプロダクトアウト戦略としての「コア技術戦略（模倣されない独自の技術）」をベースとして，新製品を次々と開発・市場導入
製品市場戦略	・マーケティングとともに，長期的な視野に立った「技術開発・製品戦略」を統合化 ① 新製品の導入頻度 ② 低コスト戦略あるいは高付加価値戦略 ③ マスカスタマイゼーション戦略（部品共通化，高付加価値の汎用化）
製品展開戦略	・複数の製品ラインの組合せ（製品ラインアップ）を長期的にどのようにマネジメントしていくのか ・長期的な製品・技術，製品ドメインとその発展方向を決める ① 製品ドメイン戦略 ② 製品展開マップとプラットフォーム（技術プラットフォーム，製品プラットフォーム）の共有化とライフサイクル管理

出所：延岡［2002］

(1) 製品技術戦略

1つめは「製品技術戦略」である。これは，どのような技術と製品を開発すれば，新製品の競争力を高めることができるのかに関する戦略である。ある分野の技術に集中的に資本投下するのか，広い範囲に分散させるのかという，経営資源の「選択と集中」の問題になる。

「コア技術戦略」とは，特定の技術分野に集中することによって競争優位を

確かなものにし，さらにはその技術をベースとした多様な新製品を次々と開発・導入することに結びつけ，継続的にコア技術を使うことによる学習効果が期待できる。マーケットイン戦略では，模倣されない技術をつくり出すことが難しい傾向がある。「模倣されない技術」とは，通常は時間をかけて学習効果を積み上げてきた優位性のある技術のことである。

(2) 製品市場戦略

 2つめは「製品市場戦略」であり，いかにして限られた資源と技術を使って，市場における顧客価値を創造するかにかかわっている。製品市場戦略を考える場合には通常，製品ポジショニングやターゲット顧客，セールスポイント，価格設定といったマーケティングの視点が重視される。

 しかし，コア技術を基軸と捉えた製品戦略志向の競争戦略としては，これだけでは不十分であり，マーケティングとともにコア技術開発と製品戦略を統合化して考えることがキーポイントになる。例えば，新製品の導入頻度については，前述した製品ライフサイクルで述べたように，各段階の特徴を踏まえた新製品の適切な市場投入時期を考慮した「プラットフォームの共有化と製品ライン戦略」の考え方が重要になる。

 一方，「マスカスタマイゼーション戦略」を成立させるためには，製品ライン全体にわたる基本設計の思想に，その企業として「製品アーキテクチャ戦略」のポリシーを確立するとともに，それを製品ライフサイクルにかかわる全ビジネスプロセスモデルを変革できる企業としての総合力が問われることになる。

(3) 製品展開戦略

 前述した2つの「製品技術戦略」と「製品市場戦略」は，比較的，短期的な視点に立った戦略といえる。一方で製品戦略には，長期的な競争力を蓄積していくことも求められる。そこで3つめとして，長期的な視点から製品開発の方向性や計画を戦略的に考える「製品展開戦略」が必要になる。

製品戦略に関する重要な点の1つは,複数の製品ラインの組合せ(製品ラインアップ)を長期的にどのようにマネジメントしていくのかにある。つまり,これまで取り上げたコア技術戦略やマスカスタマイゼーション戦略を効果的に実現するために,長期的な製品や技術の展開戦略が必要になる。

　これらはまた,製品や技術をどのように展開させていくかによって,企業が長期的に蓄積する能力や知識が強い影響を受けるということを意味する。ある製造企業の将来が,どのような方向に発展していくのかを決定するといっても過言ではない。このような長期的な技術戦略の裏づけがあってこそ,先の全社戦略で述べた事業領域の決定が実際に可能になることを指摘しておきたい。

8　技術戦略を基軸にした競争戦略

　「技術戦略」とは,**図表4-14**に示したように区分された企業戦略の4つの側

図表4-14　4つのアプローチに沿った技術戦略と競争戦略との関係

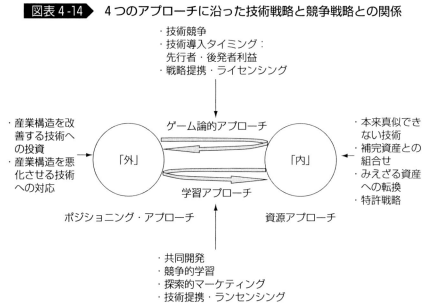

出所:一橋大学イノベーション研究センター編[2001],図5.3, p.148

面それぞれについて，技術や，製品の開発投資や市場導入という点から支援することを通じて，企業の目的達成を促す企業行動としてとらえることができる。このように4つのアプローチから，この技術戦略と競争戦略の関係性を考えてみる［一橋大学イノベーション研究センター編，2001］。経営目標を達成するための競争戦略を考える上で，初めの区分けは「内」と「外」，つまり「企業」と「環境」という要素への区分けである。さらに，「外」に力点を置いた相互作用，「内」に力点を置いた相互作用がある。

8.1 「外」に注目した戦略：ポジショニング・アプローチ

　成功を促す要因を外部に求めるのであれば，経営目標の達成にとって都合のよい環境に身を置くことが，まず重要な戦略となる。どのような産業においても，個々の企業の努力では乗り越えられない外部からの構造的な力が働いている（前述のポーターが提示した「5つの要因」に関係する）。

　「外」に注目した戦略アプローチを支援するという観点からすると，ここでの技術戦略の含意とは，技術革新が産業構造に与える影響を考慮して，自社に有利になるように適切に技術開発を方向づけることである。自社による技術革新が産業内の競争相手に対する競争優位をもたらすことを超越して，産業の構造的要因に働きかけて変革を生み出すことによって，産業自体の進化を促すことが1つの技術戦略になりえる。

　例えば，セブン－イレブン・ジャパンの競争優位の源泉の1つは，POS（販売時点情報管理）システムを中心とした情報技術革新を，その他のコンビニエンスストア企業に先駆けて実現したことにある。

　しかし，技術革新が常に，産業の利益ポテンシャルを高めるとは限らない。逆に利益ポテンシャルを低下させることもしばしば起きる。

　例えば，銀塩カメラからデジタルカメラの技術革新によって，カメラ業界は活気づき，新たな市場開拓と顧客創造につながったが，外部から30社にのぼる新規参入があり，既存のカメラメーカーや写真フィルムメーカーを含むこの業界の利益ポテンシャルを削ぐことになった。

その他にも，デジタル化や情報化といった最近の技術革新の流れは不可避であるが，業界構造にプラスの影響を与えるばかりでなく，上記のような技術革新による外部からの新規参入はむしろマイナスの影響を与える事例が散見される。さらに，デジタル化や情報化の技術革新が，業界の構造的な要因に影響を与えるだけでなく，業界再編もありうることに留意する必要がある。

8.2 「内」に注目した戦略：経営資源アプローチ

「内」に注目した戦略とは，成功している企業として，内部にすぐれた能力を蓄積している企業であるという前提のもとで，他社から簡単には真似されないような「固定的な経営資源」の蓄積を重点に置く戦略である。そうした固定的な資産の蓄積には，「情報的資源（みえざる資産）」といったノウハウや，魅力的なブランド，独自の企業文化などが含まれていることがある［伊丹, 2012］。したがって，どのような資源が他社に真似されないかを把握した上で，みえざる資産を蓄積して活用していることを目指すことが前述したこの「経営資源アプローチ」である。経営資源アプローチによれば，企業の戦略的行動の第一歩は独自の資源を蓄積することであり，蓄積された資源に合わせて事業ポジショニングが行われることになる。

特に，他社から真似されないための技術の保有と蓄積にはどのような方法と事例があるのかを次に示す。

① 真似されない性質をもつ技術の開発を行う
・製造設備ならびに生産技術などの運営ノウハウや，生産現場における人の実証的経験から生み出されたノウハウ（例：トヨタ生産方式）。

② 技術の法的保護，知的財産権と技術戦略
・経済活動における知識や情報の重要性が高まるにつれて知的財産権の管理と戦略の重要性が高まっている。
・「知的財産権」を大きく分類すると，知識の公開を要件としている特許などと，営業秘密に分けることができる。
・前者の知識の公開を要件とする知的財産権の種類：特許／実用新案／意匠,

著作権,商標など。
③ 技術要素に他の情報的資源を組み入れる
・技術のインブランディング(例:インテルのマイクロプロセッサー[MPU],味の素のアミノ酸)。なお,「インブランディング」とは,個別の対象群のブランドを表す【十分条件】となる素材,構成部品,パーツ(原料,構成材料,構成部品)からなる対象物【必要条件,最終製品を表す】に関するブランドポリシー(目標,戦略,ツール)をいう[コトラー&ファルチ,2014]。
④ 他の経営資源(補完資源)と組み合わせる
・製品の生産設備,それを販売する流通サービス,ユーザーに対する保守サービス(例:コマツのIoTを活用した建機モニタリングシステム,コカ・コーラの各国にわたるボトラー網)。

> **Column** IoTによるビジネスモデル革新

(1) IoTの意義と仕組み

IoTとは,「Internet of Things(モノのインターネット化)」の略称として使われており,デジタル製品のみでなくアナログ的なモノまでを含めたあらゆるモノ(Things)が,インターネット(Internet)につながり,つながったモノ同士が色々な「やりとり」をすることが可能になることを意味している。

IoTが普及することのインパクトは,モノがインターネットにつながることで,まったく新しい価値が生み出される点である。なぜ新しい価値が生み出されるかといえば,モノがどのように使われているかという「顧客のリアルな使い方」を把握できるようになることで,そのモノを使っている人に対してより良い使い方について新たな提案ができるようになることや,さらにモノ自身が自律的に発信・制御・操作・活用できるようになるからである(後述する「アクチュエーション」を意味する)。

IoTの仕組みとして,モノ(デバイス)に装着した各種の「センサー」から取得したデータを,「クラウドプラットフォーム」内のデータベースにインターネットを介してアップロードしてそのビッグデータを蓄積して,人間または人工知能(AI)が学習した内容に従ってデータ解析・判断・推論した結果を,モノに対してより良い使い方を「アクチュエーション(人がモノを使っている場合は人にフィードバック)」する(図表4-15)。

図表4-15 IoTの仕組みとしてのセンサー，クラウドプラットフォーム，AI，アクチュエーション

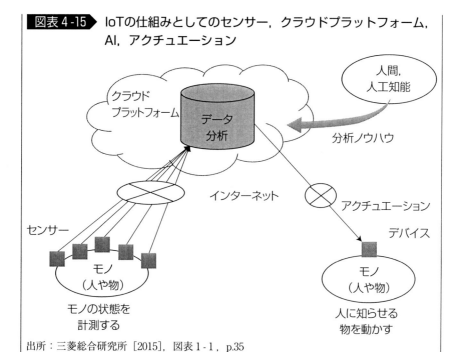

出所：三菱総合研究所［2015］，図表1-1，p.35

(2) IoTによるビジネスモデルの変化

　例えば，コマツが販売した世界中の建機に対して，遠隔保守システムに対してIoTの活用が行われている。

　また，米国電気自動車メーカーのTESLAは，スポーティなボディと，エンジンで動くスポーツカーに負けない性能を引きだすことにより，世界中にファンをつくりだした。特にIoTの活用については，インターネット経由でパソコンのOSをアップグレードするように，クルマに搭載されている様々なコンピュータのオペレーションソフトウェアを常に最新の状態にアップグレードし，クルマの制御を最新・最高の状態に維持することを実現している。

　これらの事例のように，自社の製品やサービスについて，「つくって，販売して終わり」ではなく，センシング技術を駆使して，クラウドプラットフォーム上に情報をアップロードして，解析・診断・対策することで，「保守，改善，改良する」という継続的なビジネスモデル（以下に示す「インテグレータ型」のビジネスモデル）を考えていくことが今後重要になる［小泉，2016］。

　前者が「売り切り型」のビジネスモデルだとすると，後者はビジネスプロセス全

体をカバーすることを狙った「インテグレータ型」のビジネスモデルということができる。後者のモデルは，ものづくりの生産側に対して川上と，川下に位置する市場や顧客と密接につながった「価値共創」によって実現するビジネスモデルである。

この「インテグレータ型」のビジネスモデルについて考えてみると，例えば，自社の製品を使っている顧客からのトラブルあるいは様々なクレームや要望が（このことをユーザーからのホンネ「ユーザーインサイト」と呼ぶ），次にいかなる製品やサービスをつくるべきかにつながり，リアルな顧客行動の実態を踏まえた事業コンセプトを創生していくことが可能になる。その際，それらに有効な手段がIoTといえる。

8.3 「外」に力点を置いた相互作用：ゲーム論的アプローチ

「外」に注目した相互作用とは，つまり競合会社を含む他社との駆け引きである。その駆け引きについて，技術戦略の含意としては，技術の開発や市場へ導入する際に，「ゲーム論的アプローチ」をとり，他社と「競争的」あるいは「協調的」にやり取りを行い，事業目標を達成することをめざす。

技術開発もしくは技術の市場導入のタイミングをいつにするのかといった点が技術戦略の1つの要素となる。まず，他社に先駆けることで得られる競争優位性のことを「先行者の優位（First-mover Advantage）」といい，以下に示す。

① 技術的リーダーとなれる。
② 希少資源を他社に先取りできる。
③ 顧客側に対して自社から他社へ取引を変更する際の切り替えコスト。
④ 先行してより多くのユーザーを抱え込むことによるネットワークの外部性。

一方，先行企業ゆえの不利，後発企業ゆえの優位性を以下に示す。

① 後継者は先行者が苦労して築き上げたものに「ただ乗り」できる。
② 不必要な投資や，多くの失敗のコストを負担しない不確実性を減少できる。
③ 市場の技術環境が変化した後に新たな要望に対する対応（前述したp.160のColumn「創造的模倣戦略」参照）。

8.4 「内」に力点を置いた相互作用：学習アプローチ

「内」における資源蓄積を目的にして，企業は学習に重点を置いた相互作用を行うことがある。「学習アプローチ」と呼ぶ戦略的行動である。

例えば，企業による学習アプローチ的な戦略を支援する技術戦略は，新製品の開発と市場への導入においてみられる。競合企業間の行動の読み合い，駆け引きである。1980年代にみられた，家電業界に代表される日本の製造企業の強みは，短サイクルで数多くの新製品を素早く導入する企業行動にあった。

その他にも，前述したコンビニエンス業界では，POS情報から売れ筋あるいは死に筋の品目を洗い出した情報分析結果に基づいて，日販品の商品企画を短サイクルで回し，新商品のテストマーケティングを行っている。

そうした短サイクルの市場への商品導入とマーケティングリサーチによって，顧客との相互作用から学習をする機会を増やすことができる。顧客という外部の力を利用して，1つの商品から利益を得るというよりも，商品やサービスを媒介として，他社より俊敏で質の高い製品開発や生産技術をする能力や，商品企画やマーケティングなどの能力を蓄積して，長期的に競争優位に立とうという技術戦略である。

「内」に注目した相互作用である学習アプローチを技術戦略から捉えた含意としては，外部環境のダイナミックな変化に対応しながら，外部とのやりとりを通じて新しい技術的な知識を学習していくことにある。このような学びの機会は，上述の短サイクルの製品開発・商品企画・マーケティングについて顧客行動や顧客心理から学ぶ以外にも，様々なものが考えられる。

例えば，他社との戦略的提携による共同研究や，共同事業もこうした新しい技術的な知識を学習する機会となる。一方，このような「協働的」な相互作用ばかりでなく，「競争的」な相互作用からの学びもある。例えば，業界内での競合相手との激しい競争を通じて他社から様々なことを学ぶという企業事例は今までに数多くあった。例えば，カシオ計算機とシャープの電卓戦争，ホンダとヤマハのバイク戦争，アサヒとキリンの生ビール戦争，J&Jとメニコンとのコ

ンタクトレンズ戦争など，企業間の競争から得られた教訓を基にその後の事業展開を広げている。このような競争的な状況が今でも続いており，このような熾烈な競争を通じた相互学習が日本企業の国際競争力を高めてきたともいえる。

【引用・参考文献】

M.E.ポーター著，土岐坤・中辻萬治・服部照夫訳［1995］『新訂　競争の戦略』ダイヤモンド社（Michel E. Porter [1980], *COMPETITIVE STRATEGY*, The Free Press, A Division of Macmillan Publishing Co., Inc.）。

加藤俊彦［2014］『競争戦略』日本経済新聞出版社。

高橋宏誠［2010］『戦略経営バイブル』PHP研究所。

石井淳蔵・奥村昭博・加護野忠男・野中郁次郎［1996］『経営戦略論（新版）』有斐閣。

酒井光雄編著，武田雅之著［2014］『全史×成功事例で読む「マーケティング」大全』かんき出版。

P.コトラー＆K.L.ケラー著，恩蔵直人監修，月谷真紀訳［2014］『コトラー＆ケラーのマーケティング・マネジメント（第12版）』丸善出版（Kotler, Philip and Keller, Kevin Lane [2006], *Marketing Management* (12th ed.), Pearson Education, Inc.）。

J. B.バーニー著，岡田大訳［2003］『企業戦略論［中］事業戦略編』ダイヤモンド社。

上田隆穂・守口剛編著［2004］『価格・プロモーション戦略』有斐閣アルマ。

吉川尚宏［2009］『価格戦略入門』ダイヤモンド社。

沼上幹［2008］『わかりやすいマーケティング戦略（新版）』有斐閣アルマ。

綱倉久永，新宅純二郎［2011］『経営戦略入門』日本経済新聞出版社。

P.F.ドラッカー著，上田惇生編訳［2000］『チェンジ・リーダーの条件』ダイヤモンド社。

P.F.ドラッカー著，上田惇生訳［2007］『イノベーションと企業家精神』ダイヤモンド社。

延岡健太郎［2002］『製品開発の知識』（日経文庫），日本経済新聞出版社。

一橋大学イノベーション研究センター編［2001］『イノベーション・マネジメント入門』日本経済新聞出版社。

伊丹敬之［2012］『経営戦略の論理（第4版）』日本経済新聞出版社。

P.コトラー＆W.ファルチ著，杉光一成訳［2014］『コトラーのイノベーション・ブランド戦略－ものづくり企業のための要素技術の「見える化」－』白桃書房。

三菱総合研究所［2015］『IoTまるわかり』日本経済新聞出版社。

小泉耕二［2016］『2時間でわかる図解「IoT」ビジネス入門』あさ出版。

第5章
ビジネスモデル・イノベーション

1 ビジネスモデル・イノベーションのフレームワーク

　図表5-1に示した本章のメインテーマとしての「ビジネスモデル開発」を，事業システム（ビジネスシステム）の基本設計および詳細設計の2つのフェーズによって進めていくことを提案したい。ビジネスモデルの定義には諸説あるが，本章では広義の「ビジネスモデル」として，新たな製品やサービスあるいは新規事業の企画に向けた事業構想としての「事業コンセプト」と，ステークホルダー間との製品化，事業化および組織化を目指す「ビジネスプロセスモデル」と「収益モデル」から構成されるものとする。事業システム（ビジネスシステム）の基本設計に取りかかる前提となるのが「事業コンセプト」の設計であり，一方，事業システムの詳細設計に取りかかる前提となるのが「ビジネスプロセスモデル」と「収益モデル」の開発に相当する。

　なお，加護野・井上［2004］は，事業システム（ビジネスシステム）の定義として，「経営資源を一定の仕組みでシステム化したものであり，どの活動を自社で担当するのか，社外の様々なパートナーとの間に，どのような企業間関係を築くのかを選択し，分業の構造，インセンティブのシステム，取引情報の流れとしてヒト，モノ，カネ，情報の流れの設計の結果として生み出されるシステム」としている。

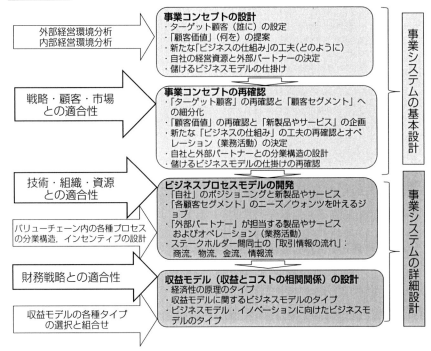

図表5-1 ビジネスモデル開発の進め方：事業コンセプトと各種ビジネスモデル

出所：著者作成

　本章の全体像が，**図表5-1**に示されている。本章の内容として，今までの各章で取り扱ってきた戦略および分析の理論や技法，さらにはコラムや企業事例研究などの学びを結集して，本章のメインテーマである「ビジネスモデル・イノベーション」に臨む必要がある。

　まず本節として，これまでにない新製品やサービス，あるいは模倣困難で進化し続ける新規事業を生み出そうとした時の革新的なビジネスモデル・イノベーションには，今まで取り上げてきた経営学の戦略や分析の技法，マネジメントツールを駆使すれば足りるのではなく，特にビジネスモデルがもつその特殊性と実践性を克服しなければならないことを指摘したい。その特殊性と実践性のゆえに，成功企業のビジネスモデルを真似しながら（単なる模倣ではなく

創造的模倣の観点から真髄となったロジック［考え方］を学びとることが求められる），単純に戦略・分析的アプローチとして技法やマネジメントツールの使い方を習得して努力していけば，競合他社に対して優位性を発揮できるそれなりのビジネスモデルができあがるものではないことに留意していただきたい。

　それでは，経営トップマネージャーがアートとして担当すべき革新性を追求したビジネスモデル（章名とした「ビジネスモデル・イノベーション」を指す）の特殊性と実践性とは何かを，本章の各節で取り上げた課題に関連づけながら考えてみたい。

　3節の「新規事業開発に向けた事業コンセプトの設計」では，独創性やアート的なセンス，さらに合意形成力が求められる。3節でも，事業コンセプトの設計の前提となるのは，外部経営分析や内部経営分析であることに言及しているが，どのようにていねいにそれらの分析結果をまとめて，アイデア出しを行ったとしても，まだ世の中で誰も想像したこともない価値共創志向型や社会価値志向型の「事業コンセプト」を創生することはできないということである。つまり，既存の市場調査に基づいた分析的アプローチや，既存顧客の顕在ニーズに対する問題解決アプローチ以上のビジネスモデルは望めないことを意味している。

　経営トップマネージャーが，将来このように人々を幸せにしたいという「願望」や，未来に向けて世の中をこのように変えたいという「ビジョン」を頭の中に描き，だからこのようなビジネスにつなげたいという「意図や信念」を，みえる設計図としてのビジネスモデルを知的なドキュメント化をしなければならない。それを事業化の実現に導いてくれる同志である組織内の「実践知リーダー（後述p.244　Columnで紹介）」に共感してもらわなければならない。

　さらに，様々な分野の才能をもった実践知リーダーが集う「高質な英知の場」づくりをして，彼らの多彩な独創性やアート的なセンスをふんだんに活用して「事業構想」の基本設計図，すなわち「事業コンセプト」としてまとめあげなければならない。

その後，将来のステークホルダー候補あるいは競合他社のライバルの立場から，この事業コンセプトはどのようにみえるのかを俯瞰して，最初につくりあげた事業コンセプトのプロトタイプの基本設計をリファインしなければならない。さらに，プロトタイプのみでとどめず，模倣困難性および発展性をふまえた進化する事業コンセプトのバージョンも，新規事業構想プロジェクトを始める前に考案しておかなければならない。
　しかし，非常にユニークな事業コンセプトができ上がったとしても，しかも革新的であればあるほど，今までのビジネスモデルの成功事例の歴史を探求すればわかるが，素直に社内に受け入れられることは希なのである。人間や組織の本質として新しいことをすることは実は望まない，自分の立場を中心に考えるので将来を変えることは脅威と感じるという，内なる敵が大きな壁となって取り囲まれる。社内で反対するこれらの障壁を一つひとつ打ち破らなければならない。そのためには，経営者のみならず，主要な部署に配置すべき実践知リーダーの同志とともに，それぞれの立場や利害関係が生じる部署の人々にも，わかりやすくこの「事業コンセプト」を翻訳し直し，反対派の動かない人を動かす関係者との調整に真摯な姿勢で臨み，社内の合意形成に向けてベストタイミングを図り，風を読みつつ用意周到な準備をしていかなければならない。

　次の4節の「ビジネスプロセスモデルの開発要件と企業事例研究」では，前述した事業コンセプトを，製品化，事業化するプロセスをつくりあげ，それを実現するために社内の経営資源を最大限に活かしさらに成長する努力をするとともに，バリューチェーンの様々なプロセスに沿って協調してくれる各種のステークホルダーとの組織化を果たさなければならない。
　特に「外部パートナー」に，この事業構想に参画してもらうためには，自社とそれぞれの外部パートナーとの「分業構造」の設計と，それぞれのパートナーに役割を分担してもらった貢献度の大きさに応じて「インセンティブ」を設計していかなければならない。
　そのビジネスプロセスモデルを，実際に次のステップである事業システムへ

と展開することを想定すると，社内の多岐にわたる部門，さらにリード顧客や各種の外部パートナーを含めた「ステークホルダー（利害関係者）」の数が大規模に増えることになる。そこで，具体的な関係をもつことになる各部署や各パートナー企業のそれぞれの担当者に対して，それぞれの折衝を実際にしていることをイメージ化した，分業構造とインセンティブを，リアル感をもって設計しておかなければならないことがわかる。

その折衝にあたっては，この事業コンセプトやビジネスプロセスモデルの未来像や顧客価値あるいは社会価値を実現できる高いビジョンはどのようなものかを，社内の人材ではない外の人々に賛同し，共感してもらう必要がある。つまり，様々な立場の人からみても，わかりやすいビジネスプロセスモデル図や，ステークホルダー間での取引情報の流れ表など，可視化や説得力のある知的ドキュメントの制作力とプレゼンテーション力，さらに交渉力が求められる。

5節の「収益モデルにおける経済性の原理および各種ビジネスモデルのタイプ」では，前述のように賛同してくれた社内外およびリード顧客に対して，収益構造とコスト構造が綿密に熟慮されて，儲ける仕掛けがあることを証明して，製品化や事業化する際にはその責任をもたなければならない。そして，ビジネスモデルの開発要件でも示したが，収益モデルの儲ける仕掛けの中に，利益が恒常的に出る仕組み，事業が成功する仕組み，事業成果を評価できるKFS（Key Factors for Success）が織り込まれていなければならない。

しかし以上のように，ビジネスモデルを開発すれば終わりではなく，ビジネスモデルの良さは，当然のことながら机上でその出来栄えを評価してもわからない。つまり，ビジネスモデルのプロトタイプを開発した後に，ビジネスモデルを実証する事業システムを実際につくりあげ，ビジネスモデルのプロトタイプを実市場で仮説検証をしては，失敗から学び，さらにビジネスモデルを再構築してはまた実市場で試すというスパイラルなプロセスから，経営トップマネージャーと実践知リーダーさらに社内外の組織とが，そのプロセスでの経験

を通して実践知を体得していかなければならない。ここにビジネスモデルの開発と実現には，実践性が伴わなければならないことを銘記しておかなければならない。

以上，本章で取り上げる「ビジネスモデル・イノベーション」の本意は，ビジネスモデルの革新性と実践性を理解した上で，実市場でスパイラルなプロセスから経営者と実践知リーダーさらに組織が実践知を体得していこうという，それぞれが強い意思をもつことである。さらに，それぞれの意思が，ダイナミックな組織学習につながっていく。そのためには，そのビジネスモデル・イノベーションに向けて成功するまで挑戦し続ける「組織文化」を，社内外に醸成していくことが肝要になる。

2　ビジネスモデルの定義と各種モデルのポイント

2.1　ビジネスモデルの諸説と定義

「ビジネスモデルの定義」とその解釈には，著者により様々なものがあり，以下に各著者の諸説を紹介し，その後に，本章で後述する事業コンセプトならびに各種のビジネスモデルの開発要件や表現方法を勘案した上で，著者としてビジネスモデルの定義を提案する。

(1)　ビジネスモデルの定義の諸説

加護野・井上［2004］は，前述の事業システムとの関連性をもたせて，ビジネスモデルとは，「経営資源を一定の仕組みでシステム化したものであり，①どの活動を自社で担当するのか，②社外の様々な取引相手との間にどのような関係を築くかを選択し，分業の構造ならびにインセンティブの設計，活動システムとして商流，物流，金流，情報流などの流れの設計の結果として生み出されるシステム」としている。

次に高橋［2010］は，「独自の顧客価値に裏付けられた差別化，他社に対する競争優位性，そして収益構造を構想する必要があり，これらを図や文章として単純化して表現したものが『ビジネスモデル』である」と主張している。「この収益構造として，利益を生み出す仕組み，つまり，誰からお金を受け取って誰に支払うのか，その対価は何かという流れが示されている必要がある。ビジネスの内容を単純化・抽象化・視覚化するために，ビジネスモデルは，ビジネスモデル図や説明記述文で表現されることが多い」と述べている。

根来［2014］は，「ビジネスシステム（事業システム）は『現実』を取り扱うものであり，ビジネスモデルは，経営者の頭の中にある『事業の構造に関する意図や計画』を設計図として表現したものである」と述べている。「ビジネスモデルを反映して企業行動をしていく。その後に，社会での現実には，不整合な部分が生じる。この不整合を解消するために企業行動をとり，ビジネスシステムを修正していく。そして，現実を勘案して修正したビジネスシステムと，新たな事業の意図や計画を考慮したビジネスモデルを設計する。そういうことの繰り返しによって，事業が進化していく」と述べている。

さらに，根来・浜屋［2012］は，ビジネスモデルを，「あるビジネスが，どのような顧客に対して，どのように価値を生み出し，どのように価値を提供し，どのように価値を上げるのかを表現するモデル」であると定義している。

そして，根来・木村［1999］は，ビジネスモデルを「事業活動の構造を表現するモデル」とし，次の3つのモデルからなるものとしている。

① **戦略モデル**：どういう顧客に，何をどう魅力づけをして，どういう製品を提供するかを表現するモデル（**図表5-2参照**）。
⇒本章の「事業コンセプト」に相当すると思われる。
② **オペレーショナルモデル**：戦略モデルを実現するオペレーションの基本構造を表現するモデル。資源と活動の組合せ。
⇒本章の「ビジネスプロセスモデル」に相当すると思われる。
③ **収益モデル**：事業活動の利益をどうするかなど，収益を得る方法とコスト

図表5-2　ビジネスモデル開発の出発点としての「戦略モデル」
「価値」の提供：買い手に評価されなければならない

出所：根来［2014］，図表2-2，p.35

構造を表現するモデル（儲ける仕掛け）。
⇒本章の「収益モデル」に相当すると思われる。

　根来［2014］は，ビジネスモデルの第1段階として，図表5-2に示した「戦略モデル」を示している。その考え方は，まず「ターゲット顧客」を決め，それを中心において，2つの事項をつめていく。1つは，ターゲット顧客に対して，競合企業以上に，より「価値」を高める製品やサービスを提供するということ（「ジョブ」を定義する）。もう1つは，競合他社との競争に持続的に勝てるように，自社とパートナーとの協調によって経営資源と活動の仕組みをつくりあげること。その仕組みをつくりあげる際に，他社との「隔離」として，自社の仕組みが他社と異なるものでなければならない。すなわち，「価値」と「隔離」という2つをおさえたビジネスモデルを発想していく。

　鈴木［2009］は，ビジネスモデルを，「対象とするビジネスの本質を単純化・抽象化し，表現したもの」としている。このビジネスの本質とは，独自の

顧客を対象にして，競合他社に対する差別的優位性と，収益構造を設計することであり，これを単純化し，表現したものがビジネスモデルであると述べている。

特に，新製品・新事業での参入戦略の策定にあたり，ビジネスモデルを次の3つのタイプとして設定することを提案している（**図表5-3参照**）。

① **基本モデル**
⇒本章の「事業コンセプト」に相当すると思われる。
② **プロセスモデル**
⇒本章の「ビジネスプロセスモデル」に相当すると思われる。
③ **収益モデル**
⇒本章の「収益モデル」に相当すると思われる。

図表5-3　鈴木が提唱するビジネスモデルの3つのタイプ

タイプ	内容	留意点
基本モデル	誰に（ターゲット顧客），何を（顧客価値），どのように（製品，技術，サービス）という事業の基本構造を表現したもの	・顧客は誰か ・顧客の違いを認めてくれる独自の顧客価値は何か ・どういう特徴のある製品やサービスか
プロセスモデル	顧客価値を創出し儲けるために，調達から，販売，アフターサービスに至るバリューチェーンの構成，役割，それらの関係を表現したもの	・顧客へ提供する顧客価値の最大化と，コストミニマム ・自社の役割と，外部パートナーに対するイニシアチブ ・バリューチェーン全体の中で，外部パートナーとアライアンスをどのように組むか
収益モデル	製品やサービスを顧客に提供するバリューチェーン内のプロセスにおいて，どのプロセスで収益を獲得するかを表現したもの	・バリューチェーン内のどのプロセスで顧客からお金をいただくか ・プロフィットゾーンは何か

出所：鈴木［2009］，図表8-1，p.114を参考にして，本章で使用している用語や，概念の説明にマッチングするように用語や説明表現を著者が一部修正

野中［2012］は，企業としてビジョンを示すにはやはり全体感が必要であり，それを表す俯瞰図こそ「ビジネスモデル」であるとし，このビジネスモデルの目指す先が，すなわち次世代の世界観とビジョンであり，このようなビジョンを包含したストーリーが「ビジネスモデル」であると主張している。

　そこで，ビジネスモデルの創造・再構築を総称して，「ビジネスモデル・イノベーション（BMI）」と呼んでいる。BMIを，従来型の論理分析的な経営戦略論の一種やその延長上にあると捉えてはいけない。はじめから明確なビジネスモデルが存在するケースは皆無だといってよい。ビジネスモデルのプロトタイプを実際に仮説検証してみて，現実の実情や矛盾に直面して失敗から学び，究極の柔軟性をもってビジネスモデルを再構築して，状況を読んでしたたかに進む思慮深さとして「実践知」を体得していかなければならない。

　つまり，BMIとは，組織の創造的なダイナミックプロセスであり，それを形成していく過程でどのように組織としてマネジメントしていくかが重要になる。このプロセスの中で何度も修羅場を通ってマネジメントを体感した者だけが実践知を身に付けられるということが，実はBMIの成功を築く過程に埋め込まれていることを銘記しなければならない。

　BMIは，世の中を良くしたいというリーダーの人生を賭けた信念の実現プロセスであり，そこから生まれる実践知を，顧客と社会の価値に変換する試行錯誤の執念のプロセスである。このような高質な知を創造する仕組みをビルトインしたプロセスであるBMIを，「事業創生モデル」と呼ぶことにする（p.244のColumn参照）。

(2) 著者が提唱するビジネスモデルの定義

　そこで著者［玉木］の「広義のビジネスモデル」の定義を，以下に示す3タイプのモデルの集合体として提唱する。

① 事業コンセプト
② ビジネスプロセスモデル（「ビジネスプロセスモデル」図や，「ステークホルダー同士のオペレーションに対応した取引情報の流れ」表として表現す

る）

③　収益モデル（その他として，ICTビジネス革新や事業革新に向けたビジネスモデルの各種タイプを含める）

　事業活動の究極的な目的は「顧客創造」であり，それを実現するために「事業創造」がある。つまり，この「顧客創造」の実現に向けた第一歩として，顧客が他社との違いを認めてくれる独自の「顧客価値」の創造が不可欠になる。そして，それを着実に実現できる「ビジネスの仕組み」をつくりあげ，そのビジネスの仕組みの中に，「儲ける仕掛け」を織り込んだものを「ビジネスモデル」と定義する。このビジネスモデルの開発結果に基づいて，その後の事業システムの設計・構築へとつなげていくことができる。

　次に，ビジネスモデルに関する3タイプ別の定義を示す。

　第1の「事業コンセプト」の定義として，「外部経営環境分析および内部経営環境分析の結果に基づき，新たな製品やサービス，あるいは新規事業開発に向けて，ターゲット顧客／顧客価値／ビジネスの仕組み／自社とパートナーとの分業構造とインセンティブの設計／儲ける仕掛けなどをまとめた事業構想案」とする。

　第2の「ビジネスプロセスモデル」の定義として，「先の事業コンセプトの設計内容を継承した上で，自社は，ターゲット顧客にマッチングした製品やサービスを企画し，顧客価値を提供することにより，儲けの仕掛けを（後の収益モデルに関係），バリューチェーン内の主要プロセスによってつくりだす。そのために，バリューチェーン内の様々なプロセスの中に，自社と外部パートナーとの役割分担によって分業構造とインセンティブを設計する。そして，自社を取り巻く，ターゲット顧客ならびに外部パートナー同士で行われる取引情報（商流，物流，金流，情報流）を表現したもの」とする。

　これらの可視化表現として本書で推奨するものに，「ビジネスプロセスモデル」図と，それを補完するものとして「ステークホルダー同士のオペレーション（業務活動）に対応した取引情報の流れ」表がある。他書に類似した図表の表現形式として，「ビジネスモデルキャンバス」が参考になる。

最後の「収益モデル」の定義として，前述した「ターゲット顧客が真に求める顧客価値さらには社会価値を提供するために，それにマッチングした新たな製品やサービスの企画や，新規事業の企画を，バリューチェーン内のどこのプロセスで実現して，お金を儲ける仕掛けを創出するもの」とする。

2.2 本書が提唱する3タイプのビジネスモデルの開発要件のポイント

前述のように著者が提唱した「広義のビジネスモデル」の3タイプのモデルとした，事業コンセプトと，その事業コンセプトとの前提条件を反映したビジネスプロセスモデル，および収益モデルの開発要件を**図表5-4**のように定めることにする。

図表5-4 事業コンセプトおよびビジネスプロセスモデルと収益モデルの開発要件

モデルの『制作物』	ビジネスモデルの開発要件
事業コンセプト 3.1節 『事業コンセプト表』 3.2節 企業事例研究： 図表5-6	①「ターゲット顧客」（誰に）の設定 ・実在の顧客【ニーズ】の想定（問題解決に向けたニーズ志向） ・潜在／未来の顧客【ウォンツ】の想定（夢実現に向けたウォンツ志向） ・「リード顧客」参加型の事業コンセプトを醸成（顧客と企業との価値共創志向） ・地球・社会・未来に生じる問題の予見（共有価値 [Creating Shared Value] または社会共創，リバース・イノベーションに向けた社会課題解決志向） ②「顧客価値」（何を）の提案 ・「ジョブ」の提案：【ニーズ】の問題解決，【ウォンツ（欲求）】の実現 ・顧客価値：基本価値，差別化価値，感性価値 ③新たな「ビジネスの仕組み」（どのように）の工夫 ・既存／新規の手段や方法を組み合わせた，新「ビジネスの仕組み」のアイデア創出 ・新たな「ビジネスの仕組み」の編成による競争優位性の確立：自社

第5章 ビジネスモデル・イノベーション

	とパートナーとの連携によるユニークなバリューチェーンの「構成」，さらに「模倣困難性」，「進化」を織り込んだ事業コンセプトの発展イメージ化 ④「自社の経営資源」と「外部パートナー」との事業領域と役割分担の決定 ・バリューチェーンのプロセスの中で，自社および外部パートのそれぞれの事業領域の決定 ・それぞれのプロセスの役割分担に対応した，オペレーション（業務内容）と必要な経営資源の設定 ⑤「儲ける仕掛け」 ・経済性の原則，収益モデルおよびその他のビジネス・イノベーションに向けたビジネスモデルの各種タイプの中から選択・組合せ
ビジネスプロセスモデル 4.1節・4.2節 ①『ビジネスプロセスモデル図』 ②『オペレーションに対応した取引情報の流れ表』 4.3節 Column： 図表5-9： ビジネスモデルキャンバス	(1)「事業コンセプト」の設計結果を前提条件として再確認と，「ビジネスプロセスモデル」の開発要件 ①「ターゲット顧客」の再確認と「顧客セグメント」の細分化 ②「顧客価値」の再確認と「新製品やサービス」の企画 ③新たな「ビジネスの仕組み」の工夫の再確認と「オペレーション（業務活動）」 ④「分業構造」と「インセンティブ」の設計：自社の経営資源と外部パートナーの決定の再確認とオペレーションの役割分担 ⑤「儲ける仕掛け」の再確認 (2)「ビジネスプロセスモデル」図および「ステークホルダー同士のオペレーション（業務活動）に対応した「取引情報の流れ」表を制作する上での開発要件と表現方法 ①ビジネスプロセスモデル図の中央に「自社」ボックスの配置と，そのボックス内に各顧客セグメントに提供する「新製品やサービス」の列挙 ②「ターゲット顧客」ボックスの配置と，そのボックス内に「顧客セグメント」と「ジョブ」の列挙 ③各種「外部パートナー」ボックスの配置と，そのボックス内にそれぞれの提供すべき「新製品やサービス」や「オペレーション」の列挙 ④ステークホルダー同士のオペレーションに対応した「取引情報の流れ」として，それぞれのボックス間に「矢線」の記述。それと並行してステークホルダー同士の「オペレーション（業務活動）」に対応した取引の流れ（商流，物流，金流，情報流）」表の作成

	⑤収益モデル（収益構造とコスト構造の相関関係）の記述
収益モデル「儲ける仕掛け」 5.2節 経済性の原理 5.3節 収益モデルのタイプ： 図表5-10	(1) 経済性の原理 ①規模の経済 ②範囲の経済 ③速度の経済 ④集中化と外部化の経済 ⑤ネットワークの経済 ⑥経験の経済 (2) 収益モデルに関するビジネスモデルの各種タイプ ①製品ピラミッド利益 ②マルチコンポーネント利益（マルチチャネル） ③利益増殖 ④販売後利益（アディショナルレベニュー） ⑤インストール・ベース利益（ジレット・モデル） ⑥第三者課金 ⑦フラット料金 ⑧ロックイン ⑨従属課金 ⑩部分所有 ⑪賽銭（さいせん）方式 ⑫会員クローズド取引 ⑬フランチャイズ
ICTビジネス革新の各種タイプ 6節 図表5-11 企業事例研究：BM-Map, BM-Tree, BM-DB 図表5-12/13/14	ICTビジネス革新に向けたビジネスモデルの各種タイプ ①アンバンドル ②マルチサイド・プラットフォーム（MSP） ③フリー：直接損失補填，三者間市場，フリーミアム ④ロングテール ⑤個人間取引 ⑥シェア：レンタルモデル，プロダクト・サービス・システム（PSS） ⑦オムニチャネル（O2O） ⑧プロシューマー その他ビジネス・イノベーションに向けたビジネスモデルの各種タイプ

出所：著者作成

3 新規事業開発に向けた事業コンセプトの設計

3.1 事業コンセプト設計の進め方

　前述した経営環境の分析として，第2章の「外部経営環境分析」および第3章の「内部経営環境分析」を取り上げた。それらの分析結果に基づいて，「事業コンセプト」の設計を行う。

　本書が示す「事業コンセプト」の設計内容には，「どのような顧客に（誰に），どのような顧客価値を（何を），新たな「ビジネスの仕組み」を工夫して，自社の経営資源と外部パートナーを決定し，儲ける仕掛けをつくる」などが含まれている。

　それらを参考にして，本節では次に示す課題を相互に関連づけて，「事業コンセプト」の設計を行うことにする（**図表5-5参照**）。

① 「ターゲット顧客」（誰に）
・ある状況（TPO）にある実在する「ターゲット顧客」を特定し，その顕在的な【ニーズ】を想定する。
・またはある状況（TPO）にある潜在または未来の「ターゲット顧客」を特定し，その【ウォンツ（顧客自体もまだ気づいていない要望・欲求）】を想定する。
・なお，ここでのTPOとは，そのターゲット顧客を取り巻く，Time, Place, Occasion（状況やコンテキスト）とする。

② 「顧客価値」（何を）
・実在のターゲット顧客が困っている問題【ニーズ】を解決するための「ジョブ（ニーズの解決策）」を提案する。
・または，潜在あるいは未来の「ターゲット顧客」自体もまだ気づいていない要望・欲求【ウォンツ】を実現する「ジョブ（ウォンツの実現方法）」を提案する。

・それらのジョブを実現して，ターゲット顧客のニーズやウォンツがかなった時に，どのような「顧客価値（安全や安心，便利や快適，希少性や個性，プレミアム，さらには感動や共感など）」を提供できるかを考える。

③ 顧客価値の実現に向けた新たな「ビジネスの仕組み」の工夫（どのように）

・顧客価値を提供するために，既存または新規の手段や方法を組み合わせて，どのように新たな「ビジネスの仕組み」をつくるのかという，アイデアを生み出す。

④ 「ビジネスの仕組み」を実現する自社の経営資源または外部パートナーの決定

・バリューチェーンのそれぞれのプロセスの中で自社と外部パートナーとの事業領域の決定。

・それぞれのプロセスに対応した自社と外部パートナーの「オペレーション（業務内容）」と経営資源の設定。

⑤ 収益モデル：儲ける仕掛け

・バリューチェーン内のある特定のプロセスに対して，ターゲット顧客が喜んでお金を払ってくれる仕掛けをつくる。

・「経済性の原則」，「収益モデル」および「ICTビジネスモデル」やその他のモデルに関する各種タイプの選択とその組合せ。

図表5-5 事業コンセプトとして設計する課題とそれぞれの内容

4つの課題	内　容
「ターゲット顧客」（誰に）	■実在または潜在的な「ターゲット顧客」の設定 ①あるTPOにある実在する「ターゲット顧客」を特定し，その【ニーズ】を想定（ニーズ志向） ②あるTPOにある潜在または未来の「ターゲット顧客」を特定し，その【ウォンツ】を想定（ウォンツ志向） ③「リード顧客」とのコミュニケーションを通して，顧客参加型の事業コンセプトを醸成（価値共創志向）

	④社会・未来・地球に生じる問題を予見（社会課題解決志向）
「顧客価値」（何を）	■「ジョブ」の提案 ①ターゲット顧客の顕在的な【ニーズ】を解決する「ジョブ」 ②潜在的な【ウォンツ（欲求）】を実現する「ジョブ」 ■「顧客価値」の抽出 ①安全や安心などの「基本価値」 ②製品，価格デザイン，補助的サービス，ブランドによる差別化。便利や快適などの「差別化価値」 ③セルフブランディングの希少性や個性，プレミア感，さらには感動や共感などの「感性価値」
新たな「ビジネスの仕組み」の工夫 （どのように）	■新たな「ビジネスの仕組み」の工夫 ・顧客価値の実現に向けて，既存または新規の手段や方法を組み合わせた，新たな「ビジネスの仕組み」のアイデアの創出 ■新たな「ビジネスの仕組み」の編成に対する競争優位性 ・自社の経営資源とパートナーとの連携によるユニークな「バリューチェーン」の構成 ・競合他社に対する「模倣困難性」をビジネスの仕組みに織り込む ・「進化」する事業コンセプトのイメージ化
自社の経営資源と外部パートナーの決定	■自社と外部パートナーとの事業領域の決定 ①バリューチェーンのプロセスの中で，自らの経営資源の能力やノウハウを活かせる自社の「事業領域」の決定 ②それ以外のそれぞれのプロセスに対して，どの外部パートナーにどのプロセスを任せるかの選定と，協調形態の決定（アウトソーシング，戦略的提携，M&Aなど） ③バリューチェーンのそれぞれのプロセスに対応した自社と外部パートナーの「オペレーション（業務内容）」とそれに必要な経営資源の設定
収益モデル：儲ける仕掛け	■バリューチェーンの中で特にどのプロセスに対して，ターゲット顧客がお金を払ってくれる仕掛けをつくる ・「経済性の原則」，「収益モデル」および「ICTビジネスモデル」やその他のビジネスモデルの中からいくつかのタイプの組合せ

出所：著者作成

(1)「ターゲット顧客」(誰に)

　事業コンセプトのはじまりは，ある状況にある1人（または少数）の顧客（ここでは「ターゲット顧客」と呼ぶことにする）に焦点を絞って，そのターゲット顧客を幸せにしようとすることから始まる。これは顧客満足の追求や，顧客の課題解決のアプローチといえる。

　一方，これからの日本企業に求められる新たな事業コンセプトのアプローチとして，CSR（Corporate Social Responsibility，企業の社会的責任）を法令遵守の義務や慈善事業的な面のみから捉えるのではなく，より積極的なCSV（Creating Shared Value，経済的な価値と社会的な価値を同時に実現する共有価値）に向けて，前述したように社会課題の解決につながるソーシャル・イノベーション志向の事業コンセプトとそのビジネスモデルを実現することが，グローバルレベルで企業の「社会価値」を高める方策として重要になってきたことを認識すべきである。

　以下のようにターゲット顧客を特定する方法，あるいは社会課題解決の視点から4つのアプローチをする方法がある。

　第1に，実在するある人について，どのようなTPOやライフスタイルの中で，不満あるいは困っている問題を深く考えてあげて，その問題を解決してあげると喜んでくれる人を，ターゲット顧客として設定する（ニーズ志向）。

　第2に，未来の顧客を想定して，まだその人はその必要性を感じていないが，新しいTPOやライフスタイルへと変革してあげると，共感してくれる人をターゲット顧客として設定する（ウォンツ志向）。

　第3として，今まで社会にないまったく新しい顧客価値を創造しようとする際に，その分野の外部有識者や，その顧客価値のユニーク性や有意義性をわかってくれるであろう「リード顧客」との密なコミュニケーションを通して，アドバイスをもらいながら事業コンセプトを醸成させて，新商品サービス企画へと進化させていくやり方もある（リード顧客と企業による価値共創志向）。

　第4に，後述する各種のビジネスモデルの中でも未来志向のモデルに関係するが，特定のターゲット顧客という概念を超越して，近未来に想定されるであ

ろう社会や地球あるいは企業に生じる問題を予見する。そのような世界観から，未来の社会問題や地球問題に対して，企業の主要な事業活動の1つとして取り上げてそれらの課題を解決しようというアプローチが，欧米のグローバル企業の中でも特に企業価値やレピュテーションを高めることの重要性を意識した企業にみられるようになってきた（社会課題解決志向，社会価値志向）。

例えば，地球温暖化の問題から環境対策に向けた政策や，環境ビジネスへの取組み，日本の少子高齢化とともに若者の流出が止まらない地方の社会問題に対する地方創生の政策や産業雇用創生ビジネス，あるいは生産年齢人口の減少に対する女性の活躍推進の施策や福祉ビジネスなどがある。

例えば，そのような先端的な企業事例として，IBMは「Smart Planet（地球を，より賢く，スマートに）」というビジョンのもとに，新しいエネルギーインフラや交通インフラなどを提案し，世界各地で実践している。また，欧米企業のみならず日本企業の中にも，国連が2016年1月に発行した地球環境の『持続可能な開発目標（SDGs: Sustainable Development Goals）』における17目標に対応させて，自社のビジョンを構築し，発展途上国に向けたリバース・イノベーションを主要事業の1つとして取り組む企業が萌芽してきたことは特筆すべきことである。

すなわち，「顧客の意見に耳を傾けよ」というスローガンがよく使われるが，前述の第1から第3までのアプローチに対して，特に第4のアプローチを対照してみると，このアドバイスがいつも正しいこととは限らないことがわかる。

C.クリステンセン［2001］が唱えたバリュー・ネットワーク理論に照らして考えると，第4のアプローチは，「顧客の意見に耳を傾け」ても，ターゲット顧客のニーズの深掘りやウォンツを探究しても見出すことはできないと指摘している。

企業を「破壊的イノベーション」を超越した「持続可能なイノベーション」への挑戦に導くためには次のようなアプローチが必要になる。すなわち，社会や地球に対して企業として対処すべき未来を予見した問題を自ら探し求め，課題を発見して，未来になすべきことを逆アプローチ的な発想をとることによっ

てのみ，その「持続可能なイノベーション」の源泉が得られる可能性をつかむことができる。

(2) 「ジョブ」の提案と「顧客価値」の抽出（何を）

　ここでの「ジョブ」とは，ターゲット顧客が抱えている現状で困っていることに対する顕在的な【ニーズ】の問題を解決することや，顧客自体がまだ気づいていないライフスタイルの変革をもたらす潜在的および未来的な【ウォンツ（欲求）】を実現できることを提案することを意味する。

　例えば，「4分の1ドリルを買う顧客は，4分の1ドリルが欲しいのではなく，4分の1ドリルがあける穴が欲しいのである」という，レビッドの有名な指摘がある。つまり，木材または金属のボードまたは壁に対応して適切な寸法の穴をあけたいという「ジョブ」と，あけたい穴の寸法と材質に合った上で穴をあけやすい新たな道具（この例ではドリル）を取り揃え，顧客のそれぞれの要望を満足させられる「顧客価値」を提供するべきことを意味している。

　「顧客価値」の抽出とは，真の「ジョブ」の意味を再定義し直して，それぞれのターゲット顧客にどのような新たな「価値」を提供すべきかを深く考えることといえる。つまり，顧客は製品やサービスを購入しているが，モノやサービスを使いたいだけでなく，そのモノやサービスを新たな道具として活用することで，新たな価値や効用を享受することを求めている。

　伊丹［2012］は，顧客価値を次の3つのタイプから考えている。

① 基本価値：自動車を例にとってみると，自動車は交通のための機械で，移動サービスの提供が最も基本的な機能であることから，そのための性能や品質が「基本価値」になる。例えば，「基本価値」の顧客価値として，安全や安心な移動サービスを受けられることが考えられる。
② 差別化価値：この「差別化価値」には次の4つがある。
・製品そのものの差別化（機能，性能，品質，デザイン，付帯ソフトなど）
・価格デザインの差別化（価格設定，支払条件など）
・補助的サービスの差別化（アフターサービス，購入のしやすさ，特典サービ

スなど）
・ブランドの差別化（企業や製品のイメージ，社会からのレピュテーション［評判］など）

例えば，「差別化価値」の顧客価値として，便利や快適などが考えられる。

③ **感性価値**：「感性価値」には，「セルフブランディング」につながる希少性や個性，特別待遇によるプレミアム感，感動や共感などの顧客価値がある。さらに，その他に地方創生のツーリズムの例としては，今まで観たことのない大自然への驚きや，あるいはスピリチュアルな癒し，祭典にまつわる神への畏敬などが体験ツーリズムとして各地で展開されている。

それでは前述のターゲット顧客の設定に対して，この顧客価値の抽出について対応させてみよう。

第1のターゲット顧客に関して，実在するターゲット顧客に対してまだ解決されていないニーズを深く考え，顧客価値の中で安全，安心などを提案することに相当する。例えば，耐久消費財的なモノ，あるいは使用期間が長いサービスの場合には，顧客が日常生活を通じてその製品やサービスを利用することによりライフスタイルが豊かになる。

第2のターゲット顧客や第3のリード顧客に対して，顧客自身は感じていない潜在的なウォンツを企業側が探究して，顧客価値の提案の中で，便利や快適，プレミアム感，感動などを提案することに相当する。

一方，第4の社会課題解決志向によるアプローチとしては，自社の製品やサービスを地域へ提供することを通じて，顧客のみでなく，さらには社会へ貢献することができるように，それぞれの企業の経営理念や事業目標とを対応づけていく社会価値も追求していくことに相当する。

(3) 顧客価値の実現に向けた新たな「ビジネスの仕組み」の工夫（どのように）

新たな「ビジネスの仕組み」の工夫とは，前述してきたようにターゲット顧客のニーズの問題解決やウォンツを実現するジョブを提案して，顧客価値を提

供するために，既存または新規の手段や方法を組み合わせて，どのように新たな「ビジネスの仕組み」をつくるのかという，仕組みを工夫するアイデアを生み出すことである。

その際，この「ビジネスの仕組み」の編成が，他社に対して競争優位となる独特なビジネスのオペレーションの集合体（バリューチェーンを構成するそれぞれのプロセスをユニークに編成すること）となるように，工夫する必要がある。さらに，その「ビジネスの仕組み」が，競合他社に対して簡単に真似されないように，「模倣困難性」をビジネスの仕組みに織り込んでおくことが大切になる。加えて，当初の「事業コンセプト」のプロトタイプで狙ったターゲット顧客ならびに顧客価値を達成した時に，将来的に，「発展性」のある事業コンセプトとなるように，当初から「進化」する事業コンセプトのイメージ化をしておくことが理想的である。

すなわち，前述した競争戦略の中で市場や顧客に対する差別化戦略として，製品・価格デザイン・補完サービス・ブランドがあることを示したが，それらは競合他社からみるとわかりやすく真似されやすい。それに対して，「ビジネスの仕組み」を巧みに編成しておく工夫を，自社の経営資源およびパートナーとの戦略提携によって具体的に組み合わせることによって，バリューチェーンの内部構成や運営している仕組みを外からみても理解することができないようにしておく。つまり，「ビジネスの仕組み」に工夫を凝らす際に，「模倣困難性」をビジネスモデルに織り込んでおくポイントになる。

次に，ある「事業コンセプト」を成功に導き「製品ライフサイクル」の成熟期にまで到達できたことは，それは同時に衰退期に向かうことも示唆されている。たとえ自社が市場のリーダー的なポジションであったとしても，将来の市場拡大や市場成長に向けて自らリーダーシップを発揮するために，持続可能な「事業ライフサイクル」を意識して，「事業コンセプト」を次々に進化させていく，ビジョンマネジメントの経営姿勢が求められる。

ここでの「ビジョンマネジメント」とは，新たな「事業コンセプト」を市場で実証したものにしかわからない失敗を組織として学び，将来，次々に進化さ

せていく「事業コンセプト」の方向性や目標を再策定して，それを「中期経営計画」さらには「組織革新」へと具体化させていくことを指している。

(4) 「ビジネスの仕組み」を実現する自社経営資源と外部パートナーの決定

今まで自社の経営資源の活用と，戦略的提携などにより外部のパートナーとの連携により新たな「ビジネスの仕組み」を工夫する必要性について前述してきた。

その仕組みに必要な経営資源と，外部パートナーとの協調関係を明らかにするために次に示す2つのことを規定しなくてはならない。

① バリューチェーンのそれぞれのプロセスの中で自社と外部パートナーとの事業領域と役割分担の決定
② 担当するそれぞれのプロセスに対応した自社と外部パートナーのオペレーション（業務内容）と経営資源の設定

① バリューチェーンのプロセスの中で自社と外部パートナーとの事業領域と役割分担の決定

まず，自らの経営資源の能力やノウハウ（ケイパビリティ）を活かせるコアの「事業領域」として，バリューチェーンのプロセスの中で自社が主として担当すべき範囲を決定する。次に，それ以外をどの外部パートナーに任せるかを選定するとともに，協調する形態として，アウトソーシングまたは戦略的提携，さらにはM&Aのどのタイプをとるべきかを考える。

② 担当するそれぞれのプロセスに対応した自社と外部パートナーのオペレーション（業務内容）とそれに必要な経営資源の設定

まず，自社の得意とするコア技術や機能，そして今までの経営行動を通して蓄積してきた経営資源の能力やノウハウを，自社が担当すべき各種のオペレーション（業務内容）として特定する。

次に，自社が得意とする技術やノウハウ，および必要となる経営資源（ヒト，モノ，カネ，情報的経営資源）をいかに活用して，自社が担当する具体的なオ

ペレーション（業務内容）を規定する。

そして、ターゲット顧客に顧客価値を提供する際に、魅力あるバリューチェーンのプロセスとなるよう、外部パートナーに任せるプロセスごとに、適切な外部パートナーを選定し、各パートナーに任せたい役割と任務を明確にする。

(5) 収益モデル：儲ける仕掛け

自社が担当するバリューチェーンのプロセスの中で、特にどのプロセスが、ターゲット顧客に向けて顧客価値を提供できるのかを熟考する。そして、どのようにすれば満足感や共感を与えて、喜んでお金を払ってくれるかの「儲ける仕掛け」を、各種のビジネスモデルのタイプの中から選定して組み合わせることによってつくりだす。

具体的には、後述するビジネスモデル開発において示す「経済性の原則」や、「収益モデル」ならびに「ICTビジネスモデル」やその他のビジネスモデルの中から、儲けを仕掛けるプロセスごとに対応させて複数のタイプのモデルを選択する。そして、ターゲット顧客に対してトータルな製品やサービスを提供するビジネスプロセスに対応させて、複数のタイプのモデルを相互に連携して組み合わせる。例えば、6節のp.239の企業事例研究で示した、アップル「iPodシリーズ」のビジネスモデルの事例研究として取り上げたが、特にp.241のビジネスモデル・ツリー（BM-Tree）を参照するとわかりやすい。

3.2 事業コンセプト設計の企業事例研究　アスクル

以下に、事業コンセプト設計の企業事例研究として、アスクルのオフィス用品・文房具を翌日に配送サービスする新規事業を開発した事例を取り上げる［加護野・井上，2004］。**図表5-6**に、アスクルの事業コンセプトをまとめた。アスクルは、翌日配送というオフィス用品の販売・配送事業を、外部の宅配便の物流ネットワークを前提に、既存の販売チャネルとして地元に既に存在していた文房具店の長所をうまく活かしながら、自社の商品やサービスを提供している。

(1) 「ターゲット顧客」(誰に):SOHOの事業主

　アスクルは,オフィスで必要となるものを翌日に配送するというサービスを提供している。当初の事業コンセプトのプロトタイプの顧客対象として,スモール・オフィスやホーム・オフィス(SOHOと呼ばれる)で仕事をしている人々をターゲットとした。少人数の事務所なので,事務用品が切れてしまうと,仕事が続けられなくなってしまう。しかし,少人数ながら事務所にいる様々な人たちの突飛な要望に従って,事務用品や細かな文房具をその都度買いに行かなければならない事務員の立場にたつと,買物をしたその後の経理処理まで含めるとかなり面倒であり,しかも,自分が担当している事務作業まで支障をきたしてしまう。

　つまり,大きな会社の事務所だと,出入りの事務用品業者のほうからすぐに届けてくれるが,SOHOの場合にはそうはいかないというリアルな実態を把握して,本当に小さな市場セグメントながら非常に困っている事業主と事務員のビジネススタイルを救済することを狙った。

図表5-6 事業コンセプト設計の企業事例研究【アスクルのオフィス用品販売】

課題	アスクルの事業コンセプト
「事業コンセプト」の概要	■オフィス用品のWeb販売サービス:「明日,来る」から『アスクル』 スモール・オフィス(SOHO)の事業主を対象に,オフィス用品・文房具の翌日配送というサービスを,宅配便の物流ネットワークを前提に,既存の販売チャネルの長所をうまく活かしながら提供する
ターゲット顧客 (誰に)	・SOHO(Small Office/Home Office)の事業主 ⇒進化:それを基盤にして,大企業からも潜在顧客を掘り起こす
顧客価値 (何を)	・SOHO事業主の事務所に翌日配達 ⇒進化:大企業の間接費の削減という顧客価値を派生させる

新たな「ビジネスの仕組み」の工夫（どのように）	・プラス以外の各種オフィス用品／文房具の品揃えを，卸を中抜きし，直接調達 ・顧客からは，「商品カタログ」に基づく直接受注 ⇒進化：プライベートブランド商品の開発 ・SOHO事業主の個人が，商品カタログから，午後の定刻までにWeb／ファックス／eメールで直接注文。翌日に，SOHO事業主の個人の事務所に配達 ・パートナーの活用：物流に宅配便業者，各地の配達に地元の文具店をエージェントとして活用
自社の経営資源と外部パートナーの決定	■自社の経営資源の活用 ・各種オフィス用品，文房具の品揃え（商品カタログ） ・受注機能，販売機能，カスタマーサービス ・全国地域拠点に，商品の調達・流通センターを配備 ■パートナーの事業領域と役割分担の決定 ・オフィス用品，文房具メーカーからの直接購入・調達（卸中抜き） ・配送：流通センターから各地への物流に外部の宅配便業者を活用 ・流通チャネル：地元の文具店の活用（エージェント機能：地元の顧客獲得，与信管理／代金回収［リスク回避］，配達）
収益モデル：儲ける仕掛け	速度の経済， 集中と外部化の経済

出所：加護野・井上［2004］，表2-1，p.63を参考にして著者作成（「⇒」は，当初の事業コンセプトのプロトタイプに対して，「進化」する事業コンセプトのイメージを示している）

(2) 「顧客価値」（何を）：オフィス用品の翌日配送サービス

　アスクルは，このような問題を解決するために，午後の定刻までにWebまたはファックスかeメールで注文すると，翌日にはオフィス用品を届けてくれる。明日来るから「アスクル」という社名になっている。

　将来に向けた事業コンセプトの進化という面から「顧客価値」の創造ということを考えてみよう。アスクルは，SOHOだけでなく，現在は大きな会社でも

利用されている。これまで，文具にしても備品にしても，会社の中の事務・経理部門を通して購入するケースがほとんどであった。アスクルというブランドが社会に認知されてから考案された，進化する事業コンセプトとして興味深い点は，アスクルを使えば，間接経費のロスと，調達期間のロスが削減できるという新たな顧客価値を発生させたことである。

(3) 新たな「ビジネスの仕組み」の工夫（どのように），自社の経営資源と外部パートナーの決定

　アスクルは，文房具メーカーであるプラスの社内ベンチャーとして始められた。プラスは，かつてアイデア商品で注目を集めたが，このようなアイデアはいつか枯渇するということに気づいて始められたのが，この新事業である。アスクルは，商品供給のスピードをあげることによって，困っている顧客の問題解決に貢献している。

　アスクルは，注文をファックスやインターネットで直接受けるが，商品に関しては，製造元のプラスが直接配送しているわけではない。これまで取引のある全国各地元の文房具店を通して配達している。地元の文具店が，地域の潜在的な顧客に根づいているために，アスクルにとって地元の顧客獲得をはじめ，代金の回収や細かなサービスに優れているからである。事業主の事務所に商品を配達する際に，外部の宅配業者をそのまま使うのではなく，地元の文具店に地元の顧客へ配達の役割を与えるというのは，既存の販売網を生かして，余計なコンフリクトを避けるための知恵でもある。

　なお，アスクルの経営理念の1つに，「すべてはお客様のために」というものがある。そこで，アスクルは，自社はお客様のためにオフィス用品をお届けする販売サービス会社に徹するべきであり，お客様が必要とするものは，プラス以外の商品やサービスも含めて品揃えをすることを決意した。また，進化する事業コンセプトに関連するが，お客様がオフィスにあったらいいなと思うウォンツに対して，そのようなオフィス用品が外部から調達できない場合には，プライベートブランドの商品の開発を行っている。

(4) 収益モデル：儲ける仕掛け

　事業システムを設計する時に，収益を継続的にあげるための仕組みづくりが求められる。企業は収益を上げるために，様々な工夫をしており，事業コンセプトを開発する際に収益を上げるベースとなる考え方のもとになる「経済性の原理」を参考にすることができる。

　次のビジネスプロセスモデル以降の段階で，前述したように「収益モデル」ならびに「ICTビジネスモデル」やその他のビジネスモデルの中のどのタイプのモデルを，儲けを仕掛けるプロセスに対応して複数選択し，それらのタイプのモデルを相互に連携して組み合わせる方法を示す。

4　ビジネスプロセスモデルの開発要件と企業事例研究

4.1　ビジネスプロセスモデル開発に向けた開発要件と表現方法

　前述した「事業コンセプト」の設計結果を前提条件として，「ビジネスプロセス図」および「ステークホルダー同士のオペレーション（業務活動）に対応した取引情報の流れ表」の作成方法を，ビジネスモデルの開発要件と表現方法として以下に示す。

　なお，ビジネスモデルを，ビジネスモデル図や説明記述表などで表現する方法として，他の文献で提案されている「ビジネスキャンバス」の表現方法や，p.239の企業事例研究で取り上げたビジネスモデルの図表「BM-Map, BM-Tree, BM-DB」も，上述した図表と類似した内容が含まれており，ビジネスモデルの開発に際しては，相互に補完して参照・活用することを薦めたい。

(1) 「事業コンセプト」の設計結果を前提条件とした再確認と，「ビジネスプロセスモデル」の開発要件（以下に，開発要件を「■」で示す）
　① 「ターゲット顧客」の再確認と「顧客セグメント」への細分化
　・ある状況（TPO）にある実在または潜在の「ターゲット顧客」を特定し，

その【ニーズ】または【ウォンツ】を再確認する。
- ■次に，その「ターゲット顧客」を，さらに何タイプかの「顧客セグメント」へ詳細化する。例えば，一般顧客または会員顧客，個人顧客または法人顧客など様々な区分のタイプが考えられる。

② 「顧客価値」の再確認と「新製品やサービス」の企画
- ・ターゲット顧客の各顧客セグメントがもつ【ニーズ】または【ウォンツ】に対応させた，それぞれの「ジョブ」の提案内容を再確認する。
- ・それぞれの「ジョブ」がかなえられた場合に，どのような「顧客価値（基本価値，差別化価値，感性価値など）」を提供しようとしているかを再確認する。
- ■それぞれの「顧客価値」を実現するために，前述のジョブの内容をよく考慮した上で，どのような「新製品やサービス」を企画すべきかを考案する。
- ■さらに，競合他社に対してその「新製品やサービス」企画の差別化戦略を考慮する（製品・価格デザイン・補完サービス・ブランドなど）。

③ 新たな「ビジネスの仕組み」の工夫の再確認とオペレーション（業務活動）
- ・この「ビジネスの仕組み」の編成が，バリューチェーンの中のどのプロセスに，競合他社に対しての競争優位性や，模倣困難性となる工夫が織り込まれているのかを再確認する。
- ■バリューチェーンの中のそれぞれのプロセスが，どのようなオペレーション（業務活動）によって実現できるか考案する。

④ 「分業構造」の設計：自社の経営資源と外部パートナーの決定の再確認とオペレーションの役割と業務内容
- ・バリューチェーンのプロセスの中で，自社がカバーする事業領域と，それ以外のどのプロセスを外部パートナーに任せるかの決定。
- ■分業構造の設計：バリューチェーンの各プロセスを実現するオペレーション（業務活動）について，自社と外部パートナーのそれぞれがどのオペレーションを担当するのかの役割分担を明らかにする。それぞれの役割に応じた業務内容と，さらにそれぞれに必要となる経営資源を設定する。

⑤ 儲ける仕掛けの再確認

・バリューチェーンの中のどのプロセスに対して，ターゲット顧客がお金を払ってくれるポイントになるかを再確認する。
・前記のそれぞれのプロセスに対して，「経済性の原則」，「収益モデル」およびその他のビジネスモデルの中で，どのタイプを選択し，相互に組み合わせるべきかを再確認する。

(2) 「ビジネスプロセスモデル図」および「ステークホルダー同士のオペレーション（業務活動）に対応した取引情報の流れ表」を作成する上での表現方法と開発要件（以下に，開発要件を「■」で示す）

なお，後述する企業事例研究で示した図表5-7を同時に参照しながら，表現方法と開発要件を確認すると，理解しやすいと思う。

① ビジネスプロセスモデル図に「自社」ボックスの配置とそのボックス内に各顧客セグメントに提供する新製品やサービスの列挙

・ビジネスプロセスモデル図の中央に自社のボックスを配置する。
■そのボックス内に，自社の事業領域の範囲以内で担当すべき，顧客セグメントの各種タイプに対応するそれぞれの「顧客価値」を実現する際に，提供すべき「新製品やサービス」を列挙する。

② ビジネスプロセスモデル図内に「ターゲット顧客」ボックスの配置と，そのボックス内に「顧客セグメント」と各種タイプの列挙

・自社ボックスとの対応関係を考えて，ターゲット顧客ボックスを配置する。
■そのターゲット顧客ボックス内に，顧客セグメントの各種タイプを記述する。

③ ビジネスプロセスモデル図内に各種「外部パートナー」ボックスの配置と，各パートナーのボックス内にそれぞれに提供すべき「新製品やサービス」や「オペレーション」の列挙

・バリューチェーンのどのプロセスを，どの「外部パートナー」に任せるのかを再確認しつつ，「自社」ボックスならびに「ターゲット顧客」ボックスとの相対的な配置に対応させて，それぞれの各種「外部パートナー」ボックス

をビジネスプロセスモデル図内に配置する。
- ■分業構造の設計：自社や顧客セグメントへの対応を考慮しつつ，それぞれの「外部パートナー」が担当すべき「新製品やサービス（BtoB［企業対企業取引］の場合は自社へ提供する部材やサービス）」や「オペレーション」を，該当する各「外部パートナー」ボックス内に列挙する。
- ■インセンティブの設計：それぞれの外部パートナーの契約形態（アウトソーシング，戦略的提携，M&Aなど）の違いや，分担した役割の貢献度の大きさによって，それぞれの外部パートナーに対するインセンティブ（売上・収益に対応したマージン，継続的な受注・取引の契約など）を設定しておく。

④　バリューチェーン全体のプロセスの流れに沿った「ステークホルダー同士のオペレーション（業務活動）に対応した取引情報の流れ」の記述，および**取引の順番を反映したステークホルダー同士の「オペレーション（業務活動）に対応した取引の流れ表」の作成**

- ■バリューチェーン全体のプロセスを進めていくステップに応じて，自社ボックスと，それを取り巻く各ステークホルダーのそれぞれのボックス同士を，以下に示す個々のオペレーションを実現する「取引情報の流れ」の順番に応じて，該当するボックス間を「矢線」で結ぶ。
- ○商流：商取引や契約情報の流れ
- ○物流：モノあるいはサービスの流れ
- ○金流：売上や経費の支払などのカネの流れ
- ○情報流，その他：情報的資源の流れ

　なお，ビジネスプロセスモデル図内にそれぞれの矢線を引く際に，「取引の流れ」の順番に対応した「番号」を付記し，また，取引の流れの種別（商流，物流，金流，情報流）に対応して矢線の「タイプ（実線，点線など）」を区分する。

　そして，上記の「取引の流れ」を補完的に説明するために，「オペレーション（業務活動）に対応した取引情報の流れ表」を同時に作成していく。なお，後述する**図表5-8**を参照するとイメージ化しやすいと思われる。

⑤ 収益モデル（収益構造とコスト構造の相関関係）の記述
- ■収益構造：バリューチェーンの中でどのプロセスで，ターゲット顧客からお金をもらうかの「儲ける仕掛け」づくりが，前述のどの「新しい製品やサービス」や，どのような「オペレーション」と「取引の流れ」で生み出せるのかを，ビジネスプロセスモデル図内で特定しておく（該当する箇所にはマーカーをしていくとよい）。
- ■コスト構造：バリューチェーンの中で，自社と外部パートナー間での「オペレーション」や「取引の流れ」を行うことによって，どのようなコストが生じるのかを特定しておく（該当する箇所には上記とは区別できるマーカーをしていくとよい）。

なお，コストマネジメントの観点から，コストを節約できる工夫を考える。例えば，バリューチェーンのどのプロセスで，自社の経営資源を使うコストがかかるのか，顧客へ製品やサービスを提供するコストがかかるのか，外部パートナーへ支払うコストやインセンティブはどのようなものかなどが考えられる。

⑥ ビジネスモデルの評価と持続可能なビジネスモデルを進化させるストーリー
- ○売れ続けること：継続的に売上を上げる仕組みを当初から考えておき，適宜バージョンアップしていく。
- ○利益が恒常的に出る仕組み：売上の増大や，コストの低減に関わる活動が仕組みとなっていること。特に，競合企業に対する差別化や模倣に対する競争戦略を熟慮していること。
- ○事業が成功する仕組み：事業のKFS（Key Factors for Success）が織り込まれていること。

これらのことは，前述したp.111の「バランス・スコアカード」と，後述する「5 収益モデル」に深く関係する。

4.2 ビジネスプロセスモデル開発の企業事例研究　ぴあ

「ぴあ株式会社」は事業内容として，音楽・スポーツ・演劇・映画・各種イ

第5章　ビジネスモデル・イノベーション

ベントなどの「興業元」と、ターゲット顧客（2タイプの顧客セグメント：Club@ぴあ会員、一般利用者）とを結び、それらのチケット販売を、Webサイトおよびリアル店舗を通じて行っている。

鈴木［2009］は、「@チケットぴあ」のその事業内容を、**図表5-7**のような「ビジネスプロセスモデル」の設計図として紹介している。

次の**図表5-8**として、このビジネスプロセスモデル図の中で主要なオペレーションの順番と内容を説明するために、ぴあを取り巻く顧客とパートナーについて「ステークホルダー同士のオペレーション（業務活動）に対応した取引情報の流れ表」を示した。

バリューチェーン全体の中で、どのようなプロセスに自社の強みを生かし、独自性を発揮するのか、どうすれば顧客へ提供する顧客価値が最大化し、高い顧客満足を獲得できるのかを、「ビジネスプロセスモデル図」に表現していく。

図表5-7　「@チケットぴあ」のビジネスプロセスモデル図

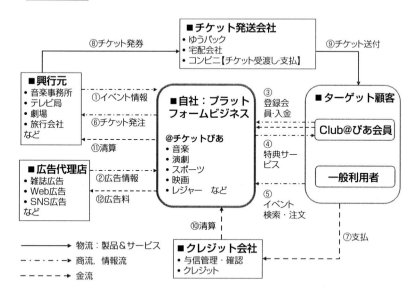

出所：鈴木［2009］、図表8-4，p.126を基にして、著者が製品・サービス、オペレーション（業務内容とその順番）を補完

図表5-8 「@チケットぴあ」の「ステークホルダー同士のオペレーションに対応した取引情報の流れ表」

順番	取引情報の流れ	オペレーション（業務活動）の内容
①	情報流：興業元⇒ぴあ	興業元がイベント情報をぴあに伝える
②	情報流：広告代理店⇒ぴあ	広告代理店がイベント広告をぴあに伝え，宣伝を開始
③	商流・金流：会員⇒ぴあ	Club@ぴあの会員登録，入会金・年会費の支払
④	情報流：ぴあ⇒会員	ぴあから，Club@ぴあ会員へ特典情報・サービスの提供
⑤	商流：会員・一般利用者⇒ぴあ	会員・一般利用者が，イベントを検索し，チケットを注文
⑥	商流：ぴあ⇒該当する興業元	個々の会員・一般利用者のチケット注文に応じて，該当する興業元へチケットの発注
⑦	金流：会員・一般利用者⇒クレジット会社	該当する興業元へチケット発送確認後に，会員・一般利用者から，クレジット会社へ支払
⑧	物流：受注した興業元⇒チケット発送会社	受注した興業元から，チケット発送会社にチケットを発券
⑨	物流：チケット発送会社⇒注文した会員・一般利用者	チケット発送会社から，チケットを注文した会員・一般利用者へ，チケットを送付
⑩	金流：クレジット会社⇒ぴあ	クレジット会社から，チケットの売上代金を，ぴあへ清算
⑪	金流：ぴあ⇒受注した興業元	ぴあから，受注した興業元へイベント料金の支払
⑫	金流：ぴあ⇒広告代理店	ぴあから，広告代理店へ広告制作費の支払

出所：著者作成

　これと反対にコスト構造については，どうすればコストミニマムで，バリューチェーンを達成できるのか，収益構造とコストの2つの観点から収益モデルの適切化を構想する。

　特にビジネスプロセスモデルの設計図を構想する中で，何をコアコンピタンスにして，バリューチェーン全体の中で，自社はどのプロセスを担い，どのよ

うに各種のパートナーに対してイニシアチブをとっていくのか。これにより競合他社に対し，継続的に競争優位性を確保できる新規事業企画の構想をすることがポイントになる。

4.3 ビジネスモデルキャンバスを用いたビジネスプロセスモデル表記法と企業事例研究　アップル

　A.オスターワルダーとY.ピニュール［2012］は，ビジネスプロセスモデルを9つの構成要素から編成した「ビジネスモデルキャンバス」を提唱している。著者は，先に示した**図表5-7**の「ビジネスプロセスモデル図」と**図表5-8**の「取引情報の流れ表」とともに，この「ビジネスモデルキャンバス」も同時に描いていくと，ビジネスモデルを多面的な観点からつくりだしていけると考えている。

　本節では，まずColumnで，ビジネスモデルキャンバスの9つの構成要素を紹介する。次に，このビジネスモデルキャンバスの表記法を活用して，アップル「iPodシリーズ／iTunes」のビジネスプロセスモデルに関する企業事例研究を行う。

> **Column** ビジネスモデルキャンバス

　オスターワルダーとピニュール［2012］によると，ビジネスモデルとは，「どのように価値を創造し，顧客にどう届けるかを論理的に記述したもの」と定義している。このビジネスモデルを，**図表5-9**に示した9つの要素から構成されるものとし，その設計図のことを「ビジネスモデルキャンバス」と名づけている。
① **顧客セグメント**（**CS**: Customer Segments）：企業が関わろうとする顧客グループについての定義（例えば，マス市場，ニッチ市場，細分化市場，多角化など）。
② **価値提案**（**VP**: Value Propositions）：特定の顧客セグメントに向けて，価値を生み出す製品とサービスに関する記述（例えば，定量的な顧客価値：合理的な価格，サービスのスピード，パフォーマンス，コスト削減，リスクの低減。定性的な顧客価値：デザイン，ブランド，ユニーク性，快適さ，使いやすさ，カスタマイゼーション，探索・購入時のアクセスのしやすさなど）。
③ **チャネル**（**CH**: Channels）：顧客セグメントと，どのようにコミュニケーションし，顧客価値を届けるかを記述。
・チャネルタイプ：自社の直接的チャネル（営業部隊，ウェブ販売など），パートナーによる間接的チャネル（パートナーショップ，卸売業者など）
・チャネルフェイズ：認知，調査，選択，購入，評価，アフターサービス
④ **顧客との関係**（**CR**: Customer Relationships）：特定の顧客セグメントに対して，どのような種類の関係（顧客獲得，顧客維持，販売拡大）を結ぶのかを記述（例えば，パーソナルアシスタンス，セルフサービス，自動サービス，コミュニティ，顧客と企業との価値共創など）。
⑤ **収益の流れ**（**R$**: Revenue Streams）：顧客はどのような価値にお金を払おうとするのか，収益を生み出す方法を記述（例えば，資産価値のある商品の販売，使用料，購読料，レンタル・リース料，ライセンス料，仲介手数料，広告料）。価格メカニズムには，固定メニュー価格と，変動価格がある。
⑥ **リソース**（**KR**: Key Resources）：ビジネスモデルの実行に必要なリソースを記述する（例えば，物理的なリソース：工場や生産システム，建物，機械・設備，流通ネットワーク，販売システムなど／人的リソース／情報リソース：情報システム，知的財産／ファイナンスリソースなど）。
⑦ **主要活動**（**KA**：Key Activities）：顧客価値を提案するのに必要な主要活動を記述。リソースと同様に，ビジネスモデルの種類によって，主要活動が異なる（例えば，製品の設計・調達・製造・配送活動，顧客の問題に対するソリューション，ネットワークのプラットフォームビジネスなど）。
⑧ **パートナー**（**KP**：Key Partners）：ビジネスモデルを構築する上で，どの主要活動をパートナーやサプライヤーに行ってもらうかを記述。パートナーシップ

第 5 章　ビジネスモデル・イノベーション

をつくる動機として次のものがある（例えば，アウトソーシングやインフラの共有，リスクと不確実性の低減，特定のリソースや活動を他の企業に頼るなど）。
⑨　**コスト構造**（**C$**：Cost Structure）：ビジネスモデルを運営するにあたって発生するコストを記述。ビジネスモデルのコスト構造は，コスト主導（コスト最小化に集中）か，価値主導（価値を生み出すことに集中）かの大きく2つの分野に分けられる。また，コスト構造は，固定費と，変動費に分類される。

　以下の**図表5-9**は，根来・浜屋［2012］が，前述のオスターワルダーとピニュール［2012］の文献を参照して，「ビジネスモデルキャンバス」内の9つの要素に，アップル「iPodシリーズ/ iTunes」のビジネスプロセスモデルの企業事例研究として，それぞれどのようなことを記述すべきかの項目例を示したものである。

　2001年にアップルは，その象徴となるiPodという携帯音楽プレイヤーブランドを立ち上げた。このiPodのデバイスは，iTunesというソフトウェアと連携して動き，ユーザーが音楽などのコンテンツを，個々のユーザーのiPodで聴くことができるようにした。つまり，個々のiPodにあらかじめ内蔵しておいたiTunes対応のアプリケーション・ソフトウェアを用いて，インターネットを介して，個々のユーザーが直接iTunesオンラインストアにシームレスにつながり，ユーザーはコンテンツを自由に閲覧し，選択・購入し，その楽曲を自分のiPodデバイスにダウンロードすることができるようにした。

　アップルの「価値提案　VP」は，前記したように顧客がデジタル音楽を自由に検索し，購入し，シームレスな音楽やデジタルコンテンツを楽しめるようにしたことである。

　「顧客関係　CR」に関しては，iPodデバイスとしての高価格を維持して販売するだけで終わってしまわないように，「チャネル　CH」としてのiTunes StoreやApp Storeを通じて，顧客との長期的な関係を築いている。

　顧客価値を実現するための「主要活動　KA」として，iPodデバイスについては，品種の品揃えを絞り込み，同じ部品と共通化したソフトウェアを搭載したiPodデバイス製品を，世界中で大量に販売することで，調達活動や生産活動のコストダウンを図っている。模倣しにくい製品アーキテクチャ／ソフトウェ

図表5-9 ビジネスモデルキャンバスを用いたアップル「iPodシリーズ/iTunes」の企業事例研究

KP	KA	VP	CR	CS
音楽レーベル OEM生産委託先	ハードウェアデザイン マーケティング	シームレスなコンテンツ視聴体験 新しいデジタルコンテンツの楽しみ方	スイッチングコスト（ファイル形式など） ユーザーの高いロイヤルティ	ハイエンドのマス市場
	KR ブランド 優秀な人材 （トップ含む） ハード，ソフト		**CH** ・apple.com ・アップルストア ・一般小売店 ・iTunes Store	
C$ 人件費，マーケティングなど販管費 外注で製造コストを抑制			**R$** ハードウェア販売による収入 コンテンツ販売の手数料	

出所：オスターワルダー＆ピニュール［2012］p.44が提唱する「ビジネスモデルキャンバス」の9要素について，それぞれに記述項目の例を根来・浜屋［2012］p.88，図2-2が作成

ア／デザインについても積極的な投資を行うとともに，製品やサービスの魅力を高めるブランディングのために積極的なマーケティングを行っている。

　アップル自社の「リソース　KR」と，それを取り巻く「パートナー　KP」とで協調戦略がなされている。

　アップルは「パートナー」として，iPodのハードウェアの部品調達と生産委託をするパートナーだけでなく，iTunes StoreやApp Storeのプラットフォームや各種のソフトウェアの研究開発と運営をするためのパートナー，さらには特に楽曲を提供するレコード会社を重要なパートナーに位置づけた。以上のような顧客価値の提案が可能になったのは，アップルがレコード会社との交渉を成功させた功績が大きく，このことによりiTunesオンラインストアに世界最大の音楽ライブラリーをつくることができた。

　「収益の流れ　R$」としては，前述したiPodデバイスを売って収益を上げる

ことに加えて，iTunes StoreやApp Storeのプラットフォームビジネスで継続的に収益を上げるモデルをつくりだしている。「コスト構造　C$」としては，デバイスやプラットフォームの使いやすさを追求するためや，それらに使うソフトウェアに多額の研究開発の投資が行われている。

なお，アップル「iPodシリーズ/ iTunes」のビジネスモデルの企業事例研究については，この「ビジネスモデルキャンバス」を用いた表現形式と対照して，p.239の企業事例研究で「ビジネスモデル・マップ（BM-Map）」と「ビジネスモデル・ツリー（BM-Tree）」および「ビジネスモデル・ダッシュボード（BM-DB）」を活用した表現形式を掲載しているので，あわせて参照していただきたい。

5　収益モデルにおける経済性の原理および各種ビジネスモデルのタイプ

5.1　「収益モデル」の概念と「儲ける仕掛け」

　ビジネスモデルを開発する上で究極的な目標は，「儲ける仕組み」をつくることであり，それを実現するのが「収益モデル」である。1時的ではなく持続的に儲けられる仕組みをつくることが経営目標の重要課題の1つともいえる。そのような「儲ける仕掛け」をつくりあげるポイントとして次のようなものが考えられる。

① 事業が成功し続けられる仕組み
② 継続的に売上を上げられる仕組み
③ バリューチェーンの中で自社の強みとなるプロセス（プロフィットゾーン）で恒常的に利益を上げられる仕組み
④ バリューチェーンの中で利益を生まないプロセス（非プロフィットゾーン）ではコストマネジメントの仕組み

①の「事業が成功し続けられる仕組み」づくりは，前述してきた競争優位性のある「事業コンセプト」ならびに「ビジネスプロセスモデル」が構想できること。さらに，戦略や事業計画の立案時に「バランス・スコアカード」のところで取り上げた「KFS（Key Factor for Success）」が，経営活動の設計・運用に組み込まれていること。日常的に行われている経営活動の結果を，KFSの指標に沿った経営実績データをモニタリングして，収集・分析していること。戦略や計画立案時にKFSを明示した目標に対して，事業成果を評価し，必要に応じて戦略および事業計画を次期に向けて再立案してフィードバックするという一連の「マネジメントのPDCAサイクル（Plan-Do-See-Act）」を回しながら，進化するビジネスシステムをつくりあげられているかがカギとなる。

　②の「継続的に売上を上げられる仕組み」は，前述した「競争戦略」や，後述する「経済性の原理」ならびに「参入障壁や模倣困難性を組み込んだ経営活動」に関係する。競争戦略では，持続的な競争優位を獲得・維持できること，他社の競合企業や他業界からの参入企業に対して参入障壁や模倣困難性を組み込んだ経営活動をつくりあげていくことがポイントになる。今後，サービス視点を入れて顧客と企業が協調した価値づくりを目指す「価値共創」や，企業が社会課題解決に貢献する共有価値の観点をふまえた「ビジネスモデル・イノベーション」へとビジネスモデルが進展していくことが望まれている。

　④の「コストマネジメントの仕組み」については，バリューチェーンの中で利益を生まないプロセス（非プロフィットゾーン）に関しては，前述した「コスト構造」に関係している。競合企業よりも低いコスト構造をもつことで，企業が高い収益を獲得できることを「コスト優位」という。このコスト優位を生み出す経営活動に，後に述べる「経済性の原理」を組み込んでいくことが考えられる。つまり，この「経済性の原理」は，売上を上げるためにも，コスト構造の設計にも活用できる可能性がある。

5.2　経済性の原理

　前述したようにビジネスシステムを開発する時に，継続的に売上を上げられる

る仕組みづくりの際や，コストマネジメントの仕組みづくりの際にも，ベースとなる考え方として「経済性の原理」がある。それには次のようなタイプがある。
① 規模の経済
② 範囲の経済
③ 速度の経済
④ 集中化と外部化の経済
⑤ ネットワークの経済（ネットワークの外部性）
⑥ 経験の経済：累積生産量の増加が費用の低下を導く「経験効果」

(1) 規模の経済

「規模の経済」とは，製造業の場合に，たくさん生産すると，固定費を多くの生産量に配賦できるので，製品1個当たりの平均費用が低下するという原理である。固定費というのは，生産量の多少にかかわりなく負担しなければならない一定の費用である。例えば，研究開発や，設備投資，広告などの共通費が考えられる。

生産面以外のスケールメリットとして，原材料や製品の大量購買により，まとめて購入すると大幅なコストダウンになる。スーパーやコンビニエンスストアなどの業界で，本部が一括して購買して，各地に配送するセントラル・バイイング方式をとっているのも，規模の経済と，交渉力が強くなることを利用したものである。

一方，「規模の不経済」になる問題があることにも留意しておかなければならない。単位当たりの平均費用は，規模の拡大によって急激に落ちていくが，あるところで低下する傾向が弱まり，それ以上に規模を拡大していくと，逆に平均費用が上がっていく時がある。

このことは企業の組織運営にもいえることで，適切な事業規模を考えることが大切になる。一般的に，大企業のほうが従業員の平均賃金が高くなるのは，

組織が大きくなればコミュニケーションコストが上昇し，それゆえ管理コストも高くなることが影響している。

なお，「規模の経済」の前提となる条件は，たくさん生産した場合に，たくさん売ることができる能力があることである。大量に購買，生産しても，安定的に販売できる仕組みがないと，不良在庫として収益を圧迫してしまう。

今後，市場の競争の激化と，顧客ニーズの多様化に対して，不確実な需要にいかに柔軟に対処していくのかが，規模の経済を追求する時の最大の課題だといえる。そのためには，販売と生産さらに購買を連動させるビジネスシステムの仕組みづくりが求められる。例えば，トヨタ生産方式の「ジャスト・イン・タイム（JIT）」がその代表事例としてあげられる。

(2) 範囲の経済

「範囲の経済」とは，同一の企業が複数の事業を同時に営むほうが，別々の企業がそれらの事業を独立して営むよりも割安になるという原理である。範囲の経済が生まれる理由は，規模の経済と類似して，固定費や共有費の分散にある。規模の経済は，同じものをたくさんつくって（生産量），固定費を分散させる。これに対して，範囲の経済では，共通部分がある製品やサービスの場合に，いろいろな種類のものをつくる際に共通化する工夫をすることによって，固定費や共通費を複数の種類へ分散させる。

例えば，自動車であれば，多品種に共通化できる車台（シャーシ）を開発して（製品プラットフォームの共通化），多くの車種にそれをうまく使い回して，新車の製品開発コストを削減する。さらに，部品の共通化にもつなげることで，製品設計，購買や在庫管理，生産などのコストダウンを図っている。

共通部分には，有形なものの他に，無形のものもある。例えば，技術やノウハウを情報的経営資源として蓄積した成果を，その他の製品・サービス・業務へ共通化することができる。

さらに，それらを多角化戦略として発展させることや，多角化の際にコーポレート・ブランドとしてブランドを共用化することもできる。

このような「範囲の経済」の無形なものに対する共通化の効果は，多角化戦略で議論した「シナジー効果（相乗効果）」につながることがある。前述したシナジー効果には，販売シナジー，生産シナジー，投資シナジー，経営管理シナジーなどがあった。

一方，「範囲の不経済」として，範囲を広げすぎると「管理範囲の限界論」といわれるもので，経営活動が非効率になる場合がある。これは多角化戦略の問題点にも通じるもので，異部門ではそれぞれ経営活動が独自のメカニズムで行われているのに，本社側や経営幹部が同じ考え方あるいは同一の経営指標で管理しようとすると，うまくいかないということである。

すなわち，「範囲の経済」を適用するポイントは，製品やサービス，あるいは業務活動やブランドなどのどの範囲まで共通部分として利用できるのかを見極めることにある。その次に，共通部分を，異なるものへと利用するために「コーディネーション（相互調整）」をする必要がある。つまり，「範囲の経済」の真髄は，共通部分が適用できる範囲を見極めて，新たなものを生み出すコーディネーションによって，事業創造（異質なもの同士をうまく組み合わせて新たなものとしてイノベーション）を誘発することにつなげていくことである。

(3) 速度の経済

「速度の経済」とは，業務のスピードを上げることによって得られる効果のことで，迅速な対応力がある場合には，スピードそのものが顧客価値を高め，競争優位の源泉になるという効果がある。仕事のスピード，商品企画のスピード，在庫回転率のスピード，情報獲得・解析・活用のスピードを高めることによって，有効性や効率性を高めることができる。加護野・井上［2004］は，「速度の経済」のメリットを次のように指摘している。

① 顧客価値を向上させることができる。
② 在庫回転率を上げることにより投資効率を向上させることができる。

③　売れ残りのロスを削減することができる。
④　新商品への転換が容易である（商品実験を行いやすく，新商品の導入が容易である）。

　①の「顧客価値の向上」の事例として，前述したアスクルや，アマゾンや楽天をはじめとしたWebサービスなどのスピード受注・販売・配送などで，顧客価値を高めている。

　②の「在庫回転率を上げることによる投資効率の向上」については，次式を参照してほしい。式の意味は，売上高利益率が変わらない場合には，できるだけ少ない適切な在庫量（在庫投資）を保有することによって投資回転率を上げることができれば，経営目標の1つである投資利益率を向上させることができるということである。すなわち，売上高が変わらなくても，できるだけ適切な少ない在庫量（在庫投資）で，売れるタイミングに合わせてうまく調達と在庫管理をして，在庫の回転率を上げれば，儲かるということである。前述したトヨタ生産方式のJITの主要概念のうちの1つに「7つのムダの排除」というものがあるが，その中で特に「在庫のムダ」をなくすことが主張されている。

投下資本利益率＝　売上高利益率　　×　投資回転率
（利益／投資）　＝（利益／売上高）×　（売上高／投資）

　③の「売れ残りのロスの削減」については，発注－生産－配送－販売のサイクルを速くできれば，売れ残りのロスを減らすことができる。例えば，コンビニエンスストアのチェーンに所属しているそれぞれの販売店舗では，日々の商品およびサービスの販売実績データを，POS（販売時点情報管理）レジを通じて収集・分析して判断できるようにしている。その日々の販売動向を把握した上で，販売店舗の店主が，売れ筋商品と売れ残りのロス削減を同時に配慮して，翌日のそれぞれの発注品目と発注量を意思決定し，注文できる仕組みをつくっている。

　④の「新商品への転換が容易」については，同様にコンビニエンスストア業界の本部側では，様々な販売店舗から収集されたPOSの販売実績データを総合

的に分析し，売れ筋商品ならびに死に筋商品を特定し，仕入や商品企画に活かしている。つまり，新商品企画の有効性を，商品実験として販売店舗から得られた実需情報を基にして検証するというPDCAサイクルを速く回している。

　速度の経済を組み込んだバリューチェーンマネジメントを充実するために，「意味ある情報的資源（例えば，商品実験から得られた顧客行動データの傾向分析と，顧客グループごとの特徴の把握）」の活用がポイントになる。

(4)　集中化と外部化の経済

　「集中化の経済」というのは，1つの事業分野に特化することによって得られる効果で，多くの場合，「外部化の経済」と表裏一体となる。1つの事業部に特化する，あるいはその中の一部の業務活動に特化するという「集中化の経済」には次のような効果がある。

① 　他の事業をあてにしないために，依存心がなくなりオーナーシップが高まる。
② 　限りのある経営資源を一点に集中することで独自の技術やノウハウを蓄積することにより，独自能力（コアコンピタンス）を確立し，強化することができる。
③ 　特定分野での突出したものをもっているという評判を築くことができれば，厳しい要求をもった顧客からの情報を自然に集めることができるようになる。
④ 　集中によって社内の従業員が共有の事業コンセプトを共有しやすくなり，それにこだわることができるようになる。
⑤ 　上記の事業コンセプトの共有によって，ビジネススピード，意思決定のスピードを速めることができる。

　一方，「外部化の経済」の考え方は，最近様々なかたちで活用されている。例えば，自社は本質的な業務に集中し，それ以外の業務をアウトソーシングすることがある。例えば，経理部門などの非本部部門を，スピンアウトする外部化もある。あるいはコンビニエンスストア業界などのように，店舗販売サービ

スをフランチャイズ事業として，本社経営とは独立させるという外部化もある。外部化の効果としては次のようなものが考えられる。
① 市場の競争原理を導入することで，より良いサービスを安価に享受できる。
② 外部の高度な専門家の力を利用することができる。
③ 集中化と外部化によって，自社の事業領域や，機能範囲に特定することで，より効果的・効率的に事業を遂行することができるようになり，コストパフォーマンスを高め，相対的なコスト優位をえることができるようになる。

しかし，「集中化と外部化」には次のような弱点も存在する。
① 集中型のビジネスシステムは，急激な外部の環境変化に対して弱い。つまり，どのような事業にもライフサイクルがあり，永遠に成長し続けることはない。
② 集中型のビジネスシステムは，顧客が限定されてしまうことである。

(5) ネットワークの経済

「ネットワークの経済」とは，利用者が増えれば増えるほど利用者のメリットが高まるという原理であり，「ネットワークの外部性」とも呼ばれている。さらに，ある製品やサービス自身の機能や品質の良さというより，その製品やサービスの価値が利用者の総数で決まる場合に，「ネットワーク効果」ともいわれている。

例えば，携帯電話やSNSなどでは，利用者が増えるほど多くの人とコミュニケーションができるようになり，利用価値が高まる。携帯電話やWebビジネスで，新規サービスの市場投入に際して急激に顧客数を増やすために，一定の試用期間は無料サービスを提供することがある。あるいは，定額料金で使い放題のサービスパックを提供して顧客の囲い込みを狙っている。

一方，ネットワークの外部性をもたらすのは利用者だけでなく，そのネットワークに参加する供給業者も価値を生み出すことがある。技術の標準規格が決

定される際に，他社との協調に成功して，多数の利用者を集めてネットワーク効果を獲得できた企業群が，その市場で「デファクトスタンダード（業界標準）」に参入できることが知られている。例えば，スマートフォンのOSは，iPhoneに搭載されているアップル独自のiOSと，グーグルがオープン戦略として提供しているアンドロイドの2つがデファクトスタンダードとなっている。

　なお，「サイド（利用者群）間ネットワーク効果」という概念が，このデファクトスタンダードに関係することがある。サイド間ネットワーク効果とは，「片方の利用者が増加すると，もう片方の利用者グループにとって製品やサービスの価値が向上する現象（あるいは下落する現象）」のことである。例えば，かつてのビデオデッキ，DVDプレイヤー，家庭用ゲーム機が普及したことをイメージするとわかりやすい。これらの製品では，ハードの販売台数が増えてくると，ハードの販売価格が低下して普及し始める。そうすると，さらに多様なソフトやコンテンツといわれる「補完製品」が市場に出回ってくる。そうするとさらにハード（補完製品に対して「プラットフォーム製品」と呼ぶ）が普及するという，ネットワーク効果が生まれる。

(6) 経験の経済

　「経験の経済」とは，生産量が増加して「累積」され，学習効果が表れると，単位当たり生産コストの低下を導くことができるという原理であり，「経験効果」ともいわれる。累積生産量と単位当たり生産コストをグラフで表すと，経験効果によって生産コストはだんだん下がっていき（直線ではなく曲線的），やがて下がり方が緩やかになる「逓減状態」になることから，それを「経験曲線」と呼ぶことがある。

　なお，製造業における既存企業は，新規企業に比べて累積生産量が多く，経験の蓄積によって新規企業より低いコストを実現できるため，経験効果は「先行者優位」を獲得できる要因になる。しかし，先行した企業の生産技術のノウハウが生産設備に埋め込まれた場合に，その設備を作っている工作機械メーカーにその技術やノウハウが蓄えられることがある。そのような技術やノウハ

ウが体化した最新鋭の設備を,他社が導入することによって,経験効果を得るために自ら学習するプロセスや時間をすっ飛ばして,同程度の生産技術のノウハウを手に入れる可能性が生じる現象が起きることがある。例えば,日本の半導体,液晶などの生産技術や検査技術のノウハウが,台湾,韓国,中国の企業に流出したという現象があった。

　一方,経験学習は,生産プロセスに限られず,マーケティングや流通ならびに販売業務にもみられる。例えば,「需要の価格弾力性」が高い場合に,経験効果を見越して,市場投入時期の生産コストを下回るような攻撃的な価格付けをして(「経験曲線プライシング」と呼ぶ),販売を展開する戦略がある。その後,累積生産を積み上げ,経験効果によってコスト優位を確保し,コストが低下してから利益獲得をねらうことがある。つまり,低めの価格設定をすることで,需要を一気に大きくするという価格戦略である。

　この「経験の経済」で留意すべきことは,このカーブはやがて下げ止まり逓減状態になることを認識し,自社はこのカーブのどの時点を意識した価格デザインをするかということで,競合企業に対する競争の仕方が変わってくることである。

5.3　収益モデルに関するビジネスモデルの各種タイプ

　本項では,以下に示すような収益(収入・コスト)モデルに関するビジネスモデルについて紹介する(**図表5-10参照**)。

① 製品ピラミッド利益
② マルチコンポーネント利益(マルチチャネル)
③ 利益増殖
④ 販売後利益(アディッショナルレベニュー)
⑤ インストール・ベース利益(ジレット・モデル)
⑥ 第三者課金
⑦ フラット料金

⑧　ロックイン
⑨　従量課金
⑩　部分所有
⑪　賽銭（さいせん）方式
⑫　会員クローズド取引
⑬　フランチャイズ

図表5-10　収益（収入・コスト）モデルに関するビジネスモデルのタイプ

タイプ	解説	事例
製品ピラミッド利益 Product Pyramid Profit 「ファイヤーウォール」で参入阻止	・顧客の所得と優先事項の多様性（スタイル，色，価格など）が製品ピラミッドの構築を可能にする ・ピラミッドの最下位には低価格の大量販売型の製品から，頂点には高価格の少量販売型の製品までを各種の価格帯の製品群を取り揃える ・成功要因は，最下位には低価格の製品が「ファイヤーウォール（価格より価値のほうが上回る状態）」のブランドを確立し，競争相手の参入を阻止し，頂上で莫大な利益を保護する	・時計（スウォッチ：ミドルレンジからラグジュアリーレンジまでのブランド群），自動車のフルライン戦略
マルチコンポーネント利益（マルチチャネル） Multi-Component Profit 「同じ製品で異なるビジネスを」	・生産システムや販売システムにおいて，まったく利益の異なる複数のコンポーネント（収入源の構成要素）をもつビジネス ・チャネル別にマージン率を変更し，低マージンで露出して顧客の認知を高め，高マージン製品を購入しもらう（高収益のコンポーネントに焦点をあてたビジネス・デザインでなければ，期待できる収益からかけ離れてしまう）	・ボトル飲料水（スーパーでは低価格だが，収入源は自動販売機にある） ・ホテル（ベースビジネスは収益性が低く，会議室貸しは高収益）
利益増殖 Profit-Multiplier	・1つの資産から，様々な製品，キャラクター，商標，能力，サービスへと多角的	・ディズニーのキャラクター・

	に展開し，繰り返し利益を刈り取ることができる	商標・ブランドなどのロイヤルティ・ビジネス
販売後利益（アディッショナルレベニュー） After-Sale Profit 「フォローアップの潜在力」	・製品本体の購入時に，必要となる周辺機器や，製品本体の使用時に必要となるサービスなどの小マーケットを取り込む ＊成功要因は，製品本体の設置率の高さ ・利益が製品本体自体に存在しない業界に身を置く企業は，価値を求めて川下に移動しなければならない ＊インストール・ベース（製品本体の事業）をもたない企業でも恩恵にあずかれる	・車のオプション品／車検 ・メーカーの製品購入時のファイナンシング・サービス
インストール・ベース利益（ジレット・モデル） Install Base Profit 「売り手が主導権を握る」	・製品本体の購入後に，自社ブランドの消耗品や付属品を購入してくれる利用者基盤の拡大を目指す ＊インストール・ベース（製品本体の事業）をもつ企業で，製品本体の使用時に向けたサービス事業を組み合わせる	・カミソリ（替え刃） ・エレベーター（保守サービス） ・コピー機（トナーカートリッジ）
第三者課金 Hidden Revenue 「隠れた収益源」	・「事業は製品やサービスの販売によってのみ成り立つ」というロジックを捨てる ・その代わりに主な収益は，自社が提供する無料サービスを利用している直接のユーザーではない第三者から収入を得る ＊成功要因は，ユーザー数の多さに加えて，それぞれのユーザー群が，どの市場セグメンテーションに分かれているのかを明確に示せること	・広告収入：Web広告，Facebook，Google
フラット料金 Flat Rate	・顧客はサービス料金を一括払いで支払い，好きなだけ利用する ・顧客のメリットは，コストを固定した上で無制限に消費できること ・企業にとっては，通常料金の範囲を超えて利用する顧客と，製品やサービスをあ	・スマートフォンの各種の定額制サービス

	まり使わない顧客とのバランスがとれていれば，財務的に健全な運営ができる	
ロックイン Lock-in	・ベンダーの製品やサービスに「切り替え障壁」が構築され，他のベンダーへの切り替えには大きなコストやペナルティを伴う ・ここでいうコストは金銭的なものだけを意味するのではなく，他の手段への切り替えや利用方法の習得に要する時間も含む（スイッチングコスト） ＊ロックインの3つの方法 ①法的：簡単に解約できない契約の締結 ②技術的（特許との組合せ）：製品やプロセスにロックイン効果をつくり込み，簡単にサプライヤーを変更できない ③金銭的：他のサプライヤーへの変更を思いとどまらせる強力なインセンティブ	・法的：解約契約 ・技術的：ジレットの剃刀本体と替え刃，レゴブロック，カメラ本体と付属レンズとの取付け機構と画像調整ソフトウェア，ネスレのネスプレッソ・システム ・金銭的：iTunesで蓄積した以前のコンテンツが使えなくなる
従量課金 Pay Per Use	・製品やサービスの利用量を個別に測定して顧客ごとに課金する ・実際のサービス利用量に応じて料金を支払うため，必要な時だけサービスを利用したい顧客に受け入れられている	・電気・ガス・水道などの公共料金 ・カーシェアリング
部分所有 Fractional Ownership （後述する「レンタルモデル」がある）	・顧客は資産全体ではなくその一部のみを購入する ・顧客は全体金額の一部を支払えばよいので，高くて手の出なかった製品やサービスを購入することができる ・部分所有は，一般的に組合の形態をとり，各購入者は所有割合に応じて一定の利用権を得る	・共同利用リゾート施設サービス
賽銭方式 Pay What You Want	・顧客が製品やサービスの価値を正しく理解し，適切な金額を支払うことを想定できる状況下で，支払額を顧客が決める ・最低価格や希望価格を設定することもあ	・レストランやホテルでのチップ ・音楽業界での新アルバム，若手

	るが，提供側のメリットは，多数の顧客を獲得できる可能性がある ＊ビジネス取引の一部に適用することが一般的：例えば，コンサルティング料金の一部を，固定費部分と，顧客の満足度に応じて支払額を決める変動部分とに区分する ＊適正ユーザーへのインセンティブ：平均額以上のユーザーへの賞品，最高額支払者への表彰	アーティストのプロモーション
会員クローズド取引	・会員登録をしたユーザーだけに特別な価値を提供し，クローズ取引を行い，継続的に課金する ＊成功要因は，取引の必然性，ユーザーからみた選択肢の多様性（他のサービスを利用する必然性がないほどの選択肢の広さ）	・オンラインを利用した定額制の音楽・映像・ゲームなどの配信サービス
フランチャイズ Franchising	・フランチャイザー（主催者）が自社ビジネスモデルの利用権を，フランチャイジー（加盟者）に販売する ・この仕組みにより，フランチャイザーは自社ですべてのリスクを負うことなく，また必要なリソースのすべてを用意することなく，自社ビジネスモデルを迅速に各地に展開できる ＊フランチャイジーのメリットは，製品，商標，機材，業務プロセスなど，差別化要素や競争優位性が実証済みのビジネスモデルを利用できる	・ガソリンスタンド，コンビニエンスストアの加盟販売店の契約・取引

出所：松原［2013］および山口［2015］を参考にして著者作成

6 ICTビジネス革新に向けたビジネスモデルの各種タイプ

本節では，以下に示すようなICT（情報通信技術）を活用したビジネス革新に向けたビジネスモデルを取り上げる（**図表5-11**参照）。

① アンバンドル
② マルチサイド・プラットフォーム（MSP）
③ フリー：直接損失補塡，三者間市場，フリーミアム
④ ロングテール
⑤ 個人間取引
⑥ シェア：レンタルモデル，プロダクト・サービス・システム（PSS）
⑦ オムニチャネル（O2O）
⑧ プロシューマー

最後に，前述した収益（収入・コスト）モデルに関するビジネスモデルを含めて，本節で述べたビジネスモデルなどの中から複数のビジネスモデルを統合化した，総合サービス事業として展開されている企業事例研究として，アップル「iPodシリーズ」と，サウスウエスト航空のビジネスモデルについて考察する。

図表5-11 ICTビジネス革新に向けたビジネスモデルのタイプ

タイプ	解説	事例
アンバンドル Unbundling	・次の3つの異なるビジネスを，分離し，その上で互いに補完的に連動させて，総合的なビジネスモデルにする：①製品マネジメント，②顧客マネジメント，③インフラマネジメント	・携帯電話会社

マルチサイド・プラットフォーム MSP: Multi-sided Platforms	・製品やサービスを提供するプレイヤー側と，それを利用したい顧客との間を結ぶプラットフォームや，ツールを運営することで，双方でそれらの製品やサービスを提供・利用する取引を仲介する役割を果たすことで，新しい収益の流れをつくりだす	・新聞社，民間放送会社，クレジットカード会社 ・OS提供者：Google，マイクロソフト ・Apple，アマゾン，ゲーム機メーカー
フリー Free	・無償で提供される製品やサービスの基本版を無料で提供した後に，付加価値をつけたサービスを追加支払で提供する ・無償版の製品やサービスは初期に大きな顧客層を獲得することを意図したもので，その後で一部の顧客が有償版に移行してくれることを想定したビジネスモデル ＊成功要因は，はじめの生成期でユーザー数を確保できていること（ネットワークの経済），そのためにはフリーコンテンツのクオリティを確保する必要がある	・民間放送の広告，LINEの有料のスタンプやゲーム，Skype ・オープン・ソースウェア
ロングテール Long Tail	・非常に多種多様な製品やサービスならびにコンテンツを取り揃え，少量ずつ販売することに注力する ＊様々なニッチな顧客に対して個々のコンテンツを少ないマージンで少量販売するが，非常に多種類のコンテンツを幅広く販売することで，最終的には大きな利益を獲得する	・アップルのiTunesストア ・出版産業 ・レゴファクトリー
個人間取引 Peer to Peer 「共同資源利用」	・個人間取引をする際に，運営企業はある種の仲介業者としてコミュニティをつなぐプラットフォームの役割を果たす ・具体的には個人の持ち物を貸したり，特定のサービスやモノを提供したり，ある	・売りたい・買いたい仲介サイト，個人間での貸し借り仲介サイト，求人・応

		いは情報や経験を共有する ＊成功要因は，運営企業がサービスに対する信用を築けるかどうか	募仲介サイト ・個人広告
シェア Share (レンタルモデル), (プロダクト・サービス・システム: PSS)		・レンタルモデル：購入する代わりにレンタルを利用する ・PSS：ある製品を購入または100％所有しなくても，その製品から受けたサービスの分だけお金を払う	・レンタルモデル：レンタカー，事務用コピー機 ・PSS：カーシェア，レンタサイクル，シェアハウス，中古品リユース販売
オムニチャネル (O2O)		・顧客が，小売店舗で商品をみて，ネットで買うという流れに対抗して，流通チャネルが個々に独立してバラバラに存在するのではなく，顧客からみるとそれらを相互に関連づけた一連の購買サービスの提供を実現する ＊顧客の購買行動プロセスの中で，複数の流通チャネルやメディアを組み合わせて，リアル店舗とネットサービスを融合したサービスを提供する	・デジタルコンテンツ，デジタルマーケティングを活用した流通・小売サービス
プロシューマー User Design		・顧客がデザイナーと消費者の両方の役割を果たす ・典型的な例では，顧客が製品の設計やマーケティングなど必要な作業を行えるように，企業がオンラインのプラットフォームを提供する ・例えば，製品設計用のCADソフトウェアやサービス，製品販売用のECサイトなどを提供する ・実際に，商品が売れた段階で，企業は一定の料金を受け取る	・ファッション用のアクセサリー，家具，キッチン用品などの商品サービス企画 ・レゴファクトリー ・富士通のTechshop

出所：オスターワルダー＆ピニュール［2012］，松原［2013］，ガスマン他［2016］および山口［2015］を参考にして著者作成

(1) アンバンドルのビジネスモデル

「アンバンドル」の事業コンセプトは，ICTの活用により以下に示す3つの異なるビジネスを，分離し，その上で互いに補完的に連動させて，総合的なビジネスモデルにする。なお，分離する意味は，この3つのビジネスは，経済的にも，そして組織文化的にも異なる特色をもつことから，異なるビジネスを1つの会社の中に共存させることもできるが，対立やトレードオフを避けるためにも，異なる法人へと分社化するのが理想といえる。

① 製品マネジメント：魅力的な新製品やサービスの開発（製品イノベーション）
② 顧客マネジメント：顧客の探索と獲得，関係づくり（CRM：Customer Relationship Management）
③ インフラマネジメント：大量のルーチン作業をこなすプラットフォームの構築と維持

(2) マルチサイドプラットフォーム（MSP）のビジネスモデル

「マルチサイドプラットフォーム（MSP）」は，製品やサービスを提供する側のプレイヤーと，相互に依存し合う複数の顧客グループとを引き合わせるプラットフォームを開設・運営して，いくつかのグループをつなげることで，仲介者しての価値を生み出す。プラットフォームには次のような特性があるといわれている。

① マッチングに向けた市場の二面性（またはネットワークの二面性）

複数のグループの製品やサービスを交換する「場」を提供する。例えば，新聞は購読者と広告主をつなぎ，コンピュータのオペレーティングシステム（OS）の提供者は，ハードウェアメーカーとアプリケーションソフトメーカーとをつなぐ。

② コミュニティ形成に向けたネットワーク効果

2種類のユーザーグループを相互に引きつける機能をもつ（例えば，口コミなど）。MPSにおいて，グループ同士の交流を促進することで，価値が生み出

される。MPSは，ユーザーを獲得すればするほど価値が高まっていき，この現象は「ネットワーク効果」として知られている。

③ 検索をはじめとしたコスト低減効果

各グループが個別に対応すると，時間もコストもかかるのでそれらを削減する機能を提供する。例えば，クレジット事業では，小売店とカード所有者をつなぐ。仲介者としての企業は，顧客が検索する際に製品やサービスの一定の質保証とブランドを，一方，提供者に対しては集客する機能を提供する。

(3) フリーのビジネスモデル

「フリー」のビジネスモデルにおいて，少なくともある顧客セグメントは，無料版の製品やサービスの恩恵を継続的に受けられる。支払をしなかった顧客の費用は，ビジネスモデルの別の部分か，または他の顧客セグメントによって支払われる。フリーには次のように3つのタイプがある［松原，2013］。

① **直接損失補填**（Direct Cross-subsidize）

「無償の製品やサービスから追加の製品やサービスへ転嫁」させるもので，最終的には自分が支払わされる羽目になる。つまり，無料もしくは低価格の最初のオファーで誘引しておき，継続的に購入させる（例えば，魚を釣る時の餌にたとえて「餌と釣り」モデルと呼ばれる）。その他の例として，キング・ジレット社が，替え刃方式の髭剃りの本体部分を安く販売し，消耗品である替え刃で儲けたことから「ジレット・モデル」とも呼ばれている。

② **三者間市場**（The Three-party Market）

「人から人へ転嫁」させるもので，民間放送のように，視聴者は対価を支払うことなく，広告主が支払う仕掛けである。前述したマルチサイド・プラットフォームに関係する。

③ **フリーミアム**（Freemium）

フリーミアムの用語は，フリー（Free）と，プレミアム（Premium：割増金）を合成してつくられた造語である。例えば，インターネットやスマートフォンを活用したゲームで，基本は無料で，ゲームをさらに有利に進めるアプ

リの入手に割増金をとることがある。

(4) ロングテールのビジネスモデル

「ロングテール」とは，多くのものを少しずつ販売するビジネスモデルである。あまり頻繁に売れないニッチ製品を多く提供するが，それぞれのニッチ製品の売上を集めると，少数のベストセラーによる収益に匹敵するのと同じくらいまで，大きな収益を上げることができる。

ロングテールのビジネスモデルを成功に導くには，低い在庫コスト体制を築けることと，多岐にわたるジャンルのニッチコンテンツの広範な製品ラインアップの充実，個々のニッチコンテンツに興味のある購入者が容易に手に入れることができるようにしっかりとしたプラットフォームの構築と運営がポイントになる。

(5) 個人間取引のビジネスモデル

「Peer to Peer」という用語は，もともとコンピュータ業界で生まれ，複数のコンピュータ間での個々の直接通信を指す。ビジネスモデルとしては，個人の資源を共同利用する目的での個人間取引を指す。つまり，個人の持ち物を他人に貸したり，特定のサービスやモノ，情報，あるいは経験を共有したりする。運営企業は，仲介業者としてある種のコミュニティをつなぐプラットフォームの役割を果たす。

個人間取引のメリットは，顧客が個人の持ち物やサービスを，商業的な製品やサービスとほぼ同じように活用できる点である。個人間取引では，オンラインコミュニティに適用することで，最も高い効果を発揮する。このモデルの基本原理は，ユーザーが1人増加するたびに，その他すべてのユーザーにとっての魅力が増す。これが自己増殖的なスパイラルを生み出し，「勝者総取り」型で新規参入が難しい市場を形成することを目指す。

(6) シェアのビジネスモデル
① レンタルモデル

まず,「レンタルモデル」に関して,顧客にとってのメリットは,購入費用の準備が不要なことで,高価で買えないものが使用できる。レンタル料金を使えば,固定資産として資金が長期間にわたって固定化されないので,金銭面で顧客に余裕が生まれる。

一方,レンタルモデルを提供する側にとっては,製品の稼働率が向上する。また,直接販売と比べて,幅広い顧客層と取引できる。

なお,レンタルモデルは,前述したp.229の「従量課金」と似ているが,大きな違いとしてレンタルモデルは,「使用期間」が料金の基準であり,従量課金では「使用量」を基準にしている点である。さらに,p.229の「部分所有」とも類似しているが,資産全体を複数の顧客で共同購入する点で,レンタルモデルとは異なる。

② プロダクト・サービス・システム (PSS)

次に,「プロダクト・サービス・システム (PSS)」では,前述の「従量課金」と料金支払基準は類似しているが,特に,共同消費(コラボ消費)ということが強調されている。PSSには次のようなタイプがある[松原,2013]。

- 活用型PSS:企業や個人が所有する製品を多数のユーザーがシェアする(カーシェア)。
- 寿命延長型PSS:メンテナンスや修理,アップグレードが,製品ライフサイクルに組み込まれているため,買い替えや廃品の必要がなくなる(電子機器,ソフトウェア)。
- 再配分市場モデル:ネットワークを通して,中古品を廃棄せず,リユースとして必要にしている人に再配分する。

(7) オムニチャネル (O2O) のビジネスモデル

オンラインショッピングの利用率が高まる状況の中で,顧客が,小売店舗で商品をみて,その後にネットで買うという流れがでてきた。その流れを積極的

に活かす方策としての「オムニチャネル（O2O）」では，それまで別々のチャネルであったリアル店舗とネットサービスを融合することを目指している。

例えば，店舗内にWi-Fiを飛ばしてネットにつながるようにして，店舗の商品をウェブでも購入できるようにして，QRコードを商品につける。安売りをする時に，積極的にウェブで誘導する。最近のサービスとしての「クリック・アンド・コレクト」と呼ばれる方式では，ネットで注文して，店舗で受け取るサービスの利用者が，オンライン購入者の3割にのぼるといわれている。

(8) プロシューマーのビジネスモデル

「プロシューマーモデル」が登場したのはつい最近のことで，3Dプリンター，CNC（コンピュータ数値制御）工作機械，レーザーカッターなどの造形技術によってこのモデルが可能になった。顧客は，この造形技術などのインフラシステムを利用するだけでなく，他の人にも販売する製品をデザインおよび試作することで，顧客も製品開発プロセスの一部を担うことになる。

企業はサポート役として，顧客に必要なインフラシステムを提供し，顧客が生み出したアイデアの製品化を支援する。インフラシステムの典型的な例として，顧客が製品の設計や，マーケティングなどの必要な作業を行えるオンラインプラットフォームを提供する。例えば，製品設計用のソフトウェア，製造サービス，商品販売用のECサイト，その他に各種の機械やソフトウェアの使い方のトレーニングなどを組み合わせたものがある。

企業側にとってのメリットは，製品開発コストをかける必要がなく，商品が売れるごとに一定の料金や，その他にインフラシステムを利用する会員費を受け取ることができる点である。

【企業事例研究：BM-MapとBM-Treeを活用したアップル「iPodシリーズ」のビジネスモデル】

　松原［2013］は，自ら考案した「ビジネスモデル・マップ（BM-Map）」ならびに「ビジネスモデル・ツリー（BM-Tree）」を用いて，アップルがiPodとiTunesを融合したビジネスモデルを表現している。アップルの「iPodシリーズ」のビジネスモデルの特色は，iPodデバイスと，音楽管理用ソフトウェアのiTunesをプラットフォームとして整備し，iTunesミュージックストアとして多分野にわたる多彩なコンテンツを，リスナー顧客が利用できるようにした総合的なサービス事業を運営していることにある。

　図表 5 -12に示したBM-Mapの構成は，最上位レベルの事業価値（BV）から，顧客の消費チェーン（CC）と顧客価値（CVP），バリューチェーン（VC），そして最下位レベルの経営資源（MR）からなっている。

　一方，**図表 5 -13**に示したBM-Treeの構成は，最上位レベルは汎用的なビジネスモデルのタイプ，それ以降に業種のスタンダード・モデル，個別事業，そして最下位レベルの管理手法などからなっている。

　BM-MapおよびBM-Treeを通して，iPodシリーズのビジネスモデルの中身をみていきたい。**図表 5 -12**において，アップルにとっての「①ターゲット顧客（CUS）」は，まず右側のリスナーとしての顧客と，それぞれの顧客層にマッチングした，左側の楽曲の所有者である音楽制作会社とそこに所属する楽曲を創作するアーティストになる。

　消費チェーン（CC）の中で，「②顧客価値提案」としては，iTunesミュージックストアが，**図表 5 -13**に示したようにリスナー顧客と音楽制作会社とを結ぶ「マルチサイド・プラットフォーム（MSP）」のビジネスモデルを実現している。2003年 4 月のスタート時点ですでに20万曲というニッチな音楽メニューまで網羅することで，「ロングテール」のビジネスモデルを実現している。

図表5-12 アップルの「iPodシリーズ」のビジネスモデル・マップ（BM-Map）

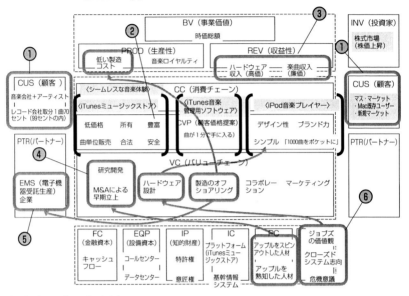

出所：松原［2013］, 図表3.1, p.36

なお，楽曲のダウンロードについては，違法なダウンロードができない対策がとられるとともに，1曲当たり99セントという衝撃的な低価格に抑え，しかも，音楽制作会社側の取り分を70セントとして設定した。そのことからアップル側では，iTunesミュージックストアに関するコンテンツ事業では儲けないという「フリー」に近いビジネスモデルの方針をとった。

その一方，「③事業価値（BV）」として，iPodデバイス本体に対しては比較的高い価格（399ドル）に設定している。本体は廉価にして，消耗品で儲けるという「インストール・ベース利益（ジレット・モデル）」に対して，その反対である「逆ジレット・モデル」を採用したことになる。

第5章 ビジネスモデル・イノベーション

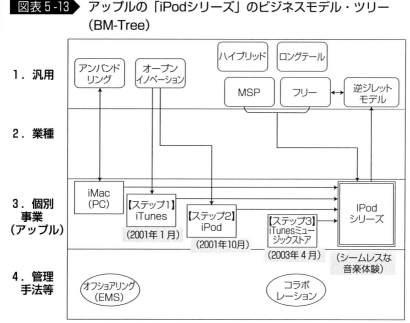

図表5-13 アップルの「iPodシリーズ」のビジネスモデル・ツリー（BM-Tree）

出所：松原［2013］，図表3.2, p.40

「④バリューチェーン（VC）」については，新製品をタイムリーにマーケットに導入することを事業目標の１つに掲げたことから，研究開発のスピードを速めるために，「オープン・イノベーション」のアウト・サイドイン型のビジネスモデルを採用した。

すなわち，「⑤パートナー（PTR）」として，積極的に外部の特許権や技術の獲得および買収，さらに人材を探し求めていった。そしてパートナーとの戦略的提携として，主要な部品などは外部から調達し，製造をEMS（電子機器受託生産）企業に発注した。

一方，アップルの「⑥経営資源」としては，iPodデバイス（メカニズム，電子制御，iOS［アップル独自のオペレーションソフト］を含む各種ソフトウェア）の研究開発と設計，音楽管理用ソフトウェアのiTunesの技術開発と運用，そしてマーケティングに集中している。

以上のように，「iPodシリーズ」のビジネスモデルは，アップルPCの先駆けであったiMACの「アンバンドル」，すなわち，製品マネジメントや，顧客マネジメント，さらにインフラマネジメントなどを，インテグレーター企業として統合化してきた事業経験を活かして，さらに音楽管理用ソフトウェアのiTunesプラットフォームおよびiTunesミュージックストアの多彩なコンテンツを新たに加えて，さらに進化したものであることがわかる。

【企業事例研究：BM-DBとバランス・スコアカードを活用したサウスウエスト航空のビジネスモデルの評価】

　最後に松原［2013］は，ビジネスモデルをマネジメントするツールとして「ビジネスモデル・ダッシュボード（BM-DB）」を提案し，それでサウスウエスト航空の企業事例研究をしている。ダッシュボードとは，一般的に自動車のフロントパネルや飛行機のコックピットにある計器盤を指す用語である。

　BM-DBでは，ビジネスモデルの重要要素ごとにKPIを設定する。そして，KPIの目標値に対して実績値をモニタリングして，事中および事後の目標値に対する達成度を評価する。

　このKPIの設定と目標値の設定については，前述したp.112の「バランス・スコアカード（BSC）」のノウハウが役立ち，**図表5-14の構成要素の項目はこのBSCに従って記述されている。**

図表5-14 ビジネスモデルの評価:サウスウエスト航空のBM-DBの抜粋事例

構成要素	需要要素	KPI	目標値	実績
事業評価	高い企業価値	株式時価総額の年次成果率	30%	
	高い座席当たり収益	座席当たり収益の年次成長率	20%	
	低い航空機リースコスト	航空機リース料金年次成長率	5%	
	⋮	⋮	⋮	
顧客と顧客価値提案	定時運行	FAAの定時運行の順位	1位	
	⋮	⋮	⋮	
バリューチェーン	迅速な地上待機時間	地上待機時間	30分	
		定時離陸率	90%	
	⋮	⋮	⋮	
経営資源	インターネット予約システム	情報システムの使用可能性	100%	
	⋮	⋮	⋮	

出所:Gouillart "Value Innovation" を参照して松原[2013]が作成,図表13.4,p.131

> **Column** 事業創生モデルの提言

図表5-15に示したように野中・徳岡［2012］は，「ビジネスモデル・イノベーション（BMI）」を知識創造プロセスと合体させ，企業や組織が社会的な役割を認識し，「共通善」に貢献する企業活動に真摯に取り組み，活発にイノベーションを起こしていく「事業創生モデル（Business Creating Model）」として，次の4つの次元からなるフレーワークを提唱している。

図表5-15　事業創生モデルのフレームワーク

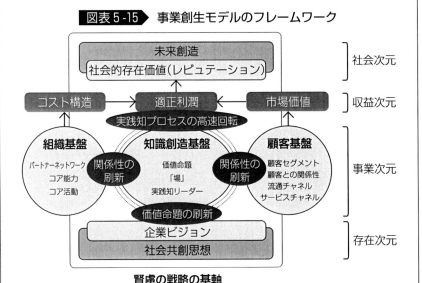

出所：野中・徳岡［2012］，図1-3，p.60

(1) 第一層：存在次元

この事業創生モデルで最も重要なのがこの存在次元層であり，その中でも社会共創思想に基づいたビジョンはとりわけ大切といえる。「企業ビジョン」とは，未来に対しての生き方であり，自社と顧客をどう結びつけ，社会の中でどのように自社を位置づけて，自社としての役割を果たしてどのように社会に貢献していくのかを表す未来へのコミットメントといえる。自社のありたい姿で，ビジネスモデル開発においてぶれない軸となる。

これからの企業ビジョンは，社会との共感形成と一体となっている必要がある。社内にビジョンを訴え，社員を動機づけるとともに，その一方で，社会に対しては自社の考える未来社会のイメージ，またエコシステムの中で自社の立ち位置を明確

にして，共感を得ていくことが重要になる。この社会への共感形成の積極的な関与を「社会共創思想」と呼ぶ。例えば，日産では「ゼロ・エミッション社会を創造する」というビジョンを掲げ電気自動車事業を推進している。

なお，「エコシステム」とは，複数の企業によって構築された，製品やサービスを取り巻く共通の収益環境づくりをすることを指す。例えば，スマートフォン事業では，イヤホンや充電器などの関連製品からさらに発展させて，アプリケーションソフト，さらには電子マネーなどへと拡張した事業展開をして，つながりをもった全企業に収益をもたらす環境を構築している。

(2) 第二層：事業次元

第二層が「事業次元」であり，その第1として「知識創造基盤」がある。この知識創造基盤は，①共通善に根差した「価値命題」の設定，②知を創造するグローバルで重層な「場」づくり，③賢慮を生み出す「実践知リーダー」の人材育成から構成される。特に重要なのは「価値命題」であり，顧客にどのような価値を提供するのかを端的なコンセプトあるいはステイトメントで表現する。なお，事業が成熟期に達した場合や，経営環境が変化して既存のビジネスモデルが陳腐化することがあり，その際には価値命題を刷新して，新たな意味づけを与えなければならない。

第2の「顧客基盤」とは，①顧客セグメント，②顧客との関係性，③チャネル（流通チャネル，サービスチャネル）からなる。特に，顧客との関係性を刷新することとして，顧客を「知の共創パートナー」として捉えることが重要になってきた。SNSが普及してきた今日では，例えば，顧客からの絶えざるフィードバック，新たな利用方法のアイデア，顧客同士の共有，利用経験を総評してもらう場づくり，口コミのネットワークの拡大など，顧客参加型のリレーショナルマーケティングの仕掛けが重要になっている。

第3の「組織基盤」は，①パートナーネットワーク（アライアンス，協業，協力などの相手），②コア能力（リソース，コアコンピタンス），③コア活動（ビジネスプロセス，組織文化など）からなる。社内および関連企業群や社外パートナーとの知の共有・共創・蓄積を行うための「ナレッジマネジメント」が重要になる。

(3) 第三層：収益次元

「収益次元」では，まずは会計の仕組みにのっとって収益の流れをみていく。顧客基盤からは①「市場価値と収益」，組織基盤からは②「コスト構造」が導かれ，両社の差額が③「適正利潤」になる。

今後，金融資産や有形資産だけでは測れない企業価値を把握する仕組みや，より広い概念のステークホルダーの価値を組み入れたガバナンスの仕組み，社会投資や環境投資などを組み込んだサステナビリティ評価など，収益把握や企業評価手法を

見直していく必要がある。

なお，前述のことは第3章　内部経営環境分析の「3.3　代表的な企業業績および企業価値の評価基準」のところでも関連している内容を記述しているので参照していただきたい。

(4)　第四層：社会次元

自社にとっては，継続的に利益を生み出していくことが大切だが，これからはそれだけでは企業は社会的信頼を得られなくなってきた。自分たちの企業ビジョン，価値命題，そしてそれらの実績としての製品やサービスから得られた利潤を，前述した社会共創思想の観点から，社会と共有し，還元していくという企業姿勢が大切になってきた。つまり，自社の社会価値を高めていく世界観が重要になってきた。社会（世間）が，このような社会貢献活動をしている当該企業や組織を認識することを「レピュテーション（評判）」という。

今後，このような世界観をビジネスモデルの中心に置き，人々と価値を共有する発想が非常に重要になってくる。例えば，自社のビジョンと主要事業の中に，p.197に前述した国連が発行した地球環境の『持続可能な開発目標（SDGs: Sustainable Development Goals)』を積極的に取り入れる企業が現れ，収益事業として成功させるとともに，同時に世界的なレピュテーションを高める実例が出てきた。

以上のように事業創生モデルは，イノベーション志向のビジネスモデルを発想するプロセスを重視しており，よりよい社会を創造して新たな時代を切り拓き，企業としてそのリーダーシップを発揮したいという強い意思が込められている。

事業創生モデルの賢慮を生み出す「実践知リーダー」としても，単によい製品やサービスを差別化してできるだけ他社より量的に市場に投入することを目標とするのではなく，既存のライフスタイルの矛盾を解消し，1人でも多くの人にどのように共有価値を届けて人々を幸せにするのか，どのように希望のもてる社会を創造したいのかを構想するのかということを重視すべきであろう。また，未来企業として，エコシステムをつくりあげ，自分たちが目指す世界観を明確にして，ビジネスモデル・イノベーションを実現していくことが重要になってきた。

【引用・参考文献】

加護野忠男・井上達彦［2004］『事業システム戦略』有斐閣アルマ。
高橋宏誠［2010］『戦略経営バイブル』PHP研究所。
根来龍之［2014］『事業創造のロジック』日経BP社。
根来龍之・浜屋敏［2012］「第2章　ビジネスモデル・イノベーション競争」野中郁次郎・徳岡晃一郎『ビジネスモデルイノベーション』東洋経済新報社。
根来龍之・木村誠［1999］『ネットビジネスの経営戦略−知識交換とバリューチェーン』日科技連出版社。
鈴木剛一郎［2009］『新製品・新事業開発の進め方−顧客価値創造の体系的アプローチ−』同文舘出版。
野中郁次郎［2012］「序章　賢慮の戦略論への転換」野中郁次郎・徳岡晃一郎『ビジネスモデルイノベーション』東洋経済新報社。
野中郁次郎・徳岡晃一郎［2012］「第2章　事業創生モデルの提言−知を価値に変える」野中郁次郎・徳岡晃一郎『ビジネスモデルイノベーション』東洋経済新報社。
グローバル・コンパクト・ネットワークジャパン『持続可能な開発目標（Sustainable Development Goals: SDGs）』「http://ungcjn.org/sdgs/index.html」（最終閲覧日：2017年8月3日）。
伊丹敬之［2012］『経営戦略の論理（第4版）』日本経済新聞出版社。
C.M.クリステンセン著，玉田俊平太監修，伊豆原弓訳［2001］『イノベーションのジレンマ』翔泳社。
ぴあ株式会社（英文社名：PIA Corporation）「http://corporate.pia.jp/corp/data/index.html」（最終閲覧日：2017年4月15日）。
A.オスターワルダー&Y.ピニュール著，小山龍介訳［2012］『ビジネスモデル・ジェネレーション−ビジネスモデル設計書−』翔泳社。
坂本雅明［2016］『事業戦略策定ガイドブック』同文舘出版。
松原恭司郎［2013］『ビジネスモデル・マッピング教本』日刊工業新聞社。
山口高弘［2015］『アイデア・メーカー』東洋経済新報社。
O.ガスマン，K.フランケンバーガー&M.チック著，渡邊哲・森田寿訳［2016］『ビジネスモデル・ナビゲーター』翔泳社。

索　引

英数

4P ……………………………………… 140
6プレーヤーズ・モデル ……………… 133
Accounting …………………………… 99
AI ……………………………………… 76
Balance Sheet ……………………… 101
Balanced Score Card ……………… 112
B/S …………………………………… 101
BSC …………………………………… 112
Business Creating Model ………… 244
Business Strategy …………………… 3
CLV …………………………………… 53
Competitive Strategy ……………… 3
Corporate Social Responsibility …… 196
Corporate Strategy ………………… 2
Creating Shared Value …………… 196
CS ……………………………………… 107
CSR …………………………………… 196
CSV …………………………………… 196
Customer Lifetime Value ………… 53
DCF …………………………………… 111
EMS …………………………………… 90
EVA™ ………………………………… 110
Five-forces Analysis ……………… 130
Functional Strategy ………………… 4
ICT（情報通信技術） ……………… 231
ICTビジネスモデルの各種タイプ …… 231
Intangible Asset …………………… 92
IoT ……………………………………… 174
Knowledge Management ………… 98
M&A …………………………………… 36
M&Aのタイプ ………………………… 38
Merger and Acquisitions ………… 36
OEM …………………………………… 118
Organizational Boundaries ……… 120
PEST分析 …………………………… 73
P/L …………………………………… 105
PPM …………………………………… 20
Product Differentiation …………… 141
Product Portfolio Management …… 20
Profit and Loss Statement ……… 105
Reputation …………………………… 144
Resource-Based View ……………… 93
ROA …………………………………… 103
ROE …………………………………… 103
ROI …………………………………… 110
SBU …………………………………… 1
SDGs ………………………………… 197
Six Players Model ………………… 133
Stakeholder Analysis ……………… 114
Sustainable Development Goals …… 197
Tangible Asset ……………………… 92
Value Chain ………………………… 29
VRIO分析 …………………………… 97
WACC ………………………………… 109

あ行

相手先ブランドによる製造委託 …… 118
アクション・プラン ………………… 114
アライアンス ………………………… 34
粗利率 ………………………………… 103
暗黙知 ………………………………… 98
意匠設計 ……………………………… 143
1期からn期までの平均的な伸び率 … 107
5つの競争要因 ……………………… 130
移動障壁 ……………………… 128, 138

249

イノベーション 74
インターフェイス 88
インテグラル 88
インパクト分析 75
インブランディング 174
売上高経常利益率 103
営業利益 105
オープンイノベーション 122
オープン・ソースウェア 124
オムニチャンネル（O2O） 238

か行

会計 99
会社分割 39
外部経営環境分析 41
価格設定 144
価格設定技法 148
価格弾力性 146
学習アプローチ 177
学習曲線 147
加重平均資本コスト 109
価値共創 196
価値連鎖 29
株式持ち合い 35
株主資本利益率 103
川上企業 119
川下企業 119
感性価値 143, 199
管理会計 100
関連多角化 15
機会費用 109
企業戦略 2
企業ドメイン 8
企業の社会的責任 196
企業文化 93
技術革新 74

技術戦略 129, 171
技術プラットフォーム 84
技術ロードマップ 87
機能間のリンケージ 144
機能別戦略 4, 31
規模の経済 219
基本価値 198
基本戦略 150
キャッシュ 107
キャッシュフロー 22
キャッシュフロー計算書 107
業界標準 120
競合分析 53
競争相手分析 53
競争戦略 3, 127
競争ドメイン 8
競争ポジション 129, 151
競争優位 4
協調関係 116
協調戦略 58, 118
共有価値 196, 246
クラウドプラットフォーム 174
グローバル業界 67
経営資源 91
経営資源アプローチ 173
経営資源の異質性 94
経営資源の希少性 96
経営資源の固着性 94
経営資源の専有可能性 96
経営戦略 1
経験曲線 147
経験の経済 225
経済性の原理 219
経済付加価値 110
形式知 98
系列システム 121
ゲーム理論 116

ゲーム論的アプローチ	176
コア技術戦略	169
顧客価値	198
顧客生涯価値	53
顧客ニーズ	47
顧客ニーズの充足	95
顧客の種類	50
顧客の「知識体系」	164
顧客分析	43
コスト・リーダーシップ戦略	150
固定資産回転率	106
固定費	147
固定比率	104
コモディティ化	90

さ行

サービスの差別化	143
財務会計	100
財務活動	99
財務諸表	100
財務諸表分析	101
財務レバレッジ	104
差別化価値	198
差別化戦略	128, 140
参入障壁	139
事業コンセプト	181, 193
事業コンセプト設計の企業事例研究	202
「事業コンセプト」の定義	189
事業戦略	3
事業創生モデル	244
事業の定義	5
事業ポートフォリオ	20
資源ベース理論	93
自己資本比率	104
資産	101
市場開発戦略	12
市場競争環境	127
市場浸透戦略	12
市場セグメント	43
市場のライフサイクル	129, 162
市場分析	60
持続可能な開発目標	197
実践知リーダー	245
シナジー効果	19
シナリオ分析	75
資本移転	34
資本コスト	109
資本創出	35
資本利益率	110
社会価値	197
社内取引	120
収益モデル	183, 217
収益モデルの各種タイプ	226
「収益モデル」の定義	190
従業員1人当たり経常利益	106
集中化の経済	223
集中戦略	151
需要曲線	146
純資産	102
情報的経営資源	93
情報的資源	173
ジョブ	198
シンギュラリティ	76
人工知能	76
衰退業界	64
垂直的多角化	16
垂直統合	14
垂直統合の程度	137
スイッチング・コスト	117
水平的多角化	17
スタイル	143
ステークホルダー分析	114

ストック	93	組織のケイパビリティ	92
ストック面の分析	104	組織文化	93
成長戦略	11	損益計算書	105
成長ベクトル	11		
製品アーキテクチャ	88	**た行**	
製品開発計画	87		
製品開発・製品拡張戦略	12	ターゲット顧客	43, 196
製品技術戦略	169	貸借対照表	101
製品差別化	141	対前年同期比	107
製品市場戦略	170	対前年比	107
製品設計	142	多角化戦略	12, 15
製品戦略	81, 129, 142	他企業とのリンク	144
製品戦略の3つのタイプ	169	棚卸資産回転率	106
製品展開戦略	170	遅行指標	113
製品プラットフォーム	83	知財マネジメント	122
製品ポートフォリオ・マトリックス	20	知識経営	98
製品ポートフォリオ・マネジメント	20	知的財産権	173
製品ライフサイクル	162	チャレンジャー	155
製品ラインアップ戦略	85	中間取引	121
製品ライン戦略	86	適合品質	142
製品ラインの広さ	137	デザイン	143
先行指標	114	デザイン・イン	120
全社戦略	2	デファクトスタンダード	88, 120
選択と集中	25	手元流動性	104
戦略グループ	127, 136	当期純利益	105
戦略グループ分析	136	統合	38
戦略事業単位	1	統合・買収	36
戦略的管理会計	100	ドメイン・コンセンサス	9
戦略的事業計画グリッド	27	ドメインの定義	7, 8
戦略的提携	34	取引情報の流れ表	208, 212
戦略マップ	113		
総資産回転率	106	**な行**	
総資産利益率	103		
創造的模倣戦略	160	内部経営環境分析	41, 81
速度の経済	221	ナレッジマネジメント	98
組織学習	184	ニーズの束	46
組織の境界	120	ニッチャー	157

ネットワークの経済 …………………… 224

は行

ハードル・レート ……………………… 109
買収 ……………………………………… 38
破壊的イノベーション ………………… 197
パッケージデザイン …………………… 143
バランス・スコアカード ……………… 112
バリューチェーン ……………………… 29
バリューネット ………………………… 133
範囲の経済 ……………………………… 220
非関連多角化 …………………………… 16
ビジネス・スクリーン ………………… 27
「ビジネスの仕組み」の工夫 ………… 199
ビジネスプロセスモデル ……………… 182
ビジネスプロセスモデル開発の企業
　事例研究 …………………………… 210
ビジネスプロセスモデル図 …… 208, 211
「ビジネスプロセスモデル」の開発要件
　……………………………………… 206
「ビジネスプロセスモデル」の定義 … 189
ビジネスモデル・イノベーション …… 180
ビジネスモデルキャンバス …… 213, 216
ビジネスモデル・ダッシュボード
　（BM-DB） ………………………… 242
ビジネスモデル・ツリー（BM-Tree）
　……………………………………… 241
ビジネスモデルの開発要件 …………… 190
ビジネスモデルの定義 ………………… 184
ビジネスモデル・マップ（BM-Map）
　……………………………………… 240
ビジョンマネジメント ………………… 200
評判 ……………………………………… 144
ファイブフォース分析 ………………… 130
フォロワー ……………………………… 158
負債 ……………………………………… 101

プッシュ型マーケティング戦略 ……… 166
プラットフォーム ……………………… 117
プラットフォームの共有化 …………… 86
ブルーオーシャン ……………………… 131
プル型マーケティング戦略 …………… 166
フロー面の分析 ………………………… 104
分業プロセス …………………………… 122
変動費 …………………………………… 147
補完財生産者 …………………………… 116
ポジショニング・アプローチ ………… 172

ま行

マーケティング・ミックス …………… 140
マスカスタマイゼーション戦略 ……… 170
マネジメント・コントロール ………… 100
みえざる資産 …………………………… 173
無形資産 ………………………………… 92
モジュラー ……………………………… 88
模倣困難性 ……………………………… 96

や行

有形資産 ………………………………… 92
有利子負債 ……………………………… 104
良い競争相手 …………………………… 57

ら行

ライフサイクル管理 …………………… 86
リーダー ………………………………… 153
リバースイノベーション ……………… 123
流動比率 ………………………………… 104
レピュテーション ……………………… 144

わ行

割引キャッシュフロー法 ……………… 111

【著者略歴】

玉木欽也（たまき　きんや）

青山学院大学経営学部，教授

【学歴】
1981年　武蔵工業大学（現，東京都市大学）工学部経営工学科卒業
1983年　早稲田大学理工学研究科，博士前期課程機械工学専攻工業経営学分野修了
1989年　早稲田大学理工学研究科，博士後期課程機械工学専攻工業経営学分野単位取得
　　　　退学（工学博士，早稲田大学）

【職歴】
1986年　早稲田大学理工学部工業経営学科，助手
1989年　米国パデュー大学，Visiting Scholar
1992年　青山学院大学経営学部，専任講師
1993年　青山学院大学経営学部，助教授
1998年〜青山学院大学経営学部，教授（現職）
2008年　青山学院ヒューマン・イノベーション・コンサルティング株式会社　代表取締役（現職）

【専門分野】
事業創造戦略，顧客創造戦略，グローバル製品サービス戦略，地方創生

【主な著書】
玉木欽也編著『観光立国に向けた産学官連携事業の総合演出家　地方創生プロデューサー』博進堂，
　2017年。
玉木欽也編著『着地型観光の創り方　地方創生ディレクター』博進堂，2017年。
玉木欽也編著『これ一冊でわかる　eラーニング専門家の基本』東京電機大学出版局，2010年。
玉木欽也単著『戦略的生産システム』白桃書房，1996年。

ビジネスモデル・イノベーション
──未来志向の経営革新戦略

2018年3月30日	第1版第1刷発行
2025年4月20日	第1版第4刷発行

著者　玉　木　欽　也

発行者　山　本　　　継

発行所　㈱中央経済社

発売元　㈱中央経済グループ
　　　　パブリッシング

〒101-0051　東京都千代田区神田神保町1-35
電話　03(3293)3371(編集代表)
　　　03(3293)3381(営業代表)
https://www.chuokeizai.co.jp

製版／三英グラフィック・アーツ㈱
印刷・製本／㈱デジタルパブリッシングサービス

© 2018
Printed in Japan

＊頁の「欠落」や「順序違い」などがありましたらお取り替えいたしますので発売元までご送付ください。(送料小社負担)

ISBN978-4-502-25961-6　C3034

JCOPY〈出版者著作権管理機構委託出版物〉本書を無断で複写複製(コピー)することは、著作権法上の例外を除き、禁じられています。本書をコピーされる場合は事前に出版者著作権管理機構(JCOPY)の許諾を受けてください。
JCOPY〈https://www.jcopy.or.jp　eメール:info@jcopy.or.jp〉

ベーシック＋プラス
Basic Plus

ミクロ経済学の基礎	マクロ経済学の基礎	経営学入門	経営管理論
財政学	公共経済学	企業統治	技術経営
金融論	金融政策	人的資源管理	国際人的資源管理
日本経済論	地域政策	消費者行動論	物流論

いま新しい時代を切り開く基礎力と応用力を兼ね備えた人材が求められています。このシリーズは，各学問分野の基本的な知識や標準的な考え方を学ぶことにプラスして，一人ひとりが主体的に思考し，行動できるような「学び」をサポートしています。

中央経済社

一般社団法人
日本経営協会［監修］

特定非営利活動法人
経営能力開発センター［編］

経営学検定試験公式テキスト

経営学検定試験（呼称：マネジメント検定）とは，
経営に関する知識と能力を判定する唯一の全国レベルの検定試験です。

① 経営学の基本（初級受験用）

② マネジメント（中級受験用）

③ 人的資源管理／経営法務（中級受験用）

④ マーケティング／IT経営（中級受験用）

⑤ 経営財務（中級受験用）

中央経済社

環境経営イノベーションシリーズ

植田和弘・國部克彦〔責任編集〕　全10巻

> 環境と経済の両立を実現するためのマネジメント手法である「環境経営」。地球環境問題が喫緊の課題となった今日，環境経営は従来の手法を遥かに超えた次元に到達する必要がある。「環境経営イノベーション」シリーズは，革新的なマネジメント手法とそれを創造するための仕組み作りについての理論・実践方法を追求するとともに，それを支えるマーケットや社会の変革方法についても提言。環境経済と環境経営の架橋ともいうべき待望のシリーズ。

- ◆ 1 **環境経営イノベーションの理論と実践**
  植田和弘・國部克彦・岩田裕樹・大西　靖〔著〕
- ◆ 2 **環境経営の経済分析**
  馬奈木俊介〔著〕
- ◆ 3 **環境と金融・投資の潮流**
  水口　剛〔編著〕
- 4 **企業経営と環境評価**
  栗山浩一〔編著〕
- ◆ 5 **環境経営意思決定を支援する会計システム**
  國部克彦〔編著〕
- ◆ 6 **社会環境情報ディスクロージャーの展開**
  國部克彦〔編著〕
- ◆ 7 **中小企業の環境経営イノベーション**
  在間敬子〔著〕
- 8 **循環型社会と企業システム**
  石川雅紀・小島理沙〔著〕
- 9 **環境マーケティング**
  西尾チヅル〔著〕
- ◆ 10 **グリーン・イノベーション**
  植田和弘・島本　実〔編著〕

（◆印＝既刊）

中央経済社